Schweden

Ralf Schröder

MERIAN-TopTen

Höhepunkte, die Sie unbedingt sehen sollten

1. **Mittelalterwoche in Visby**
Jährlich im August wird Geschichte wieder lebendig: ein Ausflug ins Mittelalter (→ S. 22, 90).

2. **Astrid Lindgrens Värld in Vimmerby**
Ein Muss für Fans von Astrid Lindgrens Kultfigur Pippi Langstrumpf (→ S. 29, 31, 74, 148).

3. **Vasamuseet in Stockholm**
Letzte Ruhestätte des königlichen Flaggschiffs »Wasa« (→ S. 35, 43).

4. **Östermalms Saluhall in Stockholm**
In den quirligen Markthallen von anno 1889 gibt es Delikatessen, frischen Fisch, Obst, Gemüse und mehr (→ S. 45).

5. **Glashütte von Åfors**
Die berühmten Glashütten der Provinz Småland (→ S. 66, 71).

6. **Raukar auf Fårö**
Mehrere Meter hohe, mächtige steinerne Finger ragen in den Himmel (→ S. 87).

7. **Schloss Läckö**
Eines der schönsten Schlösser Schwedens, idyllisch am Vänersee gelegen (→ S. 101, 157).

8. **Felszeichnungen von Tanum**
Rentierherden, Schiffsflotten und bewaffnete Krieger (→ S. 106, 152).

9. **Draisinefahren**
Fast lautlos im Schwellentakt der Schienen durch Dalsland und Värmland strampeln (→ S. 114, 154).

10. **Göta-Kanal**
Mit der alten »Juno«, einem historischen Fahrgastschiff, auf einer beschaulichen Zeitreise vorbei an sehenswerten Orten und prunkvollen Schlössern ziehen (→ S. 156).

MERIAN-Tipps →
finden Sie auf Seite 192

Inhalt

MERIAN-TopTen
Höhepunkte in Schweden, die Sie unbedingt sehen sollten
← S. 1

MERIAN-Tipps
Tipps und Empfehlungen für Kenner und Individualisten
S. 192 →

Erläuterung der Symbole

Für Familien mit Kindern besonders geeignet

Diese Unterkünfte haben behindertengerechte Zimmer

In diesen Unterkünften sind Hunde erlaubt

CREDIT *Alle Kreditkarten werden akzeptiert*

Keine Kreditkarten werden akzeptiert

Preise für Übernachtungen im Doppelzimmer mit Frühstück:

●●●●	*ab 1800 SEK*	●●	*ab 900 SEK*
●●●	*ab 1300 SEK*	●	*bis 900 SEK*

Preise für ein Menü mit Vorspeise, Hauptgang, ohne Getränke:

●●●●	*ab 400 SEK*	●●	*ab 100 SEK*
●●●	*ab 300 SEK*	●	*bis 100 SEK*

Karten und Pläne

Die Buchstaben-Zahlen-Kombinationen im Text verweisen auf die Planquadrate
→ S. 180, B 3 Kartenatlas
→ S. 49, a 2 Detailkarte innen
→ Umschlagkarte hinten, D 4

Mit Straßenkarte

→ S. 17

Schweden stellt sich vor

Auf Öland (→ S. 75), der zweitgrößten Insel Schwedens, sind solche stimmungsvollen Wettererscheinungen keine Seltenheit.

Milde Sommer, sanfte Hügel, tiefe Wälder und stille Seen – unberührte Natur und eine reichhaltige Kulturlandschaft laden zu Entdeckungsreisen ein.

Das Erste, was die meisten Urlauber von Schweden sehen, ist **Skåne** (Schonen). Die Provinz ist geprägt von der Landwirtschaft und gilt als die Kornkammer Schwedens. Bis 1658 gehörte Skåne wie das benachbarte **Blekinge** und die Westküstenprovinzen **Halland** und **Bohuslän** zu Dänemark. Die Landschaft Skånes ähnelt auch der des Nachbarlandes. Die geduckten kleinen Häuser sind meist gelb statt rot gestrichen. In Städten wie **Ystad** und **Malmö** finden sich schöne Fachwerkbauten, die anderswo in Schweden nicht vorkommen. Und der ausgeprägt breite Dialekt macht die Bewohner Skånes zu den »Bayern Schwedens«.

Nach Norden hin schließt sich **Småland** an, das sich über drei Regierungsbezirke, »län« genannt, von **Kalmar** bis an den See **Vättern** erstreckt. Die riesigen Waldflächen nützten dem armen Småland im 19. Jahrhundert wenig. Infolge der Industrialisierung und des starken Bevölkerungszuwachses war die Versorgung der Menschen nicht mehr gesichert: Die große Auswanderungswelle nach Amerika setzte ein. Der schwedische Schriftsteller Vilhelm Moberg verfasste eine Roman-Tetralogie, die auf historisch gesicherten Fakten basiert. »Die Auswanderer« wurde verfilmt und liegt als Buch auch auf Deutsch vor.

In Malmö (→ S. 53), der drittgrößten schwedischen Stadt, finden sich noch viele schöne Fachwerkhäuser.

Typisch für Småland sind die zahlreichen Mäuerchen aus Natursteinen, welche Felder und Wiesen begrenzen. Die Bauern bauten sie weniger als Abgrenzung, sondern um die Steine vom Feld nicht so weit schleppen zu müssen. Zu Småland gehört auch das sogenannte »Glasreich«, eine Bezeichnung, die aufgrund der vielen Glashütten ihre Berechtigung hat.

Badeurlaub an der Küste

Im Westen geht die Küste von den Stränden **Hallands** in die **Schärenküste von Bohuslän** mit ihrem rauen Charme über. Große und kleine Segelschiffe kreuzen zwischen den kleinen Felseninseln an der Küste – ein Paradies für Segler, die den Traum vom einsamen Eiland noch nicht aufgegeben haben. Rote runde Felsen laden zum Sonnenbaden ein. Dafür muss man längst nicht so hartgesotten sein, wie man es vielleicht vermutet, denn der Stein wird von der Sonne aufgeheizt und strahlt bis in den Abend angenehme Wärme ab. Der Sprung ins kühle Nass kann also gewagt werden. Weicher liegt es sich zugegebenermaßen an den breiten, feinsandigen Stränden Hallands.

Entlang der schwedisch-norwegischen Grenze liegen die Landschaften **Dalsland**, **Värmland** und **Dalarna**. Von jeher dünn besiedelt, lebte man hier in Dorfgemeinschaften von der Forstwirtschaft. Baumstamm an Baumstamm auf Flüssen und Seen, das ist inzwischen ein Bild der Vergangenheit: Die Flößerei von einst

Schwedens Küsten bieten abwechslungsreiche Strände. Weißen Sand findet man in dieser feinen Form an der Westküste in der Region Halland.

gibt es nicht mehr. Heute treiben nur noch Urlauber mit selbst gebauten Flößen zum See Vänern. Die Bahnlinie Richtung Årjäng ist stillgelegt, und der Dalsland-Kanal hat seine wirtschaftliche Bedeutung verloren. Nun nutzen Urlauber die alten Frachtwege zum Draisinefahren oder für Kanutouren.

Was in Dalsland und Värmland noch bodenständig und idyllisch wirkt, ist in Dalarna längst professionell vermarktet. Hier treibt der Folklorismus starke Blüten. Trachtenmädel und Bauernbuben tanzen für den Urlauber nach Altvätersitte (oder was man dafür hält), dass es jedem Schuhplattler-Tänzer das Herz höher schlagen lässt. Entschädigt wird man aber durch eine wirklich schöne Mittelgebirgslandschaft mit dem Siljansee mittendrin.

Hochburg für Sonnenanbeter: Öland

Seit der Eröffnung der Ölandbrücke im Jahre 1972 teilt die Insel Öland das Schicksal von Sylt. In den Sommermonaten ist Öland überfüllt, überteuert, und der Service ist zudem oft unfreundlich. Schade, denn die Insel hat durchaus einen eigenen Charme.

Das Ufer des Festlandes säumt von Kalmar bis weit über Stockholm hinaus ein **Schärengürtel**. Wären es nur wenige Inselchen, wären sie sicher berühmt. Es sind allerdings so viele, dass nicht alle von ihnen einen Namen bekommen haben.

Je mehr man sich Stockholm nähert, umso deutlicher wird sichtbar, dass Schweden auch ein Industrieland ist. Anlagen wie das Eisenwerk in Oxelösund fallen in der Weite der Landschaft und der vermeintlich unberührten Natur natürlich besonders ins Auge. Aber die traditionelle Schwerindustrie verliert zunehmend an Bedeutung, sie wird abgelöst von der Informationstechnologie, wo Schweden inzwischen zu den weltweit führen-

»Raukar« nennt man die bizarren Sandsteingebilde, die typisch sind für die kleine Insel Fårö (→ S. 87).

den Ländern zählt. Als Urlauber spürt man dies vor allem an den vielen gut gemachten Internetseiten der Touristenbüros und Reiseanbieter.

Auf der Fahrt gen Norden wird das Land jenseits von Stockholm bald einsam. Die einstige Bergbauregion **Bergslagen**, die sich über mehrere Regierungsbezirke nördlich des Sees Mälaren erstreckt, ermöglichte über Jahrhunderte den Aufstieg Schwedens zur europäischen Großmacht. In Sala fand man Silber, in Falun wurde Kupfer abgebaut. Manch einer der kleinen Hüttenbetriebe aus dem 17. und 18. Jahrhundert blieb erhalten und kann von Urlaubern besichtigt werden. Hält man sich von den großen Durchgangsstraßen fern, spürt man die enorme Weite des Landes. Dabei wird die geografische Mitte Schwedens erst auf der Höhe von Sundsvall erreicht.

Nordschweden beginnt mit der Stadt **Östersund** am Storsjön, dem »großen See«. Weite Wälder und mächtige Ströme kennzeichnen Schwedisch-Lappland. Die Küste am Bottnischen Meerbusen ist noch vergleichsweise dicht besiedelt, in **Umeå** befindet sich die nördlichste Universität Schwedens. Das Inland ist traditionell das Siedlungsgebiet der Samen. Die Rentierzucht spielt bis heute eine Rolle, doch längst kommen moderne Hilfsmittel wie Hubschrauber, Motorschlitten und GPS-Ortung zum Einsatz.

Wenn hier von Skåne (Schonen) oder Lappland die Rede ist, so werden die alten Landschaftsbezeichnungen verwendet, die auch in Schweden durchaus üblich sind, mit den Verwaltungsgrenzen aber nur noch wenig gemein haben. Auch Stockholm ist ein eigenes »län«. So heißen die Verwaltungseinheiten heute, was man am besten mit »Regierungsbezirk« übersetzen kann. Ein solcher kann durchaus die Größe eines deutschen Bundeslandes haben. Doch Stockholm ist längst größer als »Stockholms län«. Die Landflucht hält bis heute an und lässt den Großraum der schwedischen Hauptstadt kontinuierlich weiterwachsen.

Hauptstadt Stockholm

Die wirtschaftliche und politische Kräfteverteilung zwischen Hauptstadt und Land verschiebt sich damit noch mehr zu Gunsten der Hauptstadt Stockholm.

Seit den Zeiten des legendären Königs Gustaf Wasa (1523–1560) hat man sich an eine starke Zentralmacht in Stockholm gewöhnt. Während beim norwegischen Nachbarn regionale Interessen oft als wichtiger angesehen werden als nationale Fragen – »die aus Oslo« haben ja sowieso keine Ahnung – vertrauen die Schweden mehrheitlich ihrer Regierung in Stockholm. In Europa gehört Schweden neben Frankreich zu den Ländern, in denen der Zentralismus am stärksten ausgeprägt ist.

Zur bedeutenden Rolle der Hauptstadt trägt auch das Königshaus bei. Gewohnt wird in **Schloss Drottningholm** in Stockholm, nur den Urlaub verbringt die schwedische Königsfamilie auf Öland in **Schloss Solliden**.

Carl XVI. Gustaf und Silvia genießen in Schweden hohes Ansehen, auch wenn der König gern mal zu schnell in seinem Porsche im Lande unterwegs ist. Und da den Deutschen weder König noch Kaiser erhalten blieb, haben sie die schwedische Königsfamilie dank ihrer aus Deutschland stammenden Königin Silvia, die im Jahr 1976 Carl Gustaf geheiratet hat, quasi adoptiert. Die deutsche Regenbogenpresse lässt keinen Anlass zur Berichterstattung aus, obwohl das schwedische Königshaus keine Skandale vorweisen kann, sondern im Gegensatz zum britischen eher einen etwas langweiligen Eindruck macht. So ärgert sich die Pressechefin des Königshauses, Elisabeth Tarras-Wahlberg, regelmäßig über die deutschen Medien der Sorte »Frau ohne Herz«. Die meisten Unwahrheiten über die Königsfamilie stünden in deutschen Frauenzeitschriften, berichtete die Pressechefin teils entrüstet ob offensichtlicher Lügen, teils amüsiert ob des Fantasiereichtums.

Doch welchen Schwedenurlauber interessiert schon die Klatschpresse, wenn er durch das große Land fährt? Die beschauliche Landschaft mit ihren weiten Wäldern, den Seen und den mächtigen Strömen wirkt beruhigend für Geist und Seele. Dramatische Überraschungen bieten sich dem Auge selten, und doch wechselt das Bild ständig, macht neugierig auf das, was hinter der nächsten Kurve folgen wird. Die Schweden haben ein Wort dafür, das sich nicht wörtlich übersetzen lässt: »lagom«. Es beschreibt das gute Gefühl, das man am Ende des Schwedenurlaubs mit nach Hause nimmt: Es bedeutet in etwa: »Nicht zu viel und nicht zu wenig, sondern genau richtig.«

Bereits 3000 v. Chr. begannen die Menschen in Südschweden sesshaft zu werden. Aus dieser Zeit stammen die ersten Gräberfelder und Steinkreise.

Gewusst wo ...

Bilder wie dieses sind der Inbegriff jedes Schwedenurlaubs: ein typisches Ferienhäuschen am See oder Meer, im leuchtenden Schweden-Rot gestrichen. Fehlt zur Krönung nur noch das Kanu zum Paddeln ...

Schweden hat viele Facetten, die es zu entdecken gilt. Die Schönheit der Natur übt auf Besucher ebenso eine Faszination aus wie das Angebot an Ferienhäusern und Freizeitaktivitäten.

Übernachten

Wer Naturnähe bevorzugt, wird sich in einem der vielen gemütlichen Ferienhäuser einquartieren.

Wie aus dem Bilderbuch: Gemütliche und idyllisch gelegene Holzhäuschen stehen bei Schweden-Urlaubern hoch im Kurs.

Die Auswahl an Unterkünften in Schweden ist vielfältig. Ein Großteil deutscher Urlauber mietet ein Ferienhaus – am besten lange vorher von Deutschland aus. Auf Campingplätzen nächtigt ungefähr ein Drittel, und ein kleiner Rest gönnt sich den Genuss schwedischer Hotelbetten.

Ferienhäuser liegen nur selten in »Kolonien«, umso öfter dagegen auf Bauernhöfen. Eine einheitliche Klassifizierung gibt es leider nicht. Eine Liste der Veranstalter, die Ferienhäuser vermieten, verschickt die Schweden-Werbung (→ S. 172).

Camping gehört für Urlauber zu den beliebtesten Übernachtungsformen. Kein Wunder, denn die Preise sind günstig, und die Service- und Sanitäreinrichtungen sind meist gut bis sehr gut. Die skandinavische Campingkarte des **SCR** kann für 125 SEK erworben werden.

SCR, Box 5079, 40222 Göteborg; Tel. 0 31/3 55 60 00, Fax 3 55 60 03; www.camping.se

Hotels in Schweden leben meist nicht vom Tourismus, sondern von Firmen und ihren Seminaren und Tagungen. Der Sommer gilt zumeist als Nebensaison, so dass die Preise sinken. Gleiches gilt für Wochenenden.

Der schwedische Hotel- und Gaststättenverbund SHR hat 2003 das erste offizielle Klassifizierungssystem eingeführt. 130 Kriterien entscheiden, ob ein Hotel einen oder fünf Sterne bekommt. Die Suche nach Kategorien kann über Internet erfolgen oder vor Ort an den Schildern mit der entsprechenden Anzahl Sterne.

www.hotelsinsweden.com

Schwedens größte Hotelkette sind die **Scandic Hotels**. Landestypisch wohnt man in den **Countryside Hotels**, die sich überwiegend in historischen Gebäuden befinden.

Ungetrübte Urlaubsfreuden

Das Mitführen von **Hunden** in Hotels ist in Schweden eher unüblich. Besucher, die mit ihrem Hund anreisen, sollten vorab anfragen. In Ferienhäusern sind Haustiere meist erlaubt.

In Schweden sind alle Hotels behindertengerecht ausgestattet, damit auch Rollstuhlfahrern der Zugang ohne fremde Hilfe möglich ist.

Empfehlenswerte Hotels und andere Unterkünfte finden Sie bei den jeweiligen Orten im Kapitel »Unterwegs in Schweden«.

MERIAN-Favoriten
Die 10 besten Adressen

Birger Jarl, Stockholm
Funktionalistisches 5-Sterne-Designhotel im Herzen Stockholms (→ S. 35).

Nordic Hotels, Stockholm
Die Konzepthotels Nordic Sea und Nordic Light liegen mitten in der City von Stockholm (→ S. 38).

Furusunds Värdshus, Furusund
Direkt vor dem Fenster fahren die Fährschiffe nach Finnland vorbei. Tolle Lage vor den Toren Stockholms (→ S. 47).

Möckelsnäs Herrgård, bei Älmhult
Herrenhof in Småland mit Seeblick. Ein Paradies für Botaniker (→ S. 65).

Park Inn, Värnamo
Neues Hotel im Stil der 1950er-Jahre mit Möbelstücken berühmter schwedischer Designer (→ S. 73).

Yxtaholms Slott, Flen
Eines der schönsten Schlosshotels Schwedens. Lage direkt am See, erstklassiges Restaurant (→ S. 77).

Gripsholms Värdshus, Mariefred
Vor den Toren von Schloss Gripsholm, edel, aber gemütlich (→ S. 78).

Handelsman Flink, bei Ellös
Alle Zimmer mit Meerblick bietet der ehemalige Kaufmannsladen auf der Insel Flatön (→ S. 104).

Smögen Havsbad, Smögen
Idyllisch in die Schären hineingebaut, am Hafen von Smögen (→ S. 106).

Sikfors Herrgård, bei Hällefors
Private Atmosphäre im kleinen Herrenhof auf der Grenze zwischen Värmland und Bergslagen (→ S. 123).

Essen und Trinken

Die Küste wartet mit Fischvariationen und das Inland mit Elch und Ren in Form von Schinken auf.

Viele hübsche Cafés laden im pittoresken Ferienort Fjällbacka (→ S. 103) an der Westküste zu einer ausgedehnten Kaffeepause mit Hafenblick ein.

Essen gehen – kein teures Vergnügen mehr

Dass das schwedische **Frühstücksbuffet** mit seinen zahlreichen Heringsvariationen gut und reichhaltig ist, hat sich allmählich herumgesprochen. Gleiches gilt für das »Smörgåsbord«, das kalte Buffet, an dem es immer auch mehrere warme Speisen gibt. Die Fähren haben es populär gemacht, auch wenn mancher Salat an Bord der Schiffe in Mayonnaise ertrinkt und der Lachs häufig auch nicht mehr das ist, was er einmal war.

Restaurantbesuche sind in Schweden kaum teurer als in Deutschland. Ein »Dagens rätt«, das **Tagesgericht**, kostet zwischen 65 und 120 SEK (ca. 7,20 bis 13,20 Euro) – je nach Lage und Qualität des Restaurants. Es wird überwiegend mittags angeboten. Ein dreigängiges Menü der Mittelklasse liegt mit 300 SEK (etwa 33 Euro) auf einem noch annehmbaren Niveau. Die Preise für alkoholische Getränke sind zwar gesunken, aber noch immer deutlich höher als daheim. Stößt man in die gehobene Klasse der Restaurants vor, isst man teilweise sogar preisgünstiger – wäre da nicht die Rechnung für den Wein. Insgesamt liegen die Preise näher beisammen als die Qualität der Speisen. Ein »Dagens menu«, das meist dreigängige Tagesmenü, das abends angeboten wird, kann in einem Restaurant der gehobenen Preisklasse günstiger sein als drei einzeln bestellte Gänge in einem Restaurant der Mittelklasse. Auch in preisgünstigen Restaurants sind Vor- und Nachspeise oft ähnlich teuer wie das Hauptgericht. Im Schnitt aber gilt, dass man für das Essen in Schweden deutlich weniger bezahlt als noch vor zehn Jahren. Die Zeit der Kofferräume voller Konserven sollte damit beendet sein. Nur eine Notration Vollkornbrot im Gepäck ist noch immer angebracht, denn weiße, süße Brote schmecken nicht jedem.

Wer ein Restaurant sucht, orientiert sich auf dem Land am besten an den Hotels. Die alte Gasthauskultur, die **Landgasthöfe**, waren in Schweden mit Ausnahme von Skåne fast schon ausgestorben. Aber es gibt einen neuen Trend: In den vergangenen Jahren nennen sich zunehmend kleine Familienbetriebe wieder »Gästgivaregård« oder »Wärdshus« und füllen den alten Gasthaus-Gedanken mit neuem Leben. Sie signalisieren damit den persönlichen Service in einem kleinen Haus.

In den Städten herrscht an internationaler Küche kein Mangel. Eine

MERIAN-Favoriten
Die 10 besten Adressen

Järnet Matsal & Bar, Stockholm
Legeres Ambiente, prima Küche in der Stockholmer Altstadt (→ S. 44).

Rut på skäret, Nyhamnsläge
Schonische Spezialitäten mit Blick auf den Öresund nahe Helsingborg (→ S. 59).

Hestravikens Wärdshus, Hestra
Småländische Spezialitäten, regionale Fisch- und Wildgerichte (→ S. 66).

PM & Vänner
Mehrfach ausgezeichnetes Restaurant in Växjö (→ S. 74).

Tullgarns Värdshus, Vagnhärad
Gemütlicher Gasthof mit Gartenwirtschaft am Schloss Tullgarn (→ S. 83).

Wallérs Krog, Visby
Mitten in der Altstadt von Visby. Entspannte Atmosphäre (→ S. 93).

Vatten Gourmet & Café, Skärhamn
Gourmetrestaurant statt Cafeteria im Aquarellmuseum auf Tjörn (→ S. 108).

Falkholts Gestgifveri, Dals Långed
Biberschwanz auf Frischkäse, Wild und Süßwasserfisch (→ S. 115).

Villa Tottebo, Åre
Alte Villa mit erstklassigem Essen im Skiort Åre (→ S. 135).

Margaretas Värdshus, Gammelstad
Führende Adresse in Nordschweden, im samischen Kirchdorf gelegen (→ S. 143).

preiswerte Möglichkeit, sich zu versorgen, sind die »Cafeterias«, die meist belegte Brote, Kuchenstücke und warme Speisen wie »Köttbullar«, die allfälligen Fleischbällchen, oder Wurst mit Pommes frites anbieten.

Seit schwedische Gourmet-Zeitschriften internationalen Vorbildern folgend Punkte verteilen und Ranglisten aufstellen, wetteifert die Gastronomie um die Gunst der Gäste. Interessant ist dabei vor allem, dass man sich auf heimische Rohwaren und Traditionen besonnen hat, statt internationale Trends nachzuahmen.

Hotelrestaurants und internationale Küche

Die schwedische Nationalmannschaft gewann mehrfach die Europameisterschaft der Köche und platzierte sich ganz vorn beim »Bocuse d'Or«. Auf der Koch-Olympiade in Erfurt im Oktober 2004 zeigten die Schweden, dass sie die Besten an Töpfen und Pfannen sind. Sie erhielten Gold in mehreren Disziplinen und damit in der Gesamtwertung. 2006 wurden sie Zweite.

Während das **Kuchenangebot** sich oft auf wenige Törtchen beschränkt, gibt es **Kaffee** zu jeder Tages- und Nachtzeit. Kaffee zum Frühstück und zum Abschluss jeder Mahlzeit – Teetrinker werden gebeutelt in Schweden. In Restaurants wird der Kaffee meist kostenlos nachgeschenkt, bis man abwinkt. Selbst in der Cafeteria ist der »påtår«, der Nachschlag, meist inklusive. Zumindest aber ist die zweite Tasse billiger als die erste.

Beim Betreten des Restaurants lässt man sich immer vom »Hovmästare«, dem Oberkellner, den Platz anweisen. Sich selbst den Platz zu suchen ist sogar dann verpönt, wenn es offensichtlich noch freie Tische gibt, und nur in Eckkneipen oder Studentenlokalen üblich. Diese ungeschriebenen Regeln gelten im Prinzip in ganz Schweden, werden aber in Stockholm besonders konsequent umgesetzt, manchmal auch in Gaststätten, in denen man solch eine Attitüde nicht vermutet. Wenn sich am Eingang zum Restaurant ein Stehpult mit einem Tischplan befindet, sollten Sie dort warten, bis Ihnen ein Tisch zugewiesen wird oder Sie vom Kellner durch eine Geste aufgefordert werden, sich selbst einen Tisch zu suchen.

Das »Smörgåsbord« ist oft der erste Kontakt für ausländische Urlauber mit der schwedischen Esskultur. Geschulte Buffet-Kämpfer schaufeln sich ihre Lieblingsspeisen von Lachs bis Rentierschinken auf einen Teller und sind somit flugs als Touristen identifiziert. Dabei gilt folgende Reihenfolge: Auf den ersten Teller kommt der Fisch, auf den zweiten die kalten Fleischspeisen, dann folgt das warme Essen und schließlich die Dessertauswahl. Wenn der Service gut ist, ist der letzte Teller bereits abgeräumt, wenn man von seinem Gang zum Buffet an den Tisch zurückkehrt.

Zu den typisch schwedischen Gerichten gehört »Jönssons Frestelse«, Jönssons Versuchung. Schlicht und schmackhaft sind die Heringsfilets, welche mit Zwiebelringen und hauchdünnen Kartoffelscheiben gratiniert werden.

»Ostkaka« ist kein Käsekuchen, wie die direkte Übersetzung vermuten ließe, sondern ein warmer Nachtisch, der einem Quarkauflauf ähnelt. Vorzugsweise wird »Ostkaka« mit Schlagsahne und Preiselbeeren genossen.

Krabben direkt vom Kutter

Fisch und anderes Meeresgetier gehört an der Küste in jedes Restaurant – oder direkt auf die Faust: Denn was schmeckt besser als frische Krabben direkt vom Kutter?

Empfehlenswerte Restaurants finden Sie bei den jeweiligen Orten im Kapitel »Unterwegs in Schweden«.

MERIAN *live!*-QUIZ

GEWINNSPIEL: Monat für Monat eine Reise und weitere attraktive Preise zu gewinnen!

Um wen, was oder welchen Ort geht es hier?

»Goethe war bekanntlich nie in Göteborg. So wenig wie Kommissar Wallander in Ystad. Und Tucholsky, obwohl dort begraben, hatte nie in Schloss Gripsholm übernachtet. Literatur und Wirklichkeit. Aber das »Rote Zimmer« gibt es tatsächlich in Stockholm.

Mit diesem Zimmer landete ein 30-jähriger Schwede als Romancier einen Coup. In einer glänzenden Satire auf Presse und Gesellschaft brachte er den Zeitgeist auf den Punkt. Zuvor war er u. a. Medizinstudent, Scharfschütze, Prediger, Lehrer, Redakteur und Bibliothekar.

Eines seiner Dramen galt als Skandal. In Paris ein großer Erfolg (und bis heute überall gespielt), kam es in Schweden erst 17 Jahre nach Erscheinen auf die Bühne. Darin verführt die Tochter eines Grafen in einer Mittsommernacht den Diener, mit Erfolg. Trotzdem wirft er ihr vor, sie gäbe sich unter ihrem Stand hin. Zwar will sie dennoch mit ihm fliehen und stibitzt das Geld des Vaters. Aber als der Graf nach dem Diener läutet, buckelt der in gewohnter Rolle. Und die Tochter bringt sich um.

Auch die Vita des Gesuchten war nicht einfach. Drei Ehen, Gemütsschwankungen und ein riesiges Werk. Er schrieb Tausende von Briefen, die meisten an Frauen. Mit Nietzsche unterhielt er eine rege Korrespondenz, kurz vor dessen Umnachtung. Einen Monat nach dem Tod seiner ersten Frau (kurz zuvor hatte er sich mit ihr versöhnt) starb auch er. So umstritten er war: Seinen Trauerzug zum Nordfriedhof begleiteten 60 000 Stockholmer.«

FELIX WOERTHER

Wenn Sie die Lösung wissen, besuchen Sie uns doch im Internet unter **www.merian.de/quiz** oder senden Sie uns eine E-Mail an **quiz@travel-house-media.de**

Unter den Einsendern verlosen wir Monat für Monat attraktive Preise. Viel Glück!

Einkaufen

Traditionelles Kunsthandwerk und Design aus Glas oder Keramik sind beliebte Mitbringsel.

Die bunten, aus Holz gefertigten Dala-Pferdchen (→ S. 125) sind nicht nur ein beliebtes Mitbringsel, sondern gelten als Symbol für Schweden. Die kunstvoll geschnitzten und handbemalten Figuren werden im Dorf Nusnäs am Nordostufer des Siljansee hergestellt. Wer will, kann in den zahlreichen Werkstätten bei der Produktion zuschauen.

Glas und Keramik in allen Variationen

Wenn es um das Einkaufen für den täglichen Bedarf geht, ist Schweden ein Land, in dem man sich schnell und gut zurechtfindet. Supermärkte gibt es überall. Sie haben sonntags bis 16 Uhr, wochentags meist bis 20 Uhr geöffnet, manchmal auch länger. Kleine Einzelhändler wie Bäcker oder Schlachter sind weit seltener zu finden.

Keine Souvenirflut in Schweden, könnte der erleichterte Stoßseufzer lauten, aber es gibt eine Reihe von Mitbringseln, die Platz im Gepäck benötigen. Kunsthandwerk und Design haben in Schweden Tradition. Vor allem im Design von Dingen des täglichen Bedarfs ist Schweden führend. Dazu zählt auch die industrielle **Keramik**, wie sie in Höganäs nördlich von Helsingborg gefertigt wird. Die **Salzglasur** der Töpferstadt Höganäs steht für einen eher bäuerlich-rustikalen Stil, die feinen Arbeiten von Rörstrand in Lidköping hingegen für das klassische Tischgeschirr.

Jedes Land setzt seine eigenen Akzente in der Mode. Wer in Schweden **Kleidung** kaufen möchte, sollte sich vor allem in der Hauptstadt Stockholm umsehen. Dort findet man in den kleinen Galerien und großen Kaufhäusern Mode, die es daheim nicht von der Stange gibt. Insbesondere die sportliche **Wintermode** unterscheidet sich ganz deutlich vom Angebot zu Hause. Einen guten Überblick gibt das Kaufhaus **Nordiska Kompaniet**, kurz NK genannt, an der Hamngatan nahe dem Kungsträdgården.

Und wer auf Gotland Urlaub macht, wird kaum ohne ein typisches Mitbringsel zurückkehren: gotländische **Strickwaren**. Die Schafe der Insel geben eine dichte, schöne Wolle, die der des Merinoschafs ähnelt. Daraus werden nicht nur Pullover in traditionellem Muster gestrickt, sondern die Wolle wird auch zu kuscheligen Decken, Jacken, Westen und Hüten verarbeitet. Zu kaufen gibt es die Produkte fast ausschließlich auf Gotland, von wenigen Stockholmer Verkaufsstellen einmal abgesehen.

Wenn Kaufhäuser und andere Geschäfte ihre Lager leeren, heißt das »Rea« (Ausverkauf). Aufgepasst, denn Preisnachlässe von sogar bis zu 70 Prozent sind möglich!

Empfehlenswerte Geschäfte und Märkte finden Sie bei den jeweiligen Orten im Kapitel »Unterwegs in Schweden«.

MERIAN-Favoriten
Die 10 besten Adressen

Street, Stockholm
Neuer Kunsthandwerkermarkt in Stockholm mit originellem Design (→ S. 45).

Glashütte Åfors
Ulrica Hydman-Valliens Werke in zweiter Wahl zu günstigen Preisen (→ S. 66).

Glashütte Orrefors
Schwerpunkt Glaswaren aus Bleikristall, zweite Wahl günstiger (→ S. 73).

Svenssons, Lammhult
Einer von sechs wichtigen Möbelherstellern im Dorf Lammhult (→ S. 73).

Yllet, Visby
Bekleidung mit eigenem Schnitt aus gotländischer Wolle und Leinen (→ S. 93).

Bohusslöjd, Göteborg
Traditionelles Kunsthandwerk mit maritimem Einschlag (→ S. 100).

Vitlycke Museum
Museumsshop mit Felszeichnungen auf Handtüchern oder als Ohrring (→ S. 106).

Klässbols Leinenweberei, Klässbol
Traditionelle Leinenweberei mit allen Formen von Tischwäsche (→ S. 113).

Måltidens Hus, Grythyttan
Alles rund ums Essen, z. B. schwedische Kräuter, Marmeladen (→ S. 123).

Nils Olsson Hemslöjd, Nusnäs
Die echten schwedischen Dala-Pferdchen direkt vom Hersteller (→ S. 125).

Feste und Events

Wer das Mittsommerfest erleben will, sollte Schweden am besten im Juni besuchen.

Das Mittsommerfest wird am letzten Samstag im Juni gefeiert. Dann darf natürlich der liebevoll geschmückte Maibaum nicht fehlen, der bevorzugt von den ganz Kleinen umtanzt wird.

Das Klischee vom sturen, verschlossenen Nordländer bewahrheitet sich hier beileibe nicht. Die Schweden verstehen zu feiern, etwas »feucht« vielleicht, aber vor allem fröhlich. Was Urlaubern gern als altes Brauchtum verkauft wird, ist für viele Schweden nur ein netter Anlass, eine Feier zu veranstalten. Fast alle Feste und Festivals finden im Sommer statt.

Das wohl bekannteste ist das **Mittsommerfest** an dem Samstag im Juni, der zwischen dem 20. und dem 26. liegt: Anlass für die meisten Schweden, die Nacht zum Tag zu machen und durchzutanzen.

Hochsaison für Musik- und Theaterfestspiele ist ebenfalls der Sommer. Und natürlich finden viele Veranstaltungen abends unter dem hellen Sommerhimmel statt.

Februar

Swedish Rally

Seit die Rally, die vier Tage durch Värmland führt, ein Weltmeisterschaftslauf wurde, hat der Motorsportwettbewerb an internationalem Profil gewonnen. Rund 100 Teams gehen jährlich in Karlstad an den Start.

www.swerally.se

Mitte Februar

Juni

»Flaggans Dag«

Der Tag der Flagge ist der schwedische Nationalfeiertag, arbeitsfrei gibt es neuerdings sogar auch. Im Gegenzug wurde aber ein anderer Feiertag gestrichen.

6. Juni

Mittsommer

Das Mittsommerfest liegt weder mitten im Sommer noch am Tag des kalendarischen Sommeranfangs. Aus praktischen Gründen findet es immer am letzten Samstag im Juni statt. Dann wird (nicht nur) im Stockholmer Freilichtmuseum **Skansen** der Maibaum aufgestellt, und blonde Schwedenmädel tanzen mit geflochtenen Blumenkränzen im Haar drum herum. Auch in **Dalarna** darf der Maibaum nicht fehlen. Der Rest Schwedens legt vor allem auf eine Sitte Wert: dass die Nacht durchgetanzt wird. Das kann übrigens auch in einer Diskothek geschehen, und Blumen im Haar sind keine Pflicht.

Erster Samstag nach dem 20. Juni

Juli

Musik am Siljan

Dorftanz, Orchester, Chöre als Volksfest in einer Musikwoche rund um den Siljan-See.

www.musikvidsiljan.se

Anfang Juli

Jazz und Blues All Star Festival in Stockholm

Zehn Tage lang wird die Insel Skeppsholmen mitten in der Stockholmer City zu einer Insel der Musik.

www.stockholmjazz.com

Mitte Juli

Musik im Glasreich

Das Festival lebt von der urigen Atmosphäre in und um die Glashütten. Vom Dixieland-Brunch vor den Schmelzöfen über das Musikkorps am Nachmittag bis zum Klassikkonzert am Abend reicht das Spektrum dieser Veranstaltungsreihe im Sommer.

www.glasriket.se

Juli

August

Eksjö Tattoo

Jedes zweite Jahr findet ab 2006 das Eksjö Tattoo statt, ein internationales Treffen von Spielmannszügen. Auf dem großen Marktplatz von **Eksjö** treten die Gruppen zum Musizieren in Formation an.

www.eksjo.se/TATTOO

32. Kalenderwoche

Kammermusikfestspiele auf Gotland

In der Woche vor der Mittelalterwoche finden auf Gotland die Kammermusik-

Die historische Kulisse der Altstadt von Visby (→ S. 88) bietet einen idealen Rahmen für die jährlich im August stattfindende Mittelalterwoche.

festspiele statt. Die Kirchenruine von St. Nicolai und die Domkirche St. Maria in **Visby** dienen als stimmungsvolle Spielstätten.

www.gotlandsmusiken.se

31. Kalenderwoche

Mittelalterwoche in Visby, Gotland

Jedes Jahr kehrt der Schreckenstag von 1361 wieder: Der dänische König 1 Valdemar Atterdag zieht in Visby ein und plündert die reiche Hansestadt bis auf den letzten Silberling. Innerhalb der Stadtmauern verkehren in Visby fast keine Autos mehr, die kopfsteingepflasterten Straßen und Gassen gehören den Fußgängern und Reitern. In Kursen lernt man, sich mittelalterliche Kleidung zu nähen, Bogenschützen erklären ihre Waffen, und auf einem Platz wird ein öffentlicher Badezuber aufgestellt. Junge Damen schrubben sehr zur Gaudi der Zuschauer Rücken und Füße mit Wurzelbürsten. Die Zahl der mittelalterlich gekleideten Passanten überwiegt an den Haupttagen der Mittelalterwoche. Die historischen Bauten der Stadt geben dabei eine großartige Kulisse ab. Das Restaurant »Medeltidskrogen« im Kellergewölbe eines Speichers ist nur mit Fackeln erleuchtet. Ebenso stilecht ist das Treiben auf dem Kapitelhaushof. Gerber, Korb- und Stuhlflechter bei der Arbeit, und im Krug gibt's Gerstensaft und Kräutertee. Mittelalterliche Instrumente sind zu hören; manche Musikanten entlocken den alten Instrumenten bisweilen moderne Rhythmen.

www.medeltidsveckan.com

32. Kalenderwoche

»Hultsfredsfestivalen«

In dem kleinen Dorf Hultsfred in Småland findet drei Tage lang eines der größten Rock-Festivals des Nordens statt. Neben den einheimischen Rock-Größen treten auch internationale Topgruppen auf. Rund 60 000 Besucher zieht es jährlich nach Hultsfred.

Übernachtet wird in einem Zeltdorf – Woodstock lässt grüßen.
www.rockparty.se
2. Wochenende im August

»Kräftpremier«

Die sogenannte Krebspremiere ist in der Auflösung begriffen. Das bringt viele Gemüter in Wallung. Früher war es so, dass ab dem zweiten Mittwoch im August der Fang der Krebse in Schweden freigegeben wurde. Am Abend fand dann das erste Krebsessen statt. Mit Papphütchen auf dem Kopf und Papplätzchen um den Hals wurden die Krebse verspeist, dazu gab's hochprozentigen Schnaps und reichlich Bier. Damit ist jetzt Schluss. Nachdem zunächst der schwedische Flusskrebs fast ausgestorben schien, gab es ohnehin nur noch Importware. 1990 wurde der ganzjährige Verkauf von importierten Krebsen erlaubt. 1992 wurde die Krebspremiere auf den 1. Mittwoch im August verlegt, und 1993 wurden, welch ein Traditionsbruch, Fang und Verkauf der wiedergenesenen schwedischen Krebse ganzjährig erlaubt. Damit sei die Krebspremiere gestorben, maulen die Anhänger des Scherentieres. Krebse könne man ohnehin nur betrunken verzehren, granteln die anderen. Schweden ist in zwei Lager gespalten. Die puristischen Anhänger der Krebspremiere warten weiterhin bis zum zweiten Mittwoch im August.
2. Mittwoch im August

Dezember

Weihnachtsmärkte

Schwedische Weihnachtsmärkte sind kleiner als in Deutschland und weniger kommerziell. Meist wird regionales Kunsthandwerk verkauft. Den Anfang macht die große småländische Gutshofanlage **Huseby Bruk** bei Växjö (2. Novemberwoche, Eintritt 60 SEK). Viele Weihnachtsmärkte finden nur an einem Wochenende statt, beispielsweise in der Altstadt von **Eksjö** (2. Dezember-Wochenende).Sehr speziell ist der Weihnachtsmarkt auf der Insel **Utö** in den Schären vor Stockholm. Er ist nur per Schiff erreichbar (drei Wochenenden im Dezember).
www.husebybruk.se (nur Schwedisch)
www.eksjo.se
www.stockholmtown.com

Lucia-Fest

Wenn die Tage am kürzesten sind, wird zu Ehren der Lichterkönigin St. Lucia gefeiert. Klassischerweise zieht die Lichterkönigin morgens um sieben Uhr mit ihrem Gefolge aus Sternjungen und einem Kranz tropffreier Kerzen auf dem Kopf durch den dunklen, verschneiten Ort. In Ermangelung von verschneiten Dörfern sind es in den Städten ersatzweise auch Schulklassen, Betriebe und Krankenhäuser. Der Brauch fordert dazu Kaffee und Safrankringel. Am Abend folgt der »Glögg«, die schwedische Variante des Glühweins, mit Mandeln und Apfelsinenstückchen. Auf Weihnachtsmärkten darf Glühwein aufgrund der strengen Alkoholgesetzgebung leider nicht ausgeschenkt werden.
13. Dezember

In dickes Fell gehüllt sind auch die falschen Nikoläuse auf dem Wintermarkt in Jokkmokk (→ S. 141).

Sport und Strände

Wer auf die Hitze Südeuropas verzichten kann, wird an Schwedens Stränden nichts vermissen.

Die Insel Fårö (→ S. 87) bietet sich ideal für einen erholsamen Badeurlaub an. In Sundersand erwartet den Besucher der schönste und längste Sandstrand Gotlands.

Aktivurlaub ist für Schwedenreisende kein Schlagwort, sondern einer der Gründe, warum Urlauber in den Norden fahren. Ob im Kanu, zu Fuß oder mit dem Fahrrad, im Urlaub bewegt man sich in der Natur.

Die Schweden selbst sind sportbegeistert. Sie lieben das **Golfspiel**, und entsprechend groß ist das Angebot an Plätzen, auch für Besucher.

Angler finden in dem wasserreichen Land genügend Gelegenheiten, einen großen Fisch an Land zu ziehen, und manch wasserscheuer Kanumuffel ist auf den **Flüssen** und **Seen** zum Paddelliebhaber geworden. Vielleicht sind es gerade die ungewöhnlichen Angebote, die zu Aktivitäten verlocken. Auf dem Fluss Klarälven in Värmland baut man beispielsweise sein eigenes Floß, um sich eine Woche treiben zu lassen.

Angeln

Das Angeln an der Küste sowie an den Seen Vänern, Vättern, Hjälmaren und Mälaren ist frei. Für Binnengewässer genügt ein Angelschein, die »fiskekort«, die es in den örtlichen Touristenbüros oder in Sportgeschäften gibt.

Golf

Zu den populärsten Sportarten gehört der Golfsport. Golfclubs in Schweden sind öffentlich, Gastspieler willkommen. Meist wird ein Handicap von 36 erwartet. Die Preise variieren zwischen 100 und 350 SEK je nach Lage des Platzes und Wochentag. Die Saison dauert von April bis Oktober. Ein Verzeichnis ist erhältlich über

Svenska Golfförbundet, Box 84,
18211 Danderyd; Tel. 08/6 22 15 00;
E-Mail: info@sgf.golf.se; www.sgf.golf.se

Hier eine Auswahl schöner Plätze:

Halmstad Golf Club in Halland ⇢ S. 120, B 10
Der 36-Loch-Platz von Halmstad liegt außerhalb der Stadt bei Tylösand. Die Saison dauert von März bis November.
Tel. 0 35/17 68 01, Fax 17 68 20

Hook Golf & Country Club in Småland ⇢ S. 184, C 9
30 km südwestlich von Jönköping liegt die 18-Loch-Anlage von Hooks Herrgård, direkt an einem See.
Tel. 03 93/2 13 10, Fax 2 13 79

När auf Gotland ⇢ S. 89, b 4/5
Naturbelassener 18-Loch-Platz in schöner Lage. Kein Handicap.
Tel. 04 98/49 23 20, Fax 40 23 24

Skanör-Falsterbo in Skåne ⇢ S. 184, B 12
Einer der berühmtesten Clubs Schwedens auf der Landzunge von Falsterbo direkt am Öresund.
Tel. 0 40/47 00 78, Fax 47 27 22

Kanufahren

Angesichts der vielen Seen und Kanäle gehört Kanufahren zu den beliebtesten Aktivitäten. Schöne Reviere für Anfänger und Fortgeschrittene liegen beispielsweise in **Småland**, in **Dalsland** oder bei **Olofström** in **Blekinge**.

Getnö Gård ⇢ S. 185, D 11
Ein riesiges Revier steht zur Wahl, darunter bis zu 120 km auf dem Fluss Mörrumsån und der See Åsnen.
Getnö Gård, Ryd;
Tel. 04 77/2 40 11, Fax 2 40 49;
www.getnogard.se

Halen Olofström ⇢ S. 185, D 11
Die Seen Halen, Raslången und Immeln bilden das Revier, der Ausgangspunkt liegt neben dem Campingplatz Halen Camping bei Olofström.
Halen, Strandvägen 14, Bräkne-Hoby;
Tel./Fax 04 57/8 06 05;
www.ofk.nu/kanot

Isabergs Stugby ⇢ S. 184, C 9
Ausgangspunkt ist die Hüttenanlage Isaberg bei Hestra. Auf dem Fluss Nissan sind etwa 70 km des Laufes mit dem Kanu befahrbar.
Isaberg Stugby, Hestra;
Tel. 03 70/33 97 58, Fax 33 59 90;
www.isaberg.se

Silverlake Canoeing → S. 180, C 3
Fahrtgebiet ist der Dalsland Kanal und die Seen bei Bengtsfors. Kombi-Angebote mit Draisine auf der stillgelegten Bahnstrecke und Kanu.
Silverlake Canoeing, Bengtsfors; Tel. 05 31/1 21 73, Fax 6 17 11; www.silverlake.se

Auskunft
Svenska Kanotförbundet
Rosvalla, 61162 Nyköping; Tel. 01 55/20 90 80, Fax 20 90 81; www.kanot.com

Rad fahren

Ganz Schweden ist von einem Netz von markierten Radwegen durchzogen, die meist auf Nebenstraßen verlaufen. Der »Sverigeleden« ist ein Radfernweg von Helsingborg bis in den hohen Norden. Die meisten Landschaften haben regionale Radfernwege eingerichtet, beispielsweise den **Bohusleden** durch Bohuslän.

Auf Gotland gibt es eine exzellente Infrastruktur für Radurlaub. Man mietet sich alles, was man braucht – vom Zelt bis zur Luftpumpe –, und natürlich ein passendes Bike dazu und kann die Insel individuell erkunden.

Informationen:
Gotlands Resor AB, Färjeleden 3, 62158 Visby; Tel. 04 98/20 12 60, Fax 20 12 70; www.gotlandsresor.se
Cykelfrämjandet, Box 47, 25053 Helsingborg; Tel. 08/54 59 10 30, Fax 54 59 10 39; Mo–Mi, Fr 10–13, Do 14–18 Uhr; www.cykelframjandet.se

Wandern

Auch für Wanderer gibt es ein regionales und nationales Netz an Fernwanderwegen, die teilweise mit den Radwegen identisch sind. Der **Skåneleden** etwa fasst sechs Wanderwege von insgesamt 595 km Länge zusammen. Thematisch ausgerichtet ist der »Utvandrarleden«, der Weg der Auswanderer, durch Småland (96 km). Schön und für weniger Geübte gut geeignet ist der **Höglandsleden** durch das småländische Hochland bei Eksjö. Wer den **Siljansee** in Dalarna vollständig umrunden möchte, muss 340 km wandern.

Der berühmteste Wanderweg ist der **Kungsleden**, der zwischen Tärnaby und Abisko durch das lappländische Fjäll verläuft. Seine Fortsetzung durch Jämtland bis nach Fjällnäs bei Funäsdalen wird als südlicher Kungs-

Die alten Treidelpfade am Göta-Kanal (→ S. 156) sind für Radtouren perfekt geeignet.

leden bezeichnet. Die Unterkunft erfolgt im Zelt oder in einer der Berghütten des STF. Eine Reservierung ist zur Hauptsaison ratsam, da der Kungsleden zu den meist genutzten Routen Schwedens gehört.

Wanderwege sind in Schweden meist nur durch Symbole und farbige Streifen an Bäumen oder Stecken gekennzeichnet. Da sie seltener benutzt werden, können sie vereinzelt leicht zugewachsen sein.

Informationen über die regionalen Fremdenverkehrsämter oder:
STF Svenska Turistforeningen, Box 25, 10120 Stockholm; Tel. 08/4 63 21 00, Fax 6 78 19 58; www.svenskaturistforeningen.se

Strände

Westküste:
Skrea Strand bei Falkenberg, Halland ⇢ S. 184, B 10
Ein breiter Dünengürtel hinter den Stränden bietet Schutz vor dem Westwind. Das flache Wasser ist für Kinder gut geeignet.

Tylösand bei Halmstad, Halland ⇢ S. 184, B 11
Langer, weiter Sandstrand mit leichter Brandung, der zu den Spitzenstränden Schwedens gezählt wird.

Skåne und Blekinge:
Borrby und Skillinge, Skåne ⇢ S. 184, C 12
In der Nähe der Ortschaften Borrby und Skillinge liegen Schwedens südlichste Strände.

Listerlandet bei Sölvesborg, Blekinge ⇢ S. 185, D 12
Listerlandet heißt die Halbinsel, die bei Näs, Nogersund und Hörvik schöne Strände vorzuweisen hat.

Skanör-Falsterbo, Skåne ⇢ S. 184, B 12
Der Badeort an einer Landzunge im Öresund verfügt über wunderschöne Strände.

Ein Ausflug mit dem Kanu ist sportliche Betätigung, Naturerlebnis und Meditation zugleich.

Ostküste:
Gotland ⇢ S. 89, b 4
In **Ljugarn** sind es nur ein paar Meter von den Strandvillen zum Sandstrand. **Tofta Strand** im Westen der Insel ist ein großer, beliebter Sandstrand. Nahe dem Freilichtmuseum **Kovik** liegt ein hübscher, kleiner Strand versteckt. Angenehm feinsandig ist der Strand von **Sudersand** auf der Nachbarinsel Fårö.

Öland ⇢ S. 185, F 10/11
Die beliebtesten Strände liegen auf der geschützten Westseite zwischen **Färjestaden** und **Mörbylånga** sowie in den Buchten nördlich und südlich von **Böda**. An der Ostküste sind die Strände steiniger. Gute, kleine Badeplätze liegen bei **Bläsinge** und **Stenåsa**.

Familientipps – Hits für Kids

In der Heimat von Pippi Langstrumpf muss es ja kinder- und familienfreundlich zugehen.

Im Freizeitpark Astrid Lindgrens Värld gibt es Pippi Langstrumpf hautnah »zum Anfassen«. Die Kleidung sieht authentisch aus, bei den Haaren gibt es aber offensichtlichen Zweifel …

In Skandinavien ist es üblich, seine Kinder immer dabeizuhaben. Das beginnt bereits mit Spielzimmern auf den Fähren. Zum Standard gehören dort Ball-Pool, kleine Tische mit Legosteinen und anderes Spielzeug.In den meisten Restaurants gibt es Kinderhochstühle, und oft kann der Nachwuchs zwischen verschiedenen Kindergerichten wählen.

An Attraktionen für Kinder mangelt es wirklich nicht. Auch vermeintlich langweilige Museen können bei den Kids zum Hit werden, zum Beispiel das **Vasamuseet** in Stockholm, wo ein Computerspiel den Untergang des berühmten Kriegsschiffes »Wasa« auf seiner Jungfernfahrt im Jahre 1628 simuliert (→ S. 43).

Astrid Lindgrens Värld

→ S. 185, E 9

Der Astrid-Lindgren-Freizeitpark ist ein Muss für große und kleine Pippi-Langstrumpf-Fans. Vor den Toren Vimmerbys hat man die wichtigsten Orte der Romane nachgebaut. Da gibt es den Tischlerschuppen, in dem Michel – der mit der Suppenschüssel – seine Holzmännchen schnitzt. Im Nordhof, im Südhof und im Mittelhof spielen die Kinder wie in Bullerbü. Und von der Villa Kunterbunt, die auf schwedisch »Villa Villekulla« heißt, grüßt Pippi Langstrumpf.

2

Vimmerby; Tel. 04 92/7 98 00, Fax 1 58 85; www.alv.se; Mai–Mitte Juni tgl. 10–17, Mitte Juni–Ende Aug. 10–18 Uhr; Tagespreis Erw. 210 SEK, Kinder 145 SEK, Familie (2 Erw. + 3 Kinder) 640 SEK

Informationen auch über:

Vimmerby Turistbyrå, V. Tullportsgatan 3; Tel. 04 92/3 10 10, Fax 1 30 65; www.turism.vimmerby.se

Brio Lekoseum → S. 184, C 11

Holzspielzeug von Brio aus Osby in Skåne hat auch die deutschen Kinderzimmer längst erobert. Die Brüder Ivarsson, die seit 1930 kleine und größere Kinder mit dem Holzspielzeug beglücken, haben ein Spielzeugmuseum eingerichtet, in dem Kinder auch spielen können.

Briogatan, Osby; Tel. 04 79/1 91 24; www.brio.se; Mitte Juni–Mitte Aug. tgl. 10–18, Aug.–Juni Di–Fr 12–18, Sa 10–14, So 12–17 Uhr; Erw. 50 SEK, Kinder 30 SEK, Familie 150 SEK

Kolmårdens Djurpark → S. 182, A 8

Fünf naturnahe Lebensräume sind im Safaripark geschaffen worden. Kleine und große Besucher können hier Elche und Rotwild, Wölfe und Bären erleben. Der Savanne als Lebensraum für Giraffen, Zebras und Büffel ist ein weiteres Gehege gewidmet. Nicht zu vergessen die Löwensafari, die zu den Hauptattraktionen des beliebten Tierparks zählt.

Kolmårdens Djurpark, Kolmården; www.kolmarden.se; Tierpark tgl. 10–17, Safaripark Mai–Sept. 10–17 Uhr geöffnet; Eintritt Tierpark Erw. 240 SEK, Kinder 130 SEK

Leksaksmuseet → S. 36/37, e 6

Das Spielzeugmuseum in Stockholm gehört mit über 10 000 Gegenständen zu den größten seiner Art in Europa. Eine große Modelleisenbahn darf da natürlich auch nicht fehlen.

Tegelviksgatan 22, Stockholm; www.stockholmsmuseer.com; Mo–Fr 10–17, Sa–So 11–16 Uhr; Erw. 30 SEK, Kinder ab 7 Jahre 15 SEK

Liseberg → S. 96, südöstl. c 4

Hier kann man natürlich nicht nur mit der Achterbahn fahren, sondern auch basteln oder den Streichelzoo besuchen. Der Freizeitpark Liseberg in Göteborg gehört zu den größten in ganz Skandinavien.

Örgrytevägen 5, Göteborg; www.liseberg.se; Mai–Aug. tgl. 15–23, Juli 11–23, April und Sept. nur an Wochenenden 11–20 Uhr; Eintritt ist in der Göteborgskortet enthalten, sonst zahlen Erw. 60 SEK, Kinder unter 7 Jahre frei

Astrid Lindgren

Gratwanderung zwischen Kinderliteratur und schwedischer Innenpolitik.

Sie ist die berühmteste Kinderbuchautorin der Welt, sie ist die meistübersetzte Schriftstellerin des Nordens, sie ist im Land bekannter als der schwedische Dramatiker August Strindberg. Astrid Lindgren hat es in unvergleichlicher Weise geschafft, populär und zugleich literarisch anerkannt zu sein.

Astrid Anna Emilia Ericsson wurde 1907 in der småländischen Kleinstadt Vimmerby als zweites von vier Kindern geboren. Ihre glückliche Kindheit hat sie selbst immer wieder als Inspirationsquelle für ihre Bücher genannt. Zusammen mit dem älteren Bruder und den beiden Schwestern wächst sie am Rande der Kleinstadt auf. 1924 beginnt sie nach der Schulausbildung ein Volontariat bei der örtlichen Zeitung, 1926 geht sie nach Stockholm, um sich als Sekretärin ausbilden zu lassen.

Mit der Heirat 1931 wird aus Fräulein Ericsson Frau Lindgren. Für ihre Tochter Karin schreibt sie 1944 als Geburtstagsgeschenk die Geschichte von Pippi Langstrumpf auf, die sie später weltberühmt machen wird. Als sie das Manuskript anschließend bei einem Verlag einreicht, wird es abgelehnt. Doch der Erfolg lässt nicht lange auf sich warten: Der schwedische Verlag Rabén & Sjögren begeistert sich für ihre Texte und veröffentlicht 1945 das erste Pippi-Langstrumpf-Buch. 1946 folgen mit »Pippi Langstrumpf geht an Bord« und »Meisterdetektiv Kalle Blomkvist« bereits die nächsten beiden Bücher. Im selben Jahr bietet ihr der Stockholmer Verlag die Leitung der Kinderbuchabteilung an. Lindgren akzeptiert und hat die Position bis 1970 inne.

Man mag es heute kaum glauben, aber zunächst waren die Geschichten der rotzfrechen Pippi umstritten. Kritiker meinten, ein aufsässiges Kind wie Pippi könne nicht als Vorbild dienen. Den Siegeszug des kleinen Mädchens, das allein mit einem Affen und einem Pferd eine alte Villa bewohnt, konnte die Kritik jedoch nicht aufhalten. Bereits 1949

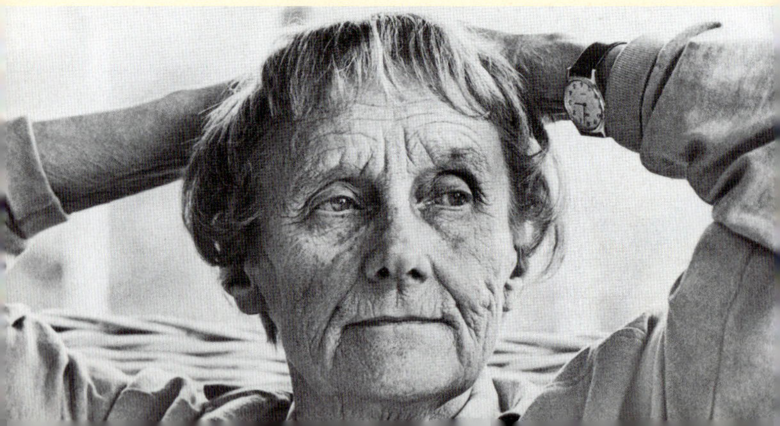

wurden die ersten Bücher ins Deutsche übersetzt.

Astrid Lindgren ist offensichtlich nie auf materiellen Erfolg aus gewesen. Sie war eine zutiefst bodenständige Person. 1941 zog sie mit Mann und Familie in die Wohnung in der Dalagata in Stockholm, wo sie bis zu ihrem Tod im Januar 2002 wohnte. Das Elternhaus in Näs bei Vimmerby kaufte sie 1965 zurück. Und ihrem deutschen Verleger Friedrich Oetinger blieb sie zeitlebens treu.

Politisches Engagement

Ein Wohnsitzwechsel aus steuerlichen Gründen kam für die Schriftstellerin nie in Frage. Doch als sie 1976 einen Steuerbescheid bekam, der 102 Prozent Steuern auswies, wehrte sie sich mit Hilfe eines Märchens, das sie an die Tageszeitung »Expressen« schickte. »Pomperipossa in Monismania« lautete der Titel des stark beachteten Steuermärchens. Viele Schweden sind der Ansicht, dass der kleine Text entscheidend dazu beitrug, dass die regierenden Sozialdemokraten die folgende Wahl verloren. Trotz ihrer Politikschelte stand Astrid Lindgren den Sozialdemokraten auch nach 1976 nahe. Politisch engagierte sich die Schriftstellerin erneut ab dem Frühjahr 1985. Sie prangerte die Massentierhaltung in Schweden an und scheute dabei keinen Konflikt mit Bauernverbänden und den zuständigen Ministern. Das neue Tierschutzgesetz von 1988 ist maßgeblich auf die Initiative Astrid Lindgrens zurückzuführen und wurde deshalb im Volksmund als »Lex Lindgren« bezeichnet.

Småländische Idylle

Die Bauernidylle ihrer Jugend in Småland findet sich in vielen Büchern wieder. Michel aus Lönneberga, der im schwedischen Original übrigens Emil heißt, hat die Ortschaft in der Nähe von Vimmerby berühmt gemacht. Die Drehorte der Astrid-Lindgren-Filme sind zur Touristenattraktion geworden. Michels Hof Katthult liegt in Gibberyd bei Rumskulla, die »Kinder von Bullerby« wurde in Sevedstorp bei Pelarne gedreht. Man benötigt schon eine sehr gute Landkarte, um diese kleinen småländischen Gehöfte zu finden. Einfacher geht es im Freizeitpark Astrid Lindgrens Welt (→ S. 29), in dem die Szenarien aller Kinderbücher in kindgerechter Größe nachgebaut wurden und Schauspieler die Figuren verkörpern. 2

Astrid Lindgren, die im November 2007 ihren 100. Geburtstag begangen hätte, schuf mit Pippi Langstrumpf eine der bekanntesten und beliebtesten Figuren der modernen Kinderliteratur.

Unterwegs in Schweden

Die beeindruckende historische Hafenanlage von Helsingborg (→ S. 58) am Öresund ist für die meisten Besucher das Tor zu Schweden.

Als einstige Seemacht hat Schweden viele kulturelle Höhepunkte zu bieten. Zu den attraktivsten Ausflugszielen gehören Schlösser, Herrenhöfe und Museen.

Stockholm und das Mälartal

Schönste Hauptstadt Europas: Mit dieser Charakterisierung schmückt sich Stockholm gerne.

Die schwedische Hauptstadt hat nah am Wasser gebaut und wird daher gerne als »Venedig des Nordens« bezeichnet. Ein Vergleich, der keineswegs hinkt, schließlich kommt man nahezu überall in Stockholm, hier mit Blick auf die Uferstraße Söder Mälarstrand am Riddarfjärden, mit Salz- oder Süßwasser in Berührung.

Die schwedische Hauptstadt liegt an der schmalsten Stelle im Übergang der Ostsee zum See **Mälaren**: Wasser überall. Seit 1520 wurde Stockholm weder belagert noch von feindlichen Truppen eingenommen, so dass viele alte Bauwerke erhalten geblieben sind. Hinzu kommen Museen wie das **Nationalmuseet** oder das **Moderna Museet**, die mit ihren bedeutenden Sammlungen einer europäischen Hauptstadt würdig sind. Mit dem königlichen Flaggschiff »Wasa«, das nach über 300 Jahren auf dem Meeresgrund nun seine letzte Ruhestätte im modernen **Vasamuseet** gefunden hat, verfügt Stockholm über eine Touristenattraktion, die auf der ganzen Welt ihresgleichen sucht.

3

Stockholm, eine Stadt ohne Makel? Fast scheint es so. Sicher, zwischen 1950 und 1980 versuchten die Architekten, der Moderne mindestens um ein Stockwerk voraus zu sein. Die wenig mitreißenden Ergebnisse sind im Stadtteil **Norrmalm**, dem heutigen Zentrum, am **Hötorget** oder am **Sergels Torg** zu sehen.

Stockholm ⇢ S. 182, B 7

783 000 Einwohner
Stadtplan → S. 36/37

Doch Stockholm kann solche Mängel wegstecken, zu sehr dominiert der Eindruck von Blau und Grün, von Wasser und Parks. Die großzügigen **Grünanlagen** finden sich überall in der Stadt. **Djurgården**, die Insel, auf der das **Freilichtmuseum Skansen** liegt, ist ebenso grün wie der **Hagapark** im Norden, wie **Brunnsviken** bei der Universität und wie das südliche Ufer der Bucht **Årstaviken**.

Auf **Norrmalm** liegen die großen Kaufhäuser im Stil einer internationalen City, auf **Östermalm** dominieren kleine Läden. Schick sind auch die Inneneinrichtungsgeschäfte, es müssen ja nicht gleich Möbel sein, die man kauft. **Södermalm** hat einen leicht alternativen Touch. Auf der buckeligen Hornsgatan findet sich die größte Dichte an Galerien. Nur in **Gamla Stan** ist etwas Zurückhaltung geboten: Das Angebot an der Västerlånggatan orientiert sich arg an Souvenirartikeln, während auf der Österlånggatan mehr oder weniger Exklusives zu hohen Preisen angeboten wird.

Hotels/andere Unterkünfte

Grand Hotel ⇢ S. 36/37, c 3
Das Grand ist und bleibt die Nummer eins in Stockholm. Die formidable Lage im Zentrum mit Blick auf das prächtige Schloss sowie die große Tradition des Hauses gehen einher mit dem etwas steifen Service eines klassischen Grand Hotels. Aber man ist ja gar nicht so: Auch durchschnittlich Reiche sind willkommen. Wochenendpauschalen werden auch angeboten.
Södra Blasieholmshamnen 8; Tel. 08/6 79 35 00, Fax 6 11 86 86; www.grandhotel.se; U-Bahn: Kungsträdgården; 300 Zimmer, davon 21 Suiten ●●●● CREDIT

Birger Jarl ⇢ S. 36/37, b 1
Angenehmes Designhotel mit vier Sternen in einer ruhigen Nebenstraße im Stadtteil Norrmalm. Ruhige, klare Farben und Formen, nicht zu verspielt. Internationales Publikum. Nur das Frühstück kann das hohe Niveau des Hotels nicht ganz halten.
Tulegatan 8; Tel. 08/6 74 18 00, Fax 6 73 73 66; www.birgerjarl.se; U-Bahn: Rådansgatan; 235 Zimmer ●●● CREDIT

Grand Hotel Saltsjöbaden ⇢ S. 36/37, östl. f 2
1993 feierte das klassische Grand Hotel in den Stockholmer Schären seinen 100. Geburtstag. Das direkt am Wasser gelegene Haus ist sowohl mit dem Auto als auch mit Linienschiffen erreichbar.
Hotellvägen 1; Tel. 08/50 61 70 00, Fax 50 61 70 25; www.grandsaltsjobaden.se; 140 Zimmer ●●● CREDIT

Stadsbiblioteket, Vilda Vanadis, Hagaparken, Flughafen, Uppsala, Ulriksdals slott, Rosersberg slott
Norrmalm
Observatoriet
Observatorielunden
Humlegården
Carl von Linné
Kungliga biblioteket
Johannes kyrka
Strindbergmuseet
Tegnérlunden
Adolf Fredriks kyrka
Centralbadet
Folkets hus, Dansmuseet
Hötorget
Konserthuset
Hötorget PUB
Vasateatern
Kartbutiken
Oscars
Stureplan
Dramaten
Hallwylska museet
Nybroplan
Berzelii Park
Sergels Torg
Kulturhuset
T-Centralen
Cityterminalen
Klara kyrka
Kungsträdgården
Kungsholmen
Centralstationen
Medelhavsmuseet
G. Adolfs Torg
Operan
Helgeandsholmen
Kungsholms kyrka
Rosenbad
Riksdagen
Medeltidsmuseet
Stadshuset
Strömsborg
Kungliga slottet
Riddarholmen
Riddarhuset
Storkyrkan
Finska kyrkan
Birger Jarls Torn
Drottningholm slottet
Göta-Kanal
Riddarholmskyrka
Postmuseum
Gamla Stan
Tyska kyrkan
Järntorget
Riddarfjärden
Karl Johans Torg
Karl-Johansslussen
Stadsmuseet
Katarinahiss
Maria Magd. kyrka
Folkoperan
Slussen
Södra teatern
Mosebacke Torg
Mariatorget
St. Paulskyrkan
Zinkensdamm
Södermalm
Skinnarviksparken
Bellmanmuseet, Södertälje, Gröndal
Globen-Arena, Skogskyrkogården
Bofills Båge
Judiska museet
Drottningholm slottet
Smedsuddsbadet
Långholmen
Sveavägen
Drottninggatan
Kungsgatan
Vasagatan
Klarabergsgatan
Klarabergsviadukten
Kungsbron
Centralbron
Hamngatan
Strömbron
Skeppsbron
Västerlånggatan
Österlånggatan
Hornsgatan
Götgatan
Söder Mälarstrand
Norr Mälarstrand
Hantverkargatan
Torsgatan
Dalagatan
Birger Jarls-gatan
Engelbrektsgatan
Sturegatan
Karlavägen
Regeringsgatan
Malmskillnadsgatan
Norrlandsgatan
Kungsträdgårdsgatan
Stallgatan
Strömgatan
Fredsgatan
Vasabron
Norrbro
Slottsbacken
Köpmang.
Tavastgatan
Bastugatan
Brännkyrkagatan
Timmermansgatan
Paulsgatan
Högbergsgatan
Maria Prästgårdsg.
W. Yxkullsg.
Söderleden
© MERIAN-Kartographie

Stockholm
0
450 m
d
e
f
1
2
3
4
5
6
Universitetet, Eldhs ateljé
Valhallavägen
Karlaplan
Värtavägen
Borgvägen
Stadion
Sibyllegatan
Artillerigatan
Banérgatan
Gustav Adolfs kyrka
Gustav Adolfsparken
Jungfrugatan
Skeppargatan
Grevgatan
A
Narvavägen
Karlavägen
Oxenstiernsgatan
TV-huset
Etnografiska museet, Sjöhistoriska museet, Tekniska museet
Kaknästornet
Historiska museet
Storgatan
Linnégatan
Oskars kyrka
Gärdesgatan
Skarpögatan
D
Berwaldhallen
Riddargatan
Grevgatan
Styrmansgatan
Grev Magnigatan
Torstenssonsg.
Banérgatan
Strandvägen
Engelska kyrkan
Nobelparken
Nobelgatan
Djurgårdsbrunnsviken
Ladugårdslandsviken
Nordiska museet
Junibacken
Galärparken
Rosendalsvägen
Rosendals slott
Vasamuseet
3
Estonia-monumentet
Skansen Nebeneingang
Djurgården
Östasiatiska museet
Biologiska museet
Skansen
Seglora kyrka
Skeppsholmskyrkan
Liljevalchs konsthall
Djurgårdsvägen
Moderna museet
Aquaria Vattenmuseum
Tobaksmuseet
Cirkus
Skansen Haupteingang
Waldemarsudde, Thielska galleriet
Prins Eugens
Skeppsholmen
Arkitekturmuseet
Djurgårdskyrkan
Djurgårdsslätten
Djurgårdsvägen
Gröna Lund
Kastellholmen
Beckholmen
Saltsjön
Waldemarsviken
Fjäderholmarna, Vaxholm
Stadsgårdsleden
Fjällgatan
Stigbergsgatan
Norska kyrkan
Erstag.
Tegelvikshamnen
Folkungagatan
Leksaksmuseet, Spårvägsmuseet, Gustavsberg, Nacka
Masthamnen
Vitabergsparken

Lady Hamilton → S. 36/37, c 4
Geschichte atmet das Hotel, das fast neben dem königlichen Schloss in der Altstadt liegt. Ein Brunnen aus dem 15. Jh. wurde zum Pool umgebaut.
**Storkyrkobrinken 22;
Tel. 08/50 64 01 00, Fax 50 64 01 10;
www.ladyhamiltonhotel.se; U-Bahn: Gamla Stan; 34 Zimmer ●●● CREDIT**

Lord Nelson → S. 36/37, c 4
Mitten in der Altstadt liegt dieses kleine Haus mit maritimem Flair. Die Zimmer sind nach Schiffen benannt.
**Västerlånggatan 22;
Tel. 08/50 64 01 20, Fax 50 64 01 30;
www.lordnelsonhotel.se; U-Bahn: Gamla Stan; 29 Zimmer ●●● CREDIT**

Nordic Hotels → S. 36/37, d 3
Direkt neben dem Hauptbahnhof, rechts und links vom Platz Vasaplan, entstand Anfang des Jahrtausends das Hotelpaar Nordic Light und Nordic Sea. Ein drittes – Nordic Blue – wurde 2004 im Norden der Stadt eröffnet. Alle drei gehören zur internationalen Gruppe der Designhotels. Licht als Design-Element dominiert das Nordic Light, Wasser und Maritimes bestimmen das Nordic Sea. Echt cool: die Absolut Icebar, in der es permanent minus 5 Grad kalt ist. Einen Kälteschutzmantel gibt es beim Entree (Eintritt inkl. Drink: 160 SEK).
**Vasaplan; Tel. 08/50 56 30 00,
Fax 50 56 30 40; www.nordichotels.se;
U-Bahn: T-Centralen; 365 Zimmer Nordic Sea, 175 Zimmer Nordic Light ●●● CREDIT**

Anno 1647 → S. 36/37, c 6
Die Lage an Schwedens berühmtester Kreuzung, im Stadtteil Södermalm, kann man nicht gerade als ruhig bezeichnen. Dafür herrscht eine angenehme Stimmung in dem historischen Gemäuer von 1647. Die Altstadt ist zu Fuß zu erreichen.
**Mariagränd 3, Tel. 08/4 42 16 80,
Fax 4 42 16 47; www.anno1647.se;
U-Bahn: Slussen; 42 Zimmer
●● bis ●●● CREDIT**

Långholmen
→ S. 36/37, westl. a 5
Lust auf schwedische Gardinen? Das Långholmen Hotel war bis 1975 Gefängnis. Heute sind die ehemaligen Zellen ansprechend eingerichtet. Natürlich laufen auch keine Schließer mehr über die Galerie. Dem Hotel angeschlossen ist eine Jugendherberge. Im Hotel reicht die Auswahl von der »Einzelzelle« bis zur »Vierbettzelle«.
**Kronohäktet; Tel. 08/7 20 85 00,
Fax 7 20 85 75; www.langholmen.com;
U-Bahn: Hornstull; 101 Zellen ●● CREDIT**

Spaziergang

Ausgangspunkt ist die U-Bahnstation **T-Centralen**. Wenn Sie die Stufen hinaufgehen zu **Sergels Torg,** landen Sie mitten in der Moderne – oder was man in den sechziger und siebziger Jahren dafür hielt. Das Klara-Viertel wurde völlig umgebaut. Nur die Kirche ließ man im Dorf: **Klara kyrka** ist das letzte Relikt vergangener Zeiten. Sie liegt rund 200 m in Richtung Hauptbahnhof. Durch die Haupteinkaufsstraße **Drottninggatan** gelangen Sie zu den Brücken über den Norrström. Auf der anderen Seite liegt auf der kleinen Insel Helgeandsholmen der **Reichstag**. Die klassizistischen Arkaden des Reichstags harmonieren zwar noch mit dem schlichten **königlichen Schloss**, das Sie nach dem Überqueren einer weiteren Brücke erreichen, doch im Vergleich zu den alten Häusern von Gamla Stan wirkt der Reichstag geradezu protzig. Vor der **Storkyrkan**, die auf einem kleinen Hügel liegt, eröffnet sich über den Platz Slottsbacken der Blick auf die **Statue Gustaf III.** und die gegenüberliegende Insel Skeppsholmen mit dem Großsegler »af Chapman«, in dem eine Jugendherberge untergebracht ist. Ein schmaler Gang führt von Slottsbacken auf den Innenhof hinter der **finnischen Kirche**, wo Stockholms kleinste Statue – der **Eisenjunge** (»Järnpojken«) ist noch nicht einmal handgroß – versteckt ist. In

In der Altstadt Gamla Stan lohnt auch der Blick nach oben auf die kunstvoll verzierten Giebel der prächtigen Handelshäuser.

den Gassen wie Köpmangatan und Österlånggatan ist gut zu erkennen, worin die Schwierigkeiten der eigentlich geplanten Umgestaltung der Altstadt lagen: Die felsigen Hügel ließen den Bau von geraden Straßen nicht zu, man hätte die gesamte Insel schleifen müssen. So blieb die Altstadt verschont.

Über den Järntorget gelangen Sie an die **Karl-Johans-Schleusen**, die Durchfahrt zwischen dem See Mälaren und der Ostsee. Gegenüber beginnt bereits **Södermalm**, früher ein Arbeiterstadtteil. Warum die Altstadt den Namen »Stadt zwischen den Brücken« trägt, ist hier unschwer zu erkennen: Brücken, wohin man blickt... Einen schönen Abschluss des Spaziergangs bildet eine Fahrt mit dem Aufzug **Katarinahissen**, der die Höhenunterschiede zwischen Ufer und Berg auf Södermalm überwindet. Wer noch laufen mag, geht durch die Fußgängerzone der Västerlånggatan zurück durch Gamla Stan und stattet der **Insel Riddarholmen** noch einen Besuch ab. In der **Riddarholmskyrka** liegen die meisten schwedischen Könige begraben. Von der Terrasse mit dem Denkmal des Komponisten und Sängers Evert Taube hat man einen schönen Blick über das Wasser auf das Rathaus. Die nächste U-Bahnstation für den Rückweg ist Gamla Stan.

Sehenswertes

Drottningholm slottet

S. 36/37, westl. a 4

Während Carl Gustaf im Zentrum im Schloss arbeitet, wohnt Silvia mit den Kindern außerhalb in Schloss Drottningholm. Kein Wunder bei der unvergleichlichen Lage! Der Wohnsitz der königlichen Familie liegt an einem Arm des Mälarsees mit Blick aufs Wasser. Der Park mit dem chinesischen Lustschlösschen »Kina Slott« von 1769 kann besichtigt werden. Beliebt sind die Theateraufführungen im Sommer im Schlosstheater.

www.royalcourt.se; zu erreichen mit dem Schiff vom Anleger Stadshuset; Mai–Aug. tgl. 10–16.30, Sept. 12–15.30, Okt.–April Sa–So 12–15.30 Uhr; Erw. 70 SEK, Kinder ab 7 Jahre 35 SEK

Vor allem im Juni ist Stockholm eine ausgesprochene Sonnenstadt; die unzähligen Straßencafés haben dann Hochsaison.

Kaknästornet → S. 36/37, nordöstl. f 2

Der Turm von Kaknäs ist keine Schönheit, aber der 161 m hohe Fernsehturm auf Djurgården bietet eine prachtvolle Aussicht.

Norra Djurgården; Buslinie 69; Sept.–Mai 10–21, Juni–Aug. 9–22 Uhr; Erw. 30 SEK, Kinder 7–15 Jahre 15 SEK

Katarina kyrka → S. 36/37, d 6

1990 legte ein Großbrand die markante Kirche mit der barocken Kuppel auf Södermalm in Schutt und Asche. Von außen sind die Schäden an dem Bau aus den Jahren 1659 bis 1690 nicht mehr sichtbar, doch im Inneren werden die Restaurierungsarbeiten noch lange andauern. In der Umgebung sind noch Häuser aus dem 18. Jh. erhalten.

U-Bahn: Medborgarplatsen oder mit dem Aufzug Katarinahissen von Slussen hinauf auf den Berg

Kulturhuset → S. 36/37, b 3

Das Haus der Kultur ist eine der angenehmsten öffentlichen Einrichtungen in Stockholm. Vom Lesesaal, der mit aktuellen internationalen Zeitungen bestückt ist, über die Schachecke, Ausstellungs- und Theaterräumlichkeiten bis hin zu der schmucklosen Cafeteria im 5. Stock ist alles da, um sich eine Weile von der Hektik des Alltags zu verabschieden.

Sergels Torg 3; www.kulturhuset.stockholm.se; U-Bahn: T-Centralen; Mo–Fr 10–19, Sa–So 11–17 Uhr

Kungliga slottet → S. 36/37, c 4

Nachdem das Wasa-Schloss »Tre Kronor« am 7. Mai 1697 durch einen Brand zerstört worden war, erhielt der schwedische Baumeister Nicodemus Tessin d. J. den Auftrag, ein neues Schloss zu entwerfen, das jedoch erst 1754 fertig gestellt wurde. Die vierflügelige Anlage ist der Amtssitz des schwedischen Königs. Zu besichtigen sind das **Schlossmuseum**, das **Antikmuseum**, das eine Sammlung antiker Kunst von Gustaf III. enthält, die **Schlosskirche**, die **Leibrüstkammer**, die **Schatzkammer** mit den Kronjuwelen, einige Repräsentationswohnungen sowie die **Ballsäle** und das **Schlafzimmer König Gustaf III.**

Die traditionelle Wachablösung findet Mo–Sa um 12, sonntags um 13 Uhr vor dem Schloss statt.

Gamla Stan, Skeppsbron;
U-Bahn: Gamla Stan; Schloss;
Okt.–April Di–So 12–15, Mai–Sept. tgl. 10–16 Uhr; Erw. 90 SEK, Kinder von 7–18 Jahre 35 SEK

Riddarholmskyrka → S. 36/37, b 4

Mit dem Bau der Kirche wurde 1280 begonnen, die eiserne Turmspitze wurde 1840 gegossen. Die Grabkirche der schwedischen Könige ist heute säkularisiert.

Riddarholmen; www.royalcourt.se;
U-Bahn: Gamla Stan; Mai–Aug. tgl. 10–16, Sept. Sa–So 12–15 Uhr

Skansen → S. 36/37, f 4

Das älteste Freilichtmuseum der Welt wurde bereits 1891 gegründet. Es sollte von Anfang an ein »lebendes Museum« sein, und das ist es bis heute geblieben. Handwerker arbeiten im Sommer in den 150 Gebäuden des Museums, die aus allen Teilen Schwedens stammen. Ein kleiner Tierpark mit heimischen Tieren gehört ebenfalls zu Skansen, das eine Institution im öffentlichen Leben der Hauptstadt ist. Die Mittsommerfeier wird live im TV übertragen.

Djurgården; www.skansen.se;
Fähre vom Anleger Slussen, Gamla Stan;
Juni–Aug. tgl. 10–22, Sept.–April tgl. 10–16 Uhr; Mai–Aug. Erw. 100 SEK, Kinder von 6–15 Jahre 40 SEK, Sept.–April Erw. 80 SEK, Kinder 40 SEK

Stadshuset → S. 36/37, a 4

Der rote Backsteinbau des Rathauses ist das Wahrzeichen Stockholms. 1911 bis 1923 entstand es in repräsentativer Lage an der Spitze der Insel Kungsholmen. Es wurde von Handwerkern in der Manier mittelalterlicher Bauhütten erbaut. Viele Stilelemente erinnern an mittelalterliche Architektur. Die Säle, in denen alljährlich am 10. Dezember das Bankett zur Verleihung des Nobelpreises stattfindet, können besichtigt werden. Besonders bemerkenswert ist der **Goldene Saal,** der mit Millionen von vergoldeten Mosaiksteinen verziert ist. Von dem 105 m hohen **Turm** hat man einen sehr schönen Überblick über die Inseln der Stadt.

In der Storkyrkan St. Nicolai (→ S. 42) mit ihrem lichtdurchfluteten Langschiff wurden bis 1872 die schwedischen Monarchen gekrönt.

Das restaurierte Schlachtschiff »Wasa« kann im Vasamuseet besichtigt werden.

Hantverkargatan 1; U-Bahn: T-Centralen; geführte Besichtigungen, Mai 10 und 12, Sept. 10, 12, 14, Juni–Aug. 10–15 Uhr; Erw. 60 SEK, Kinder 30 SEK

Storkyrkan
→ S. 36/37, c 4

Die Große Kirche St. Nicolai von 1270 überragt die Altstadt. Ihre zentrale Lage neben dem Schloss markiert den geografischen Mittelpunkt der Altstadt und ganz Stockholms. Bis 1872 wurden hier die schwedischen Monarchen gekrönt. Das Gemälde »Vädersolstavlan« von 1535 im Innern der Kirche ist die älteste bildliche Darstellung Stockholms. Kunsthistorisch interessant auch die Skulpturengruppe »St. Göran och draken« des Lübecker Altarschnitzers Bernt Notke vom Ende des 15. Jh.

U-Bahn, Bus: Gamla Stan, Slottsbacken

Tunnelbana

Die Stockholmer U-Bahn ist auf einigen Strecken ein Gesamtkunstwerk. Mehr als die Hälfte der 99 Stationen wurde von verschiedenen Künstlern gestaltet. Skulpturen, Mosaike und Gemälde verzieren die Haltestellen.

Kunstführungen gibt es auf der roten, blauen und grünen Linie.

Museen

Historiska museet
→ S. 36/37, d/e 2

Das Museum zur schwedischen Geschichte ist seit 1994 um eine Attraktion reicher. Eine große Abteilung widmet sich den schwedischen Goldschätzen von der Völkerwanderungszeit bis zum Mittelalter, darunter auch Arbeiten aus dem 5. Jh., als man römische Goldmünzen einschmolz und zu Schmuck verarbeitete.

Narvavägen 13–17, Östermalm; www.historiska.se; U-Bahn: Karlaplan; Mitte Mai–Mitte Sept. tgl. 11–17, Mitte Sept.–Mitte Mai Di–So 11–17, Do 11–20 Uhr; Erw. 50 SEK, Kinder frei

Leksaksmuseet
→ S. 36/37, e 6

→ Familientipps, S. 29

Erw. 30 SEK, Kinder 15 SEK

Medeltidsmuseet
→ S. 36/37, c 4

Bei den Bauarbeiten zu einer Tiefgarage für den Reichstag wurden Reste der Stadtmauer entdeckt. Statt Parkplätzen entstand ein unterirdisches Museum, das für sein Ausstellungskonzept mit Preisen ausgezeichnet wurde. Eingang von der Terrasse »Strömparterren«.

Norrbro, unter dem Reichstag auf Helgeandsholmen; U-Bahn: Kungsträdgården; Di–Fr 11–19, Sa, So 11–17 Uhr; Eintritt frei

Millesgården S. 36/37, nördl. c 1
Im Garten und Atelier des Bildhauers Carl Milles (1875–1955) auf der Insel Lidingö ist vieles aus seiner Hinterlassenschaft zu finden. Seine Skulpturen stehen auch beim Stadshuset auf der Insel Kungsholmen oder in Göteborg vor dem Kunstmuseum.
Carl Milles väg 2, Lidingö; www.millesgarden.se; Fähre von Strömkajen und Nybroplan; Mitte Mai–Aug. tgl. 10–17, Sept.–Mitte Mai Di–So 12–17 Uhr; Erw. 80 SEK, Kinder bis 18 Jahre frei

Moderna museet S. 36/37, d 4
Das Museum gehört zu den bedeutendsten und größten Sammlungen für Kunst und Fotografie des 20. Jh. in Europa. Es befindet sich auf der Insel Skeppsholmen. Das Gebäude wurde vom spanischen Stararchitekten Rafael Moneo entworfen.
Skeppsholmen; www.modernamuseet.se; U-Bahn: Kungsträdgården oder Bus 65; Di 10–20, Mi–So 10–18 Uhr; Erw. 80 SEK, Kinder bis 18 Jahre frei

Nationalmuseet S. 36/37, c 3/4
Das Nationalmuseum beherbergt die wichtigste Sammlung schwedischer und internationaler Kunst sowie eine große Abteilung für Kunsthandwerk. Grundstock sind die Kunstsammlungen König Gustafs III. (1771–1792). Im Erdgeschoss werden Zeichnungen und Grafiken vom 15. Jh. bis zur Gegenwart gezeigt, der zweite Stock ist dem schwedischen Kunsthandwerk gewidmet. Im hellen Dachgeschoss können Gemälde und Skulpturen vom 15. Jh. bis zum Beginn des 20. Jh. besichtigt werden.
Blasieholmshamnen; www.nationalmuseum.se; U-Bahn: Kungsträdgården; Di, Do 11–20, Mi, Fr–So 11–17 Uhr; Erw. 80 SEK, Kinder bis 18 Jahre frei

Nordiska museet S. 36/37, e 3
Das 1889 bis 1907 erbaute Museum sollte ein Schloss für das Volk sein, und so sieht es auch aus. Die volkskundlichen Sammlungen aus ganz Schweden geben einen guten Eindruck vom Leben der einfachen Leute. Interessant ist die andauernde Ausstellung zur samischen Kultur in Lappland. Auch die Statue Gustaf Wasas von Carl Milles ist zu sehen.
Djurgården; Fähre vom Anleger Slussen; Gamla Stan; www.nordiskamuseet.se; Mitte Juni–Aug. tgl. 10–17, Sept.–Juni Di–So 10–17, Mi 10–20 Uhr; Erw. 60 SEK, Kinder bis 18 Jahre frei

Strindbergmuseet S. 36/37, a 1
Man muss kein Fan des bedeutendsten schwedischen Dramatikers sein, um das Strindbergmuseum interessant zu finden. In der letzten Wohnung August Strindbergs erhält man einen guten Eindruck von der bürgerlichen Lebensweise zu Beginn des 20. Jh. Dem Mietshaus gab Strindberg den Namen **Blå Tornet**, Blauer Turm.
Drottninggatan 85; www.strindbergsmuseet.se; Juni–Aug. Di–So 12–16, Sept.–Mai Di 12–19, Mi–So 12–16 Uhr; Erw. 40 SEK, Kinder bis 18 Jahre frei

Vasamuseet S. 36/37, e 3/4
Nirgendwo sonst auf der Welt ist ein Segelschiff des 17. Jh. vollständig erhalten. Die »Wasa« sank komplett ausgerüstet auf ihrer Jungfernfahrt am 10. August 1628 vor den Augen der entsetzten Stockholmer Bevölkerung. Bis heute rätselt man über die Gründe des Untergangs des königlichen Flaggschiffes. Vermutlich hatten die Erbauer den Schwerpunkt des Schiffes falsch berechnet. 333 Jahre später wurde die »Wasa« geborgen. Nach aufwendigen Restaurierungsarbeiten konnte das Schiff 1990 endlich in das neu erbaute Mu-

seum umziehen. Bemerkenswert ist die pädagogisch gelungene Aufarbeitung für alle Altersgruppen.
Djurgården; www.vasamuseet.se; Fähre vom Anleger Slussen; Gamla Stan; Aug.–Juni Mo, Di, Do–So 10–17, Mi 10–20, Juni–Aug. tgl. 9.30–19 Uhr; Erw. 80 SEK, Kinder ab 7 Jahre 10 SEK

Essen und Trinken

Lejontornet
→ S. 36/37, b 4/c 4

Das Gourmetrestaurant in der Altstadt gehört zum Hotel Victory und zählt zu den Spitzenrestaurants.
Lilla Nygatan 5; Gamla Stan; U-Bahn: Gamla Stan; Tel. 08/50 64 00 80, Mo–Sa 18–22 Uhr ●●●● CREDIT

Operakällaren
→ S. 36/37, c 3

Beliebtes, 200 Jahre altes Restaurant mit schwedischer, französischer und internationaler Küche. Auf korrekte Kleidung wird Wert gelegt. Bei frühzeitiger Reservierung besteht Aussicht auf einen Fensterplatz.
Operahuset; Nähe Kungsträdgården; Tel. 08/6 76 58 00; U-Bahn: Kungsträdgården; Di–Sa 18–22 Uhr, Bar 17–1 Uhr, geschlossen Mitte Juli–Mitte Aug. ●●●● CREDIT

KB
→ S. 36/37, c 2

Die beiden Buchstaben stehen für »Konstnärsbaren«, die Bar der Künstler. Seit langem eine der Topadressen der Stadt, die es sich leisten kann, im Juli ganz zu schließen. Hier speisen (immer noch) echte Schriftsteller, und der Stern im »Guide Michelin« soll sich auch bezahlt machen.
Smålandsgatan 7, Norrmalm; Tel. 08/6 79 60 32; U-Bahn: Kungsträdgården; Mo–Fr 11.30–24, Sa 13–24 Uhr ●●● CREDIT

Wedholms Fisk
→ S. 36/37, c 3

Das beste Fischrestaurant der Hauptstadt ist spartanisch möbliert: Einfache Holzstühle und schlichte Wände lassen die Konzentration auf das Wesentliche zu, den vorzüglichen Fisch, der hier aufgetischt wird.
Nybrokajen 17; Tel. 08/6 11 78 74; Mo–Fr 11.30–14, 18–23, Sa 18–23 Uhr ●●● CREDIT

Den Gyldene Freden
→ S. 36/37, c 5

Vielleicht etwas zu typisch schwedisch präsentiert sich das Restaurant in der Altstadt, das gerne von Urlaubern besucht wird. Zu Bellmann-Liedern wird Hausmannskost serviert.
Österlånggatan 51, Gamla Stan; Tel. 08/24 97 60; U-Bahn: Gamla Stan; Mo–Fr 17–24, Sa 13–24 Uhr ●● CREDIT

Järnet Matsal
→ S. 36/37, c 5

Wer in der Altstadt Touristen-Nepp erwartet, sieht sich angenehm getäuscht. Järnet Matsal ist unprätentiös, mit freundlichem Service und gutem Essen zu moderaten Preisen.
Österlånggatan 34, Gamla Stan; Tel. 08/10 71 37; U-Bahn: Gamla Stan; mittags: Mo–Fr 11.30–14.30, abends: Mo–Sa 17–22.30 Uhr ●● CREDIT

Sturehof
→ S. 36/37, c 2

Im Eingangsbereich zum Sturebadet, früher einmal Hallenbad im Jugendstil, liegt die Brasserie. Mittags und nach Feierabend treffen sich hier die Angestellten der umliegenden Büros, dann kann es schon mal schwierig sein, einen Platz zu bekommen. Gleich nebenan befindet sich auf der Galerie einer der angesagtesten Nachtclubs der Stadt. Als Restaurant gut für einen Imbiss oder eine Tasse Kaffee zwischendrin, als Discothek und Bar für die Schönen der Nacht absolut in.
Sturegatan 4, Östermalm; Tel. 08/4 40 57 30; U-Bahn: Östermalmstorg; Mo–Fr 11–2, Sa 12–, So 13–22 Uhr, Küche bis 1 Uhr ●● CREDIT

The Cuckoo
→ S. 36/37, d 1

Der »Kuckuck« ist klein und fein, wie es sich für Östermalm gehört. In dem Bistro werden amerikanische und französische Spezialitäten serviert.
Artillerigatan 56; Östermalm; Tel. 08/6 62 35 62; U-Bahn: Karlaplan;

Mo–Fr 11.30–1, Sa 13–1, So 17–23 Uhr
●● CREDIT

EINKAUFEN

Galleri Glas 1 ⟶ S. 36/37, c 2
Glas aus Smålands berühmten Glasbläsereien wie Orrefors und Kosta-Boda findet sich hier.
Nybrogatan 16, Östermalm; U-Bahn: Östermalmstorg

NK ⟶ S. 36/37, c 2/c 3
Nordiska Kompaniet ist das bekannteste Kaufhaus Schwedens. Aufgrund finanzieller Schwierigkeiten wurden viele kleine Läden und Boutiquen in das NK-Gebäude von 1902 integriert. Überwiegend wird Kleidung verkauft, doch auch die Glasabteilung ist einen Besuch wert.
Hamngatan 18–20, Norrmalm; www.nk.se; U-Bahn: Kungsträdgården

Östermalms Saluhall ⟶ S. 36/37, c 2
4 Die Markthalle aus dem Jahre 1889 beeindruckt durch ihre seinerzeit moderne Stahlkonstruktion. Im Gegensatz zu vielen alten Markthallen dient sie bis heute ihrer Aufgabe: Gemüse, Obst, Fleisch, Delikatessen und vor allem Fisch werden an den Ständen im Inneren des Backsteinbaus verkauft. Ein paar Stände mit Leckereien zur Stärkung beim Einkauf finden sich auch. Teilweise werden noch die alten Holztresen benutzt.
Östermalmstorg; U-Bahn: Östermalmstorg; Mo–Fr 9.30–18, Sa 9.30–16 Uhr

Slipsgossen ⟶ S. 36/37, c 2
Der »Schlipsjunge« bietet eine große Auswahl an Designer-Krawatten, darunter handgemalte Stücke in limitierter Auflage.
Sturegatan; www.slipsgossen.se; U-Bahn: Östermalmstorg

Street ⟶ S. 36/37, westl. a 6
Künstler- und Kunsthandwerkerbasar im Stadtteil Söder, der jedes Wochenende stattfindet. Zusätzlich Events zu den Themen Mode, Kunst, Design, Musik und Film.
Horntulls Strand 4; U-Bahn Hornstull; Sa/So 11–17 Uhr; www.streetinstockholm.se

Den Gyldene Freden: Das Restaurant mit Weinkeller aus dem Jahr 1722 wurde 1919 vom Maler Anders Zorn erworben.

Sturegallerian ⟶ S. 36/37, c 2
Das ehemalige Hallenbad ist nach dem Brand 1989 als Einkaufspassage wieder eingeweiht worden. Im Obergeschoss befindet sich ein sehenswertes Fitnessstudio mit Schwimmbad im alten Stil, das auch Tagesgäste zulässt. In der Passage sind kleine Boutiquen untergebracht, in denen einem das Geld schnell durch die Finger rinnt. Hier ein Seidenschlips, dort ein paar Schuhe und danach noch essen gehen ...
Sturegallerian 30; U-Bahn: Östermalmstorg

AM ABEND

Je länger die Schlange, umso besser die Bar, lautet die Devise. Türsteher sind die Regel, und die meisten sind unbestechlich. Sie sollen dafür sorgen, dass keine Betrunkenen hereinkommen und dass die Schlange immer schön lang ist. Das ist gut fürs Image. Dass die Garderobe (gegen Gebühr) abgegeben wird, gehört zu den Spielregeln. Wenn im Winter die Mädels mit Plastiktüten vor der Bar stehen, werden diese nicht zur Tarnung von Alkoholhaltigem benutzt, sondern für die hochhackigen Schuhe. Auch dicke Winterstiefel können an der Garderobe abgegeben werden.

Da in Schweden die Lizenzen für Diskotheken und Bars fast immer mit der Auflage, Verzehr zu ermöglichen, vergeben werden, wechselt in manchen der genannten Restaurants zu fortgeschrittener Stunde die musikalische Stilrichtung erheblich. Das hat auf die Qualität der Lokalität jedoch keinen Einfluss.

Berns Salonger → S. 36/37, c 3

Hier ließ der Schriftsteller August Strindberg seinen Roman »Das rote Zimmer« spielen. Seit der Jahrhundertwende Treffpunkt derjenigen, die gesehen werden wollen. Vor dem Berns gehört die Schlange der Wartenden zur Normalität, deshalb wurde ihr ein Dach gebaut. Am frühen Abend kann man hier auch essen.

Berzelii Park, Norrmalm; www.berns.se; U-Bahn: Kungsträdgården CREDIT

Für Freunde von Jazz- und anderen Szene-Kneipen ist die Stockholmer Altstadt ein ideales Pflaster.

Biblos → S. 36/37, c2

Stockholms prickelndes Nightlife verändert sich schnell. Zu den angesagtesten Clubs gehört das Biblos, wer »trendy« sein will, lässt sich hier blicken. Eher jüngeres Publikum.

Biblioteksgatan 9; U-Bahn: Östermalmstorg CREDIT

Wallmans Salonger → S. 36/37, c 3

Schwedisch-Kenntnisse sind hilfreich, um die Show in dem ständig ausgebuchten Theater-Restaurant-Cabaret zu verstehen. In dem ehemaligen Theater, das später ein Hotel war, kommt das Personal zeitweise kaum zum Bedienen, weil es auf die Bühne muss: zum Singen, für Sketche oder Zauberkunststücke. Das macht aber nichts, denn die Gäste kommen vor lauter Zuschauen auch nicht zum Essen. Ein Amüsierbetrieb der nicht alltäglichen Sorte.

Theatergatan 3, Blasieholmen; Tel. 08/50 55 60 00, Fax 50 55 60 25; www.wallmans.com; U-Bahn: Kungsträdgården CREDIT

SERVICE

Auskunft → S. 36/37, c 3

Es gibt zwei große Touristeninformationen. Im Schwedenhaus am Platz Kungsträdgården befindet sich eine. Das Büro im Hauptbahnhof fungiert zudem als zentrale Unterkunftsvermittlung (»Hotellcentralen«). In beiden kann man die Stockholm-Card und Tickets für Veranstaltungen kaufen sowie Ausflüge und Sightseeing-Touren buchen.

Stockholm Visitors Board

Box 16282, 10325 Stockholm; Tel. 08/50 82 85 08, Fax 50 82 85 10; www.stockholmtown.com

Touristinformationen:
Sverigehuset, Hamngatan 27;
Mo–Fr 9–19, Sa 10–17, So 10–16 Uhr

Hotellcentralen, Hauptbahnhof
Juni–Aug. tgl. 8–20, Sept.–Mai
Mo–Sa 9–18, So 10–16 Uhr;
Tel. 08/50 82 85 08, Fax 08/7 91 86 66;
www.stockholmtown.com/hotels

Stockholm-Card
Sightseeing in Stockholm ist ohne die Stockholm-Card nicht mehr denkbar. Der Eintritt zu 70 Attraktionen und Museen der Stadt ist frei, die Benutzung von Bus und U-Bahn ebenfalls, Parkgebühren auf öffentlichen Parkplätzen sind ebenso enthalten wie eine Sightseeingtour mit dem Schiff und eine per Bus. Die Card gilt für einen Erwachsenen und kostet für 24 Std. 290 SEK, für 48 Std. 420 SEK und für 72 Std. 540 SEK. Der Einzeleintritt in den Museen liegt zwischen 30 und 80 SEK, man hat die Kosten für die Stockholm-Card also schnell wieder raus. Vorsicht beim Parken: Die Stockholm-Card gilt nur auf städtischen, nicht jedoch auf privaten Parkplätzen. Dann winken Bußgelder von über 400 Kronen für Falschparken.
Erw. 24h/290 SEK, 48h/420 SEK, 72h/540 SEK, Kinder (7–17 Jahre) 24h/120 SEK, 48h/160 SEK, 72h/190 SEK

Ziele in der Umgebung

Grisslehamn S. 182, C 5

277 Einwohner

Die Kleinstadt in den Schären war einst als Zoll-, Post- und Fährstation zu den **Åland-Inseln** von großer Bedeutung. Im Sommer wurde gerudert, im Winter zog man Schlitten über das Eis. So wurde die Verbindung mit der zeitweilig zu Schweden gehörenden Provinz Finnland gehalten.

Zur Erinnerung an die Postruderer von damals wird jedes Jahr im Juni eine Ruderregatta in historischen Booten zwischen den Orten Grisslehamn und Eckerö auf den Åland-Inseln durchgeführt.
117 km nordöstl. von Stockholm

Schären S. 182, B 7–C 6

10 000 Einwohner

24 000 Inseln und Schären, bewohnte wie unbewohnte, liegen in der Ostsee vor den Toren Stockholms. Für die Berufsschifffahrt bedeuten sie eine lange, anspruchsvolle Revierfahrt, für Stockholmer und Urlauber bilden sie ein abwechslungsreiches Erholungsgebiet. Besonders schön sind die sommerlichen Fahrten mit den historischen Dampfschiffen vom Zentrum aus. Fahrpläne gibt es in der Touristeninformation oder an den Ticketschaltern von Waxholmsbolaget am Kai von Blasieholmen.

HOTELS/ANDERE UNTERKÜNFTE

Furusunds Värdshus S. 182, C 6
Direkt vom Hotelzimmer aus hat man einen ungestörten Blick auf die vorbeifahrenden Finnland-Fähren. Kleines, gemütliches Haus auf dem Festland, durch die Fähre nach Yxlö ein guter Ausgangspunkt für den Besuch der Schären. Etwa eine Stunde bis Stockholm.
Strandv. 2, Furusund;
Tel. 01 76/8 03 44, Fax 8 03 42;
www.furusundsvardshus.se;
45 Zimmer ●● CREDIT

Sigtuna S. 182, B 6

7204 Einwohner

Im Mittelalter spielte Sigtuna eine bedeutende Rolle als Handelsstadt und Bischofssitz. Die ersten bekannten Münzen wurden hier geprägt. Für Archäologen sind die Straßen der 970 gegründeten Kleinstadt ein interessantes Pflaster. Ihr Verlauf entspricht auch heute noch der mittelalterlichen Stadtanlage. Zahlreiche Kirchen, teil-

MERIAN-Tipp

1 Kreuzfahrt der tausend Inseln

Im Sommer läuft der 1903 erbaute Dampfer »Waxholm III« täglich von Nybroplan zu einer »Kreuzfahrt der tausend Inseln« aus. Sechsmal legt das Schiff für kleine Spaziergänge an, bevor es abends nach Stockholm zurückkehrt. Die Tour kann verlängert werden, denn unterwegs bieten sich Übernachtungsmöglichkeiten. Ohne Übernachtung kostet die Tagestour inklusive Mittag- und Abendessen ab 995 SEK. Buchung entweder bei Strömma Kanalbolaget oder im Touristbüro (→ S. 46).

Tel. 08/58 71 40 00;
www.strommakanalbolaget.com
→ S. 36/37, c 3

weise in Ruinen, gibt es noch zu sehen. Die Stadt besticht durch ihre hübsche Lage am See Mälaren.
49 km nordwestl. von Stockholm

Sehenswertes

Schloss Skokloster
Zur schwedischen Großmachtzeit im 17. Jh. konnte sich der erfolgreiche Feldherr Carl Gustaf Wrangel ein Schloss leisten, wie es sich sonst nur Könige bauen ließen. Vollendet wurde es allerdings nicht, so dass Schloss Skokloster die seltene Gelegenheit bietet, im Bankettsaal eine Baustelle des 17. Jh. zu besichtigen. Die barocke Einrichtung blieb jedoch weitgehend erhalten.
Ca. 15 km nordwestl. von Sigtuna; www.lsh.se/skokloster; Führungen: Mai–Aug. tgl. 11–16, Sept.–Nov. Mo–Fr 12.30–14, Sa–So 11.30–16 Uhr; Erw. 50 SEK, Kinder bis 18 Jahre frei

Museum

Sigtuna Museum
Zahlreiche interessante archäologische Funde warten auf Besucher.
Stora Gatan 55; tgl. 12–16 Uhr; Erw. 20 SEK, Kinder bis 19 Jahre frei

Uppsala

→ S. 182, B 6

128 400 Einwohner
Stadtplan → S. 49

Die älteste Universitätsstadt des Nordens wird zu Unrecht oft nur mit Tagesausflügen bedacht. Will man alle Sehenswürdigkeiten besuchen, reicht ein Tag nicht aus. Im mächtigen **Dom** aus dem 13. Jh. liegt Gustaf Wasa begraben. Das **Schloss** aus dem 16. Jh. wird zwar von Behörden genutzt, doch werden Führungen angeboten. Die Universitätsbibliothek **Carolina Rediviva** besitzt einige kostbare Handschriften, darunter die gotische Silberbibel »Codex Argenteus« von Bischof Wulfila aus dem 6. Jh. Uppsala war immer das religiöse Zentrum Schwedens, auch vor der Christianisierung. Davon zeugt das vor den Toren der Stadt liegende **Alt-Uppsala**. Der heidnische **Kultplatz** mit den drei Königshügeln aus der Eisenzeit wird auf die Zeit um 500 n. Chr. datiert. Mit dem Bau der direkt daneben stehenden Kirche wurde vermutlich schon um 1050 begonnen. Der Bischofsstuhl in der Kirche gehört zu den ältesten erhaltenen Möbelstücken Schwedens.
70 km nördl. von Stockholm

Hotels/andere Unterkünfte

Svava → S. 49, c 2
Günstiges Mittelklasse-Hotel direkt im Zentrum von Uppsala, in Bahnhofsnähe gelegen.
Bangårdsgatan 24; Tel. 0 18/13 00 30, Fax 13 22 30; www.hotelsvava.com; 111 Zimmer ●● CREDIT

Vaxholm

→ S. 182, B 6

4817 Einwohner

Der kleine Ort in den Schären Stockholms ist das ganze Jahr über mit dem

Schiff zu erreichen, es sei denn, die Ostsee friert zu, was in strengen Wintern durchaus vorkommen kann. Die Festung Vaxholm sollte die Einfahrt nach Stockholm schützen. Ein erster Verteidigungsturm wurde bereits zu Zeiten Gustaf Wasas gebaut. Obwohl die Festung schon Anfang des 19. Jh. ihre Funktion verloren hatte, durften bis 1912 in Vaxholm aus Sicherheitsgründen nur Holzhäuser gebaut werden. Zu dieser Zeit war Vaxholm längst zum Ausflugsziel für Sommerfrischler aus der Hauptstadt avanciert. Einige schöne Strandvillen der Jahrhundertwende sind erhalten geblieben. Vaxholm ist ein guter Ausgangspunkt zur Erkundung der nördlichen Stockholmer Schären, ist aber auch vom Zentrum nicht zu weit entfernt. Die Fahrzeit mit dem Auto beträgt etwa 30 Minuten, bis Furusund sind es je nach Strecke rund 60 Min. Vaxholm ist auch von Süden über die Insel Värmdö zu erreichen.

38 km östl. von Stockholm

Hotels/andere Unterkünfte

Waxholms Hotell

Kleines Hotel mit Aussicht auf Hafen und Festung. Die altertümliche Schreibweise mit W statt V zeugt von Traditionalismus. Im Sommer und Winter ein beliebtes Urlaubsziel.

Hamngatan 2; Tel. 08/54 13 01 50, Fax 54 13 13 76; www.waxholmshotell.se; 42 Zimmer ●●● CREDIT

Service

Auskunft

Vaxholms Turistbyrå

Rådhuset, 18583 Vaxholm; Tel. 08/54 13 14 80, Fax 54 13 36 53; www.vaxholm.se

Mit Volldampf voraus

In Schweden sind noch erstaunlich viele historische Dampfschiffe im Einsatz.

Liebhaber historischer Technik kommen in Schweden über alle Maßen auf ihre Kosten. Das Land schafft einen seltsamen Spagat: Einerseits zählt Schweden in der IT-Technologie zu den führenden Nationen weltweit, andererseits wird die eigene Technikgeschichte gehegt und gepflegt wie kaum in einem zweiten europäischen Land. Ob Eisenbahn- oder Mopedmuseum, historische Traktoren oder die Grubenanlagen des 18. Jh., der Nachlass wird erhalten und öffentlich zugänglich gemacht. Es sind nicht nur örtliche Vereine, die sich um die Erhaltung der Industrie- und Technikgeschichte verdient machen, auch die öffentliche Hand und Sponsoren sind tatkräftig dabei. Es ist, als gäbe es eine ungeschriebene Übereinkunft, dass dieses Kulturerbe erhalten werden muss.

Eine besondere Rolle spielen dabei die Dampfschiffe. Einige der über 100 Jahre alten Schiffe sind sogar noch im Liniendienst unterwegs, weil sie so beliebt sind und irgendwie zum Stadtbild gehören. Dabei spielt es keine Rolle, ob die Schiffe wirklich noch unter Dampf fahren oder ob die Maschinen im Laufe der Jahrzehnte gegen neue Dieselaggregate ausgetauscht wurden.

Auf Kanälen und Seen

Die im Ausland bekanntesten Veteranen sind die drei Göta-Kanal-Schiffe, die zwischen Mai und Oktober auf der historischen Verbindung zwischen Stockholm und Göteborg im Einsatz sind. Die »Juno« von 1874, die »Wilhelm Tham« von 1912 und die »Diana« von 1931 verfügen im Unterschied zu allen anderen Schiffen aber über Kabinen. Sie laufen nicht mehr unter Dampf, das wäre für die vier- bis sechstägigen Reisen weder wirtschaftlich noch vom Komfort her vertretbar.

Dieses Problem hat die kleine »Freja av Fryken« in Sunne nicht. Das 20 m lange Schiff wurde 1868 gebaut und wird auf dem Frykensee für Tagesfahrten eingesetzt. Immer wieder

gern gesehen: der enge Maschinenraum mit der Einzylinder-Dampfmaschine, die einen Hubraum von 70 Litern hat.

Auf dem See Sommen bei Tranås ist ein ähnlich kleines Dampfschiff im Einsatz. Die »Boxholm II« verbindet im Sommer die unzähligen Buchten, Badestellen und Ortschaften miteinander. Auch sie fährt immer noch mit der originalen Dampfmaschine aus dem Jahre 1904.

Größer sind die beiden Schiffe der Rederi Kind AB, die auf dem Vättern zum Einsatz kommen. Die »Motala Express« von 1895 musste verkauft werden, während die »Nya Skärgården« (1915) noch von Askersund und Jönköping aus im Einsatz ist. Das dritte Schiff der Flotte, die »Kind« von 1890, ist deutlich kleiner und verkehrt auf dem Kinda Kanal zwischen Linköping und Rimforsa. Das historische Kanalboot diente die ersten 60 Jahre als Feuerwehrschiff im Stockholmer Hafen, bevor es zum Passagierschiff umgebaut wurde.

Durch die Stockholmer Schären

Die größte Zahl an Dampfschiffen ist in den Stockholmer Schären unterwegs. Drei Schiffe gehören Waxholmsbolaget, die den öffentlichen Nahverkehr auf dem Wasser betreiben. Neben der »Storskär« (1908), der »Norrskär« (1910) und der »Västan« (1900) sind noch elf moderne Schiffe im Einsatz. Mit im Fahrplan laufen auch die »Blidösund« (1911) und die »Saltsjön« (1925), die sich im Besitz anderer Reedereien befinden. Sie ist so stabil gebaut, dass sie selbst im Winter bei Eisgang eingesetzt werden darf.

Auch die Reederei Strömma Kanalbolag betreibt neun historische Fahrgastschiffe in der Stockholmer Inselwelt. Dazu zählt die »Drottningholm« von 1909, die in den Sechzigern mehrfach für Aufnahmen des Films »Ferien auf Saltkrokan« nach Astrid Lindgren eingesetzt wurde. Zu den größeren Schiffen von Strömma zählen die »Waxholm III« von 1903, die »Gustafsberg VII« von 1912 und die »Prins Carl Philip« von 1901, die auf dem Mälaren zum Einsatz kommt.

Weitere Infos zum Thema Dampfschiffe unter:
- www.waxholmsbolaget.se
- www.strömmakanalbolaget.se
- www.blidosundsbolaget.se
- www.saltsjon.nu
- www.rederiabkind.se
- www.angbatfreja.nu
- www.gotacanal.se

Hier wird ordentlich Dampf abgelassen: Viele der über 100 Jahre alten Schiffe sind heute noch im Liniendienst unterwegs.

Skåne mit Malmö und Blekinge

Der dänische Einfluss im Süden ist unübersehbar und auch hörbar. Hier wird Dialekt gesprochen.

Mitten auf dem großen Marktplatz Stora Torget (→ S. 54) steht das Reiterdenkmal von Karl X. Gustaf, der Malmö und die Provinz Skåne von Dänemark zurückeroberte.

Die Malmöiten, wie die Einwohner Malmös sich nennen, empfinden sich, da sie nur einen Katzensprung von Kopenhagen und Norddeutschland entfernt sind, den Mitteleuropäern oft stärker verbunden als Stockholmer oder gar Nordschweden. Malmö gehört zur schwedisch-dänischen Öresundregion, dem Wirtschaftsraum beiderseits des Öresunds. Seit dem Bau der **Öresundbrücke** zwischen Kopenhagen und Malmö wächst die Region noch stärker zusammen. Neuerdings – und nicht nur wegen des günstigen Wechselkurses – finden auch wieder viele Kopenhagener den Weg herüber zum Shopping, zum Museumsbesuch oder zum fein Essengehen. Während die Schweden zum Bierkaufen weiter nach Kopenhagen fahren, stürmen die Dänen vor allem die Baumärkte Malmös.

Die Stadt hat sich gemausert. Malmös neue Kunst- und Theateradressen laufen den gestandenen Institutionen in Stockholm immer öfter den Rang ab. **Internationale Ausstellungen** kommen zunächst nach Malmö, der drittgrößten Stadt des Landes, um anschließend nach Stockholm und Göteborg weitergereicht zu werden.

Im 13. Jh. entstanden, entwickelte sich Malmö schnell von einer einfachen Siedlung zu einer einflussreichen Hafenstadt – dank ihrer Lage am Öresund und dem Handel mit der reichen Hanse. 1275 war Malmö bereits eine befestigte Stadt mit Stadtmauer und Kirchen. Bis zum Frieden von Roskilde 1658 gehörte Malmö zusammen mit der Provinz Skåne zu Dänemark. Mit den neuen Regenten in Stockholm haben sich die Malmöiter nie wirklich abgefunden. Immer präsentierte sich Malmö als nach Süden orientiert, wie die Schweden es nennen. Vielleicht ist das der Grund, warum die Öresundbrücke auf der schwedischen Seite begeisterter aufgenommen wurde als auf dem dänischen Ufer des Öresunds.

Malmö

⇢ S. 184, B 12

248 000 Einwohner
Stadtplan → S. 55

Ab 1840 prägte Kockums Mekaniska Verkstad mit ihren hohen Werftkränen für 150 Jahre das Stadtbild. Doch die Werftenkrise verschonte auch Schweden nicht, der letzte verbliebene Kran wurde 2005 demontiert. Malmö ist immer eine Arbeiterstadt gewesen. Von 1919 bis 1985 hatten Sozialdemokraten die Mehrheit im Stadtrat, eine selbst für schwedische Verhältnisse ungewöhnlich lange Zeit. Mit der Industrialisierung stieg Malmö zur drittgrößten Stadt Schwedens auf und diese Position wird bis heute gehalten. Ab etwa 1990 gingen viele Arbeitsplätze in der Industrie verloren, Malmö hatte eine der höchsten Arbeitslosenraten in Schweden. Erschwerend kam hinzu, dass die Malmöer Bürger eine schlechtere Ausbildung im Vergleich zu Stockholm oder Göteborg hatten. Deshalb setzte die Stadtverwaltung bewusst auf Wissensvermittlung. 1997 wurde die Hochschule Malmö eröffnet, gezielt wurden ausbildungsintensive Unternehmen angesiedelt. Es hat sich gelohnt, Malmö hat seine Probleme mit Arbeitslosigkeit und Migration in den Griff bekommen. Die Öresundbrücke hat ein Übriges zum Aufschwung des Südens beigetragen.

Hotels/andere Unterkünfte

Hilton Malmö City Hotel

⇢ S. 55, b 3

In einem der höchsten Gebäude der Stadt, nämlich im 20. Stock, befindet sich das Hotel mit Restaurant und Panoramablick.

Triangeln 2; Tel. 0 40/6 93 47 00, Fax 51 75 17 11; 214 Zimmer

●●●● CREDIT

Mästar Johan ⇢ S. 55, b 2

Mitten in der Altstadt, in der Nähe von Lilla Torget, liegt das mit einem Baupreis ausgezeichnete Haus.

Mästar Johansgatan 13; Tel. 0 40/6 64 64 00, Fax 6 64 64 01; www.masterjohan.se; 71 Zimmer ●●● CREDIT

Rica City Hotel → S. 55, b 2
Zentral am Marktplatz gelegen. Die umliegende Gastronomie ergänzt das Übernachtung-mit-Frühstück-Angebot perfekt.
Stortorget 15; Tel. 0 40/6 60 95 50, Fax 6 60 95 59; www.rica.no; 82 Zimmer ●● CREDIT

Astoria → S. 55, b 2
Ein kleines, modernes Hotel für Übernachtung mit Frühstück. Das 1920 erbaute Haus liegt mitten in der Altstadt.
Gråbrödersgatan 7; Tel. 0 40/7 86 60, Fax 7 88 70; www.astoria.se; 29 Zimmer ● CREDIT

Spaziergänge

Eine erste Vorstellung von der Anlage der Stadt vermittelt eine Bootsfahrt über den **Ringkanal**, der die Altstadt umschließt und sich in ein Grabensystem rund ums ehemalige Schloss verzweigt. Die Boote legen vom Touristenbüro am Hauptbahnhof ab. Dort startet auch alle zehn Minuten der Bus zu einer Rundfahrt durch die Stadt.

Ein Spaziergang könnte ebenfalls beim **Bahnhof** am inneren Hafen beginnen. Über **Mälarbron** überquert man den Ringkanal und befindet sich bereits im alten Stadtkern. Ältester Platz ist **Stora Torget**, auf dem Gemüsemärkte und sonntags ein Flohmarkt abgehalten werden. Häuser aus verschiedenen Epochen umgeben den Platz: Das **Rathaus** auf der Ostseite stammt von 1546, wurde jedoch etliche Male umgebaut, zuletzt 1869. Älter und stilechter ist das **Jörgen Kocks hus** mit seinen prächtigen Treppengiebeln, in dem sich schon Gustaf Wasa Anfang des 16. Jh. aufgehalten haben soll, oder die **Apotheke Lejonet** von 1571. Der kopfsteingedeckte kleine Platz, **Lilla Torget**, der sich an den großen Platz anschließt, bietet mit seinen Fachwerkhäusern eine malerische Kulisse.

Das **Form Design Center** ist im historischen Hedmanska gården angesiedelt. Durch die Fußgängerzone Skomakaregatan und Baltzarsgatan gelangt man über die Gasverksgatan zum **Rooseum**, dem ehemaligen Elektrizitätswerk, das nun die Sammlung moderner Kunst beherbergt. Am Ringkanal entlang kommt man zum Gustaf Adolfs Torg, von wo die Södra Tullgatan über den Kanal zur südlichen Vorstadt führt. Die Shoppingmeile Södergatan – Gustaf Adolfs Torg – Södra Tullgatan – Södra Forstadsgatan verdient einen eigenen Bummel.

Die Verlängerung über die Rådmansgatan führt schließlich zur **Malmö Konsthall** mit ihren bemerkenswerten Wechselausstellungen. Das Museum auf der **Festung Malmöhus** ist der dritte Eckpunkt im Malmöer Kunst-Dreieck. Auf dem Weg von der Kunsthalle zum Kunstmuseum kann man an Sommerwochenenden bei der Stadtbibliothek die altehrwürdige **Straßenbahn** von 1928 besteigen oder zu Fuß durch den **Slotts- und Kungspark** gehen. Das Technik- und Seefahrtsmuseum liegt gleich gegenüber. Wer nach all der Museumsluft frischen Wind um die Nase braucht, hat es nicht weit zum **Ribersborgs Strand** mit seinem herrlichen Sandstrand und der **Kaltbadeanstalt**. Weder Stürme noch Brände noch Konkurse der Betreiber konnten der 1898 erbauten Badeanstalt etwas anhaben. Heute ist sie mit Duschen und Saunen ausgestattet, und populär wie eh und je. Unterwegs kommt man am Fischmarkt **Hoddorna** vorbei. Wer Frisches aus dem Meer kaufen will (Di–Sa morgens), muss früh aufstehen.

Sehenswertes

Lilla Torget → S. 55, b 2
Kleiner Marktplatz mit mittelalterlicher Bebauung: niedrige Fachwerkhäuser, in denen entweder Läden oder Restaurants untergebracht sind.

Hier trifft man sich abends zum Essen. Die meisten Restaurants haben von April bis Oktober Tische und Stühle draußen stehen. Dank moderner Heizstrahler kann man schon zu Ostern im Freien sitzen, was von den schwedischen Gästen gerne und ausführlich genutzt wird.

St. Petri kyrka → S. 55, b 2
Das älteste Gebäude der Stadt, um 1300 im Stil der norddeutschen Gotik erbaut. Der Turm der Hauptkirche Malmös ist 96 m hoch. Im Inneren des Gotteshauses zieren Wandmalereien aus dem 15. und 16. Jh. das dreischiffige Langhaus.
Göran Olsgatan 1; Mo–Fr 8–18, Sa–So 10–18 Uhr

Thottska huset → S. 55, b/c 2
Das älteste Fachwerkhaus der Stadt wurde 1558 in der Östergatan errichtet. Das Touristenbüro arrangiert Besichtigungstouren zu verschiedenen alten Wohnhäusern Malmös.

Museen

Form Design Center → S. 55, b 2
Im Kaufmannshof Hedmanska gården am Lilla Torget werden historische und aktuelle Beispiele schwedischen Designs und im Kunsthandwerk präsentiert. Sehenswert sind auch die kleinen Innenhöfe.
Lilla Torg 9; www.formdesigncenter.com; Di–Fr 11–17, Do 11–18, Sa–So 11–16 Uhr; Eintritt frei

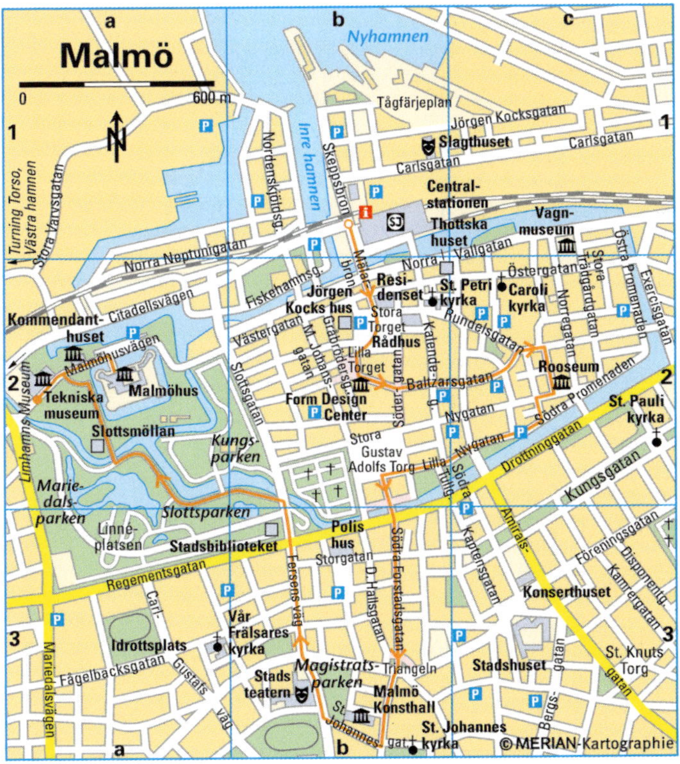

Malmös Konsthall zählt zu den bedeutendsten Ausstellungsräumen Skandinaviens.

Limhamns museum
S. 55, westl. a 2
Das kleine Museum im ehemaligen Vorort von Malmö zeigt u. a. eine alte, original eingerichtete Fischerhütte.
Limhamnsvägen 102;
Tel. 0 40/15 78 10; Sa und So 13–16 Uhr; Erw. 40 SEK, Kinder von 7–15 Jahre 10 SEK, bis 7 Jahre frei

Malmöhus S. 55, a 2
Auf dem Gelände der 1536 bis 1542 errichteten Festung Malmöhus, die zu Beginn dieses Jahrhunderts restauriert wurde, befinden sich nun alle städtischen Museen. Das **Kunstmuseum** beherbergt eine Sammlung nordischer Kunst, u. a. von C. F. Hill, C. F. Reuterswärd, außerdem Kunsthandwerk seit dem 16. Jh.

Das Museum zur Geschichte der Stadt, **Stadsmuseet,** präsentiert u. a. das mittelalterliche Malmö zur Zeit des Festungsbaus. Im **Technik- und Seefahrtsmuseum** werden mit dem »Wissens-Tivoli« Forschung und Technik spielend dokumentiert. Außerdem beherbergt Malmöhus noch das **Historische Museum, Aquarium** und **Tropicarium** sowie im benachbarten Kommendanthus das **Spielzeug**- und **Militärmuseum**.

Auch das Schloss selbst ist einen Besuch wert, es handelt sich um das vermutlich älteste Renaissanceschloss des Nordens.
Malmöhusvägen;
www.malmo.se/museer; Juni–Aug. tgl. 12–16 Uhr; für alle Museen gibt es ein günstiges, gemeinsames Ticket: Erw. 40 SEK, Kinder 7–15 Jahre 10 SEK

Malmö Konsthall S. 55, b 3
Die 1976 erbaute Kunsthalle hat sich durch ein sehr ambitioniertes Ausstellungsprogramm nicht nur innerhalb des Landes profiliert. Internationale Wanderausstellungen machen oft in Malmö Station, ehe sie andernorts in Schweden zu sehen sind.

St. Johannesgatan 7;
www.konsthall.malmo.se;
tgl. 11–17, Mi 11–21 Uhr; Eintritt frei

Rooseum → S. 55, c 2
Der Malmöer Finanzmakler und Kunstsammler Frederik Roos (1951–1991) ließ das ehemalige Elektrizitätswerk in eine ständige Ausstellung zeitgenössischer Kunst verwandeln.
Gasverksgatan 22; www.rooseum.se; Mi 14–20, Do–So 12–18 Uhr; Erw. 40 SEK, Kinder bis 16 Jahre freier Eintritt, Fr Eintritt frei

Essen und Trinken

Årstiderna i kocksa huset → S. 55, b 2
400 Jahre altes Kellergewölbe mit gemütlicher Atmosphäre.
Frans Suellsgatan 3, Stortorget; Tel. 0 40/23 09 10; www.arstiderna.se; Mo–Fr 11.30–24, Sa 17–24 Uhr ●●● CREDIT

Hipp → S. 55, b 2
Der hohe Jugendstilsaal wirkt recht festlich. Gourmets kommen gern in das Traditionslokal.
Kalendegatan 12; Tel. 0 40/97 40 30; www.hipp.se; Di–Fr 17–22, Sa 16.30–22 Uhr ●●● CREDIT

Johan P → S. 55, b 2
Exzellente, fangfrische Fischgerichte werden im Restaurant in der Markthalle am Lilla Torget serviert.
Landbygatan 3; Tel. 0 40/97 18 18; www.johanp.nu; Mo–Fr 11.30–23, Sa 12–23 Uhr ●●● CREDIT

Lemongrass → S. 55, b 2
Sehr trendiges asiatisches Restaurant, das mehr bietet als Sushi.
Grynbodgatan 9; Tel. 0 40/30 69 79; www.lemongrass.se; Mo–Do 18–24, Fr–Sa 18–1 Uhr ●●

Am Abend

Malmö rühmt sich, in Schweden die Stadt mit den meisten Kneipen und Bars pro Einwohner zu sein.

Kramer → S. 55, b 2
Ein Klassiker: Hotel, Restaurant, Bar, Kneipe und Diskothek unter einem Dach.
Stortorget 7; Tel. 0 40/6 93 54 00; www.scandic-hotels.com; Mo–Sa 17.30–22.30 Uhr AmEx MASTER VISA

Slagthuset → S. 55, b 1
Im »Schlachthaus« herrscht die Devise »je später der Abend, desto schöner die Gäste«. Freitags und samstags Disco. Außerdem zählt es zu den aktiven Privattheatern der Stadt.
Jörgen Kocksgatan 7 A; Tel. 0 40/7 11 11; www.slagthuset.se

The Bishops Arms → S. 55, b 2
Britische Pub-Atmosphäre mit einem Riesensortiment an Bier und Whisky.
N. Vallgatan 62; Tel. 0 40/6 64 48 88; www.bishopsarms.com; Mo–Sa 16–1, So 16–23 Uhr

Service

Auskunft
Malmö Turistbyrå → S. 55, b 1
Centralstationen; Skeppsbron; Tel. 0 40/34 12 00, Fax 34 12 09; www.malmo.se; Mo–Fr 9–17 Uhr

Die im 16. Jahrhundert errichtete Festung Malmöhus beherbergt heute alle städtischen Museen.

Skåne

→ S. 184, B/C 12

Skåne ist Schwedens südlichste Provinz und gehörte bis ins 17. Jh. zu Dänemark. Vieles erinnert an die dänischen Ahnen. Die Bauernhäuser wirken putzig klein wie jenseits des Öresunds, sie sind gelb statt rot wie in Småland oder Värmland, und in den Städten finden sich gar noch Fachwerkbauten, was ansonsten für Schweden eher ungewöhnlich ist.

Die Küste zwischen Helsingborg, Malmö und Trelleborg ist dicht besiedelt und eine der bedeutendsten Industrieregionen Schwedens. Es handelt sich dabei aber nur um einen schmalen Streifen direkt an der Küste, das Hinterland der Städte ist landwirtschaftlich geprägt. In Skåne liegen mit **Trelleborg** und **Helsingborg** die wichtigsten Fährhäfen des Landes. Trotz der Eröffnung der Öresundbrücke im Jahr 2000 haben die Fährhäfen kaum an Bedeutung eingebüßt. Zwar ist das Passagieraufkommen auf den Fährenschiffen leicht gesunken, aber der ständig wachsende Frachtverkehr benötigt die Verbindungen nach Dänemark und Deutschland weiterhin.

Nördlich von Helsingborg wird es schnell ländlich. In den Fischerdörfern stehen viele Freizeithäuser der Stadtbewohner, in den kleinen Häfen liegen neben den Fischkuttern die Freizeitboote dicht an dicht. Wie eine Nase schiebt sich die felsige Halbinsel **Kullen** ins Meer und markiert den Übergang vom Öresund zum Kattegatt. Die Badestrände zwischen Ängelholm und Båstad gehen über in die Strände Hallands.

Östlich von Trelleborg wird es einsam: Kleine Fischerhäfen wie **Skillinge, Simrishamn** oder **Kivik** sorgen für maritimes Flair. Einzige Stadt inmitten der Dörfer ist Ystad, bekannt als Schauplatz übler Verbrechen in den Kriminalromanen von Henning Mankell. Zwar gibt es schöne Badestrände, vor allem bei Ystad, aber mit den Stränden von Halland oder Öland sind sie kaum zu vergleichen. Zwischendrin erhebt sich immer wieder die Steilküste über die Ostsee.

Und wer einmal bei **Tomelilla** mit der Draisine gefahren ist oder über **Brösarps Backar** kletterte, weiß, dass Skåne keineswegs topfeben ist. Je näher man der nördlichen Grenze Skånes in Richtung Småland kommt, umso dichter werden die Wälder. Der Übergang vom lichten Laubwald zum Nadelwald, wie er in Småland vorherrscht, ist ab **Osby** unverkennbar.

MERIAN-Tipp

2 Halbinsel Kullen

Auf der Halbinsel Kullen liegen zwei der schönsten Fischerorte im Süden Schwedens. Am Hafen von **Mölle** fällt vor allem die beginnende Hügelkette ins Auge, die man im flachen Skåne nicht erwartet. Der **Kullaberg** ist immerhin 187 m hoch. Auf der gegenüberliegenden Seite der Berge liegt **Arild**, ein nicht minder idyllischer Ort, wo die Kinder im kleinen Hafen baden. Beide Orte sind durch einen Wanderweg verbunden, wobei der Rückweg im Sommer mit dem Schiff erfolgen kann.

Traditionelles Produkt der Keramikfabrik **Höganäs** sind salzglasierte dunkelbraune Steinguttöpfe und -schalen. → S. 184, B 11

Helsingborg

→ S. 184, B 11

91 457 Einwohner

Die zu Beginn des 11. Jh. gegründete Stadt wird oft unterschätzt. Die Kirche **Sta. Maria** aus dem 14. Jh. ist ebenso sehenswert wie die **Festung Kärnan**, von der aus der Öresund überwacht wurde. 1429 wurde der Sundzoll eingeführt, der bis zur Abschaffung 1857 immer wieder zu Streitigkeiten zwischen Dänemark und Schweden führ-

Das von einer herrlichen Parkanlage umgebene Schloss Sofiero, einst im Besitz von König Gustaf VI. Adolf, ging nach seinem Tod im Jahr 1973 an die Stadt Helsingborg.

te. Wer die Kontrolle über die Meerenge hatte, bestimmte den Handel im Ostseeraum. Zwischen Helsingør und Helsingborg ist der Öresund am schmalsten, deshalb hat es hier immer regen Fährverkehr gegeben. Seit Eröffnung der Öresundbrücke haben die Fähren nach Helsingør zwar Gäste verloren, verkehren aber weiterhin alle 20 Minuten.

Sehenswertes

Schloss Sofiero

Am westlichen Stadtausgang von Helsingborg liegt Schloss Sofiero (Sophienruh) mit einem herrschaftlichen Park und einem naturbelassenen Waldstück. Das Schloss erhielt König Gustaf VI. Adolf 1905 zur Hochzeit geschenkt. Das Schlossrestaurant zählt zu den besten und teuersten Adressen Südschwedens.

Dag Hammerskjölds väg; www.sofiero.helsingborg.se; April–Okt. tgl. 11–17 Uhr; Erw. 90 SEK, Kinder bis 16 Jahre 20 SEK

Essen und Trinken

Restaurant Kattegat

Der schwedische Fernsehkoch Rikard Nilsson hat das Restaurant berühmt gemacht. Nach einem Besitzerwechsel 2007 soll es im Sommer 2008 die Tradition als Gourmettempel weiterführen. Hotelgäste werden jedoch auf das benachbarte Spa-Hotel Torekov verwiesen.

Storgatan 46, Torekov; Tel. 04 31/36 30 02; www.kattegat.se; Mitte Mai–Mitte Aug. tgl ●●●● CREDIT

Rut på skäret

Schwedische und schonische Spezialitäten in einem originalen Hof aus dem 18. Jh. zwischen Arild und Jonstorp auf der Halbinsel Kullen. Mehrfach ausgezeichnetes Restaurant, die Preise sind moderat. Etwa 45 Min. bis Helsingborg.

Gläntan 1, Skäret bei Arild; Tel. 0 42/34 61 88; www.rutpaskaret.se; tgl. 12–21 Uhr, Okt.–Mitte März geschlossen ●● CREDIT

Kristianstad S. 184, C 12

33 000 Einwohner

Dänenkönig Christian IV. hat viele städtebauliche Spuren im Norden hinterlassen, vom hamburgischen Altona bis zum Nordkap. Auch Kristianstad, das bei seiner Gründung 1614 als Festung an der dänisch-schwedischen Grenze lag, trägt seinen Namen. Aus dieser Zeit sind zwei Stadttore, die Dreifaltigkeitskirche und das Zeughaus als Teil des unvollendeten Schlosses erhalten.

Museen

Filmmuseet

An historischer Stätte befindet sich das Filmmuseum: Es liegt in den Räumen des ersten schwedischen Filmstudios. Alte Kulissen und Kameras verbreiten Stummfilm-Atmosphäre.

Östra Storgatan 53; Sept.–Mai So 12–17, Juni–Aug. auch Di–Fr 13–16 Uhr; Eintritt frei

Järnvägsmuseet

Das Eisenbahnmuseum ist ein Muss. Loks, Wagen und Draisinen sind im Südbahnhof untergebracht.

Västra Storgatan 74; Juni–Aug. tgl. 13–18, Sept. Sa–So 13–16 Uhr; Eintritt frei

Kristianstads Läns Museum

Das Museum des Regierungsbezirks Kristianstad zeigt eine umfangreiche Sammlung an bäuerlichen Silberschätzen und Textilien aus Skåne.

Stora Torg; www.regionmuseet.m.se; Sept.–Mai Di–So 12–17, Juni–Aug. tgl. 11–17 Uhr; Eintritt frei

Lund S. 184, B 12

76 200 Einwohner

Lund ist das südliche Gegenstück zu Uppsala, was das Alter und die Bedeutung der Universität angeht. Der starke Einfluss der Kirche ist nicht zu verkennen: So gehören die 1145 geweihte **Domkirche** und die alte **Universität** (1668) zu den dominanten Gebäuden. Sehenswert ist die **Astronomische Uhr** aus dem 14. Jh. an der Kirche, deren Glockenspiel täglich um 12 und um 15 Uhr erklingt, sonntags um 13 und um 15 Uhr. Beachtenswert, wie die Kirchenruine **Drotten** durch ein unterirdisches Museum neues Leben erlangte.

Die schonische Kleinstadt Ystad (→ S. 61) ist auch vielen deutschen Krimifans ein Begriff. Schließlich ist sie die Heimat von Henning Mankells populärer und etwas eigenwilliger Romanfigur »Kommissar Kurt Wallander«.

MUSEEN

Kulturen

Das kulturhistorische Museum ist ein Freilichtmuseum mitten in Lund. Rund 30 Gebäude wurden hier wieder aufgebaut, darunter auch Stadthäuser sowie Bauernhöfe aus Blekinge und Småland. In den Gebäuden befinden sich u. a. Sammlungen von Trachten, Musikinstrumenten, Silber und Glas.

Tegnérsplatsen; www.kulturen.com; Okt.–April Di–So 12–16 Uhr, Mai–Sept. tgl. 11–17 Uhr; Erw. 50 SEK, Kinder frei

Medicinhistoriska museet

Das Krankenhausmuseum informiert über die Geschichte der Psychiatrie.

Paviljong 7; St. Lars Sjukhus; Di–Fr 11–15, So 13–15 Uhr; 25 SEK pro Person

Simrishamn

→ S. 185, D 12

6546 Einwohner

Der ehemalige Fischerhafen hat sich zum Urlaubsort entwickelt. Die farbenfrohen, niedrigen Häuser erinnern stark an dänische Dörfer wie auch die schönen Strände in der Umgebung. Der Landstrich entlang der Ostküste Skånes heißt »Österlen«. Seit dem ausgehenden 19. Jh. ist das liebliche Österlen besonders beliebt bei Malern. Eine Reihe frühzeitlicher Funde macht die Gegend um Simrishamn zusätzlich interessant.

HOTELS/ANDERE UNTERKÜNFTE

Karlaby Kro

Ca. 7 km von Simrishamn entfernt liegt dieser gemütliche »Kro« .

Tommarp; Tel. 04 14/2 03 00, Fax 2 04 73; www.karlabykro.se; 22 Zimmer ●● AmEx DINERS MASTER

SEHENSWERTES

Festung Glimmingehus

Die Festung gilt als das älteste ganz erhaltene Gebäude Schwedens. Seit dem Bau 1499 ist sie mit ihren 2,5 m dicken Wänden unverändert geblieben. Die mittelalterliche Festung ist von einem Wallgraben umgeben und liegt 10 km südwestlich von Simrishamn.

April–Mai 11–16, Juni–Aug. 10–18, Sept. 11–16 Uhr; Erw. 60 SEK, Kinder bis 18 Jahre frei

Nationalpark Stenshuvud

15 km nördlich von Simrishamn liegt Schwedens südlichster Nationalpark mit einer bis zu 100 m hohen Steilküste. Kleines Besucherzentrum.

Ystad

→ S. 184, C 12

17 286 Einwohner

Die Kleinstadt am Meer zeigt deutlich dänischen Einfluss. Hier finden sich mehrere hundert gut erhaltene Fachwerkhäuser. Die ältesten Häuser stammen aus dem 16. Jh.

Krimifreunde wissen, dass Ystad auch die Heimat von Henning Mankells Romanfigur »Kurt Wallander« ist. Wer auf den Spuren des eigenwilligen Kommissars wandeln will, wird sich über die Webseite **http://www.visitystad.com** freuen. Unter dem Stichwort »Wallander« gibt es alle Infos für den begeisterten Krimileser.

MERIAN-Tipp

3 Insel Ven

Wer weiß schon, dass mitten im Öresund, einer der meistbefahrenen Schifffahrtsstraßen der Welt, eine kleine Insel liegt, auf der der Geist der Renaissance lebt. Auf Ven forschte der Astronom Tycho Brahe im 16. Jh. Reste des Observatoriums »Stjärnborg« (Sternburg), wo er Berechnungen zu den Planetenlaufbahnen anstellte, sind erhalten. Die Insel mit ihren Steilküsten, der besonderen Inselflora und den hübschen Fachwerkhäusern ist per Schiff von Landskrona aus zu erreichen.

→ S. 184, B 12

Eines der ältesten Gebäude Schwedens: die mächtige mittelalterliche Festung Glimmingehus (→ S. 61).

Man kann für 830 SEK im Touristbüro sogar ein »Wallander-Arrangement« buchen; Übernachtung im Hotel Continental, Abendessen in Lottas Krug und Kaffee in Fridolfs Konditorei. Hier werden auch die Wallander-Filme an den Orginalschauplätzen gedreht.
Tel. 04 11/57 76 81, Fax 55 55 85; E-Mail: turistinfo@ystad.se

HOTELS/ANDERE UNTERKÜNFTE

Ystads Saltsjöbad
Weißes Grandhotel am Meer.
Saltsjöbadsvägen 6; Tel. 04 11/1 36 30, Fax 55 58 35; www.ystadssaltsjobad.se; 108 Zimmer
●●● CREDIT

Snogeholms Slott
Übernachten im Schloss. In Sjöbo, rund 20 km von Ystad entfernt.
Tel. 04 16/1 62 00, Fax 1 60 18; www.snogeholmslott.se; 46 Zimmer
●● CREDIT

SEHENSWERTES

Ales Stenar
Die berühmte Schiffssetzung liegt 20 km südöstlich von Ystad im Ort **Kåseberga**. Die 58 schiffsförmig angeordneten Steine markieren das Grab eines Wikingerhäuptlings.

MUSEUM

Gråbrödraklostret
Das städtische Museum befindet sich in einer der bestbewahrten Klosteranlagen Schwedens. Das Franziskanerkloster wurde 1267 gegründet, die Gebäude stammen aus dem 14. und 15. Jh.
St. Petri Kyrkoplan; Tel. 04 11/57 72 86; www.ystad.se; Di–Fr 10–17, Sa–So 12–16 Uhr; Eintritt frei

Blekinge → S. 185, D 11

150 325 Einwohner

Eingeklemmt zwischen Skåne und Småland liegt Blekinge, die kleinste Landschaft Schwedens. Blekinge ist bis heute ein eigenständiger Regierungsbezirk geblieben, obwohl es flächenmäßig kleiner ist als die Insel Gotland. Von der Einwohnerzahl her ist Blekinge der drittkleinste Regierungsbezirk. Neben der Residenzstadt Karlskrona gehören noch Karlshamn, der Kurort Ronneby und der Industriestandort Olofström zu Blekinge. Die deutlichste Veränderung der Landschaftsform erlebt man an der Küste, wo ab Karlshamn kuppige Granit-Schären Skånes Sandstrände und Steilküsten ablösen.

Ziele in der Umgebung

Karlskrona → S. 185, E 11

32 600 Einwohner

Karlskrona ist von der schwedischen Kriegsmarine geprägt. Zu Beginn des 17. Jh. war Karlskrona die zweitgrößte Stadt Schwedens, 1850 immerhin noch die viertgrößte. Bis vor wenigen Jahren konnten die vorgelagerten Schären als militärisches Sperrgebiet von Ausländern nicht besucht werden. Hier strandete Mitte der Achtzigerjahre ein russisches U-Boot und löste eine wahre U-Boot-Hysterie aus. Mit der Auflösung der militärischen Blöcke hat sich die Lage entspannt. Seit 1998 stehen die Marine-Anlagen aus gustafianischer Zeit auf der UNESCO-Liste des Weltkulturerbes. Touristen dürfen sich seitdem sowohl auf den vorgelagerten Inseln als auch im Stadtgebiet frei bewegen.

Sehenswertes

Kungsholms Fort
Der runde Hafen von Kungsholm Fort ist zum Symbol der Marine-Anlagen bei Karlskrona geworden. Seit 1680 bewacht die Festung die Einfahrt des Marinestandortes. Das Fort kann nur im Rahmen einer geführten Bootstour besucht werden.
Dag Hammerskjölds väg; geführte Bootstouren 20. Juni–28. Aug. tgl. 10 Uhr, Juli zusätzl. Di, Do, Sa 15 Uhr, Anmeldung im Turistbüro, Mindestalter 18 Jahre

Museum

Marinemuseum
Das Marinemuseum auf der kleinen Insel Stumholmen ist über eine Brücke vom Zentrum zu erreichen. Thema des Museums ist die Marinegeschichte Schwedens. Schöne Sammlung von Gallionsfiguren.
Stumholmen; www.marinemuseum.se; Sept.–Mai Di–So 11–17, Juni–Aug. tgl. 10–18 Uhr; Eintritt frei

Kristianopel

→ S. 185, E 11

Ein großer Name für ein kleines Dorf! Der Dänenkönig Christian IV. gründete den Ort am nordöstlichsten Zipfel seines Reiches. Als Blekinge noch zu Dänemark gehörte, entstand auf Geheiß des Königs eine Festungsanlage, deren Grundmauern erhalten geblieben sind. Doch statt einer großen Stadt wuchs nur ein Dorf heran.

Ronneby

→ S. 185, E 11

11 767 Einwohner

Ronneby ist ein alter Kurort mit einer Heilquelle, einem schönen Kurpark und Jugendstil-Wandelhallen. Die Tradition wird fortgeführt duch eine moderne Wellnessanlage sowie ein Spaßbad für Familien. Angler zieht es an die vielen Lachsflüsse rund um Ronneby.

Anfang des 17. Jahrhunderts war Karlskrona, das heute über 30 000 Einwohner zählt, noch die zweitgrößte Stadt Schwedens.

Småland und Öland

Rote Holzhäuser, kleine Bauernhöfe und Glasbläser machen Småland zum beliebten Reiseziel.

Westlich von Tingsryd liegt der riesige, weit verzweigte Åsnen-See. Er gehört zur Seenplatte rund um die Stadt Växjö (→ S. 74).

Die deutschen Urlauber haben Småland in ihr Herz geschlossen, weil es so typisch schwedisch erscheint, so ländlich und natürlich. Hier finden gestresste Mitteleuropäer das, was sie sich unter skandinavischer Ruhe vorstellen. Doch die Abgeschiedenheit hat eine Vorgeschichte: Småland ging es schlecht, fast 100 Jahre lang wanderten die Einwohner aus. Die Böden waren schwer zu bestellen, die Ernten mager. Industrie gibt es nicht, dafür haben Handwerk und Kleingewerbe eine lange Tradition, vor allem im Westen Smålands. Den hier ansässigen Glashütten gelang im 20. Jh. der wirtschaftliche Durchbruch, heute wird rationalisiert.

Småland besteht aus drei verschiedenen Regierungsbezirken: Jönköpings län, Kalmars län und Kronobergs län mit der Hauptstadt Växjö. Die drei Bezirke betreiben jeweils eigene Fremdenverkehrsämter, wobei Jönköping und Växjö eng zusammenarbeiten.Das erleichtert die Informationsbeschaffung für Urlauber sehr. Das sogenannte Glasreich ist ein Zusammenschluss von vier Kommunen, in denen es besondes viele Glashütten gibt. Und als Möbelreich bezeichnet sich die Region zwischen Lammhult und Värnamo, weil hier führende schwedische Möbelhersteller beheimatet sind.

Älmhult

→ S. 184, C 11

8500 Einwohner

Älmhult ist die Heimat von **IKEA**. Bis heute befindet sich hier die Konzernzentrale, die 220 Warenhäuser in aller Welt steuert. Das Unternehmen wurde 1943 vom erst 17-jährigen Ingvar Kamprad gegründet, der zunächst mit Stiften und Nylonstrümpfen handelte. Möbel standen erst ab 1953 im Vordergrund, als in Älmhult ein Showroom eröffnet wurde – der Vorläufer der heutigen Warenhäuser. Bei der Eröffnung des ersten Warenhauses in Stockholm 1965 standen bereits tausende Schlange.

Hotels/andere Unterkünfte

Möckelsnäs Herrgård

Herrenhof in der Nähe von Älmhult am See Möckeln. Direkt neben dem Hotel entstand 2006 die Orangerie neu, die der Botaniker Carl von Linné einst in Uppsala bauen ließ. Dazu gehört ein Studiergarten, der nach den Prinzipien Linnés angelegt ist.

Möckelsnäs, Diö; Tel. 04 76/5 32 00, Fax 5 32 01; www.mockelsnasherrgard.se; 54 Zimmer ●● CREDIT

Sehenswertes

Linnés Råshult

In Råshult bei Diö, nur wenige Kilometer von Älmhult entfernt, wurde der Botaniker Carl von Linné geboren (1707-1778). Er war der erste, der die Pfanzenwelt systematisch erfasste, außerdem einer der Gründer der Königlich Schwedischen Akademie der Wissenschaften. In Råshult ist sein Geburtshaus zu sehen sowie ein parkähnliches Kulturreservat, wo sich ausgedehnte Spaziergänge unternehmen lassen. Ein kleines Gartencafé heißt Besucher willkommen.

Diö; Kulturreservat ganzjährig geöffnet, Geburtshaus und Führungen Mai–Sept. tgl. 9–18 Uhr

MERIAN-Tipp

4 Eksjö

Für einen Spaziergang durch das charmante Städtchen Eksjö sollten Sie sich schon wegen seiner interessanten Holzbebauung etwas Zeit nehmen. Im Zentrum der Stadt, die bereits im Jahre 1406 die Stadtrechte erhielt, sind viele **Holzhäuser** aus der Zeit nach dem großen Brand von 1568 erhalten. Besondere Aufmerksamkeit verdienen die zahlreichen **Innenhöfe** mit ihren Galerien.

→ S. 185, D 9

Eriksmåla

S. 185, E 10

238 Einwohner

Die Kunst der Glasbläserei, in Småland seit dem 16. Jh. beheimatet, schuf die ersten frühindustriellen Ansiedlungen, die einigen Orten im Laufe der Zeit zu großer Bekanntheit verhalfen.

Sehenswertes

Glashütte Åfors

Das Designer-Ehepaar Ulrica Hydman-Vallien und Bertil Vallien ist seit 5 Jahren tonangebend, was die Gestaltung von Künstler-Kleinserien anbelangt. Kleine Glashütte mit farbenfrohen Motiven auf Gläsern und Vasen. Zur Anlage gehört auch ein Laden, in dem Ware zweiter Wahl verkauft wird. Nebenan liegt »Fina Stugan«, die gute Stube, ein Laden mit Waren erster Wahl und Unikaten.

Gnosjö

S. 184, C 10

4364 Einwohner

Gnosjö war und ist das Zentrum der Drahtindustrie. Der Besucher kann in den beiden **Industriemuseen** erfahren, wie früher Haarnadeln und Siebe, Sicherheitsnadeln und Fliegengitter aus Draht hergestellt wurden. Heute werden in Gnosjö überwiegend Einkaufswagen für Supermärkte produziert. Die informativen Führungen in beiden Museen werden von älteren Herren vorgenommen, die in jungen Jahren noch selbst an den Geräten gearbeitet haben.

Museen

Hylténs Industrimuseum

Die Einrichtung der ehemaligen Metallwarenfabrik mit Gießerei ist vollständig erhalten. Trafostation, Gussformen und Schwungriemen: Alles ist betriebsbereit.

Tel. 03 70/9 17 00 (Museum); www.industrimuseum.gnosjo.se; Ende Juni–Aug. Mo–Fr 13–15, Aug. tgl. 13–16 Uhr; Erw. 40 SEK, Kinder 7–15 Jahre 20 SEK, bis 7 Jahre frei

Töllstorps Industrimuseum

In der nahe gelegenen Anlage sind viele Kleinbetriebe untergebracht, die für Smålands Wirtschaft seit Jahrhunderten von Bedeutung sind.

Tel. 03 70/9 91 06 (Museum); www.industrimuseum.gnosjo.se; Ende Juni–Aug. tgl. 13–17 Uhr, April–Nov. nach Voranmeldung; Erw. 30 SEK, Kinder 7–15 Jahre 15 SEK

Essen und Trinken

Hestravikens Wärdshus

Luxuriöses Landhaushotel mit gutem Restaurant. Småländische Spezialitäten, Fisch- und Wildgerichte, schöne Lage am See.

Hestra; www.hestraviken.se; Tel. 03 70/33 68 00 ●●● CREDIT

Jönköping

S. 184, C 9

84 423 Einwohner

Bekannt wurde die Stadt am Südufer des Vätternsees durch Streichhölzer. Im **Streichholzmuseum** geraten Phillumenisten – so heißen Menschen, die dem Sammeln von Streichholzschachteln verfallen sind – in einen wahren Rausch.

Aber auch die **Kristinekirche** und das **Gerichtshaus** (beide aus dem 17. Jh.) verdienen es, besichtigt zu werden. Schön sind die sommerlichen Kreuzfahrten auf dem Vättern, die mit dem historischen Ausflugsdampfer »Nya Skärgården« angeboten werden.

Hotels/andere Unterkünfte

Hooks Herrgård

Ein Herrenhof aus dem Jahre 1778, der über einen eigenen Golfplatz am See Hookasjön verfügt. Rund 30 km bis Jönköping.

Hok; Tel. 03 93/2 10 80, Fax 2 15 67; www.hooksherrgard.se; 103 Zimmer ●●● CREDIT

MUSEEN

Husqvarna Fabriksmuseum
Das Museum präsentiert Technikgeschichte am Beispiel der 1620 gegründeten Manufaktur Husqvarna. Gestartet als königliche Waffenschmiede fertigte Husqvarna später auch Nähmaschinen, Küchenherde, Motorräder, Kettensägen und Rasenmäher.
Hakarpsvägen 1, Huskvarna; www.husqvarna-museum.nu; Okt.–April Mo–Fr 10–15, Mai–Sept. Mo–Fr 10–17, Sa–So 12–16 Uhr; Erw. 40 SEK, Kinder bis 12 Jahre frei

Tändstickmuseet
Die Geschichte des Streichholzkönigs Ivar Kreuger, der in den Zwanziger-Jahren in 240 Ländern der Welt das Zündholzmonopol innehatte, ist hier ebenso dokumentiert wie die gesamte Geschichte der Streichhölzer.
Tändsticksgränd 27; www.jonkoping.se; Juni–Aug. Mo–Fr 10–17, Sa–So 10–15, Sept.–Mai Di–Sa 11–15 Uhr; Erw. 40 SEK, Kinder frei

Kalmar

→ S. 185, F 11

35 170 Einwohner
Stadtplan → S. 67

Kalmar hat die Geschichte des Nordens geprägt. Hier wurde 1397 die Kalmarer Union besiegelt, die Dänemark, Schweden und Norwegen lange Zeit vereinte. Während die Schweden sich bereits 1448 aus der Union abzusetzen begannen, hatte der Bund zwischen Dänemark und Norwegen bis 1814 Bestand. Das **Schloss**, das schon zu Zeiten von König Magnus Ladulås im 13. Jh. angelegt wurde, war zeitweise der Regierungssitz der

schwedischen Könige. Seine politische Bedeutung hat Kalmar verloren, doch die Historie blieb in Gestalt von Bauwerken und der Stadtanlage erhalten. Neben dem Schloss gehört die Ausstellung zum Untergang des königlichen Schlachtschiffes »Kronan« im Länsmuseum zu den großen Attraktionen der Stadt. Die quirlige Universitätsstadt mit ihren verschiedenen Fachhochschulen wird im Sommer von vielen Touristen besucht. Moderne neue Stadtviertel wie Varvsholmen stehen in starkem Kontrast zu den historischen Gebäuden innerhalb der einstigen Stadtmauern.

Hotels/andere Unterkünfte

Slottshotellet ⇢ S. 67, a 2

Das feine Schlosshotel liegt in der Altstadt, nahe dem Schlosspark und dem alten Friedhof. Die ruhige Lage wird an Sommerwochenenden durch die zahlreichen Schlossbesucher leider etwas beeinträchtigt.

Slottsvägen 7; Tel. 04 80/8 82 60, Fax 8 82 66; www.slottshotellet.se; 44 Zimmer ●●● CREDIT

Calmar Stadshotellet ⇢ S. 67, b 2

Mitten in der Stadt bei der Domkirche liegt das größte Haus am Platz. Sauna und Solarium. Sehenswürdigkeiten sind zu Fuß erreichbar.

Stortorget 14; Tel. 04 80/49 69 00, Fax 49 69 10; www.profilhotels.se; 116 Zimmer ●● CREDIT

Clarion Hotel Packhuset ⇢ S. 67, b/c 2

Das Hotel im ehemaligen Packhaus liegt direkt am alten Hafen.

Skeppsbrogatan 26; Tel. 04 80/5 70 00, Fax 8 66 42; www.choicehotels.se; 68 Zimmer ●● CREDIT

Frimurarehotellet ⇢ S. 67, b 2

Das in der Altstadt auf der Insel Kvarnholmen gelegene »Freimaurer«-Hotel bietet den Komfort eines guten Mittelklassehotels. Restaurant mit allen Schankrechten.

Larmtorget 2; Tel. 04 80/1 52 30, Fax 8 58 87; www.frimurarehotellet.com; 50 Zimmer ●● CREDIT

Kalmar Lågprishotel Svanen ⇢ S. 67, nördl. c 1

Einfaches und preiswertes Hotel, rund 1 km vom Stadtzentrum entfernt.

Rappegatan 1; Tel. 04 80/2 55 60, Fax 8 82 93; www.hotellsvanen.se; 42 Zimmer ● MASTER VISA

Spaziergang

Wer am Hauptbahnhof von Kalmar beginnt, hat gleich am Anfang die Qual der Wahl: Entweder wandert man durch den **Stadtpark** zur **Altstadt** und dem berühmten **Wasserschloss**, oder man entscheidet sich für **Kvarnholmen**, die »Neustadt« und das heutige Zentrum Kalmars. Das mittelalterliche Kalmar lag beim Schloss, wo sich auch heute noch Gassen mit Häusern aus dem 17. und 18. Jh. befinden. Nach dem schwedisch-dänischen Krieg 1611 bis 1613 wurde auf der Mühleninsel, auf schwedisch Kvarnholmen, das neue Kalmar als Festung erbaut. Zwei Stadttore sind erhalten.

Zum Hafen weist das **Tor Kavaljeren** beim kleinen Markt, dem **Lilla Torget**. Nach Norden zum Kanal hin führt das **Tor Högvakten**. Dazwischen verlaufen die Straßen auf Kvarnholmen heute noch immer so, wie es die barocken Stadtbaupläne ursprünglich vorsahen. In der Mitte der rechtwinkligen Anlage liegt **Stortorget**, der Große Markt, mit der **Domkirche** aus dem 17. Jh.

Sehenswertes

Domkyrkan ⇢ S. 67, b/c 2

Erbaut von Nicodemus Tessin d. Ä. in der zweiten Hälfte des 17. Jh., ist die Domkirche der einzige Dom Schwedens ohne einen Bischof. Die Inneneinrichtung ist dem italienischen Barock nachempfunden.

tgl. von 10–18 Uhr geöffnet; Orgelmusik jeden Mi 12 Uhr

Prägnantes Merkmal von Schloss Kalmar sind seine typisch runden Türme aus der Wasa-Zeit Mitte des 16. Jahrhunderts.

Kalmar slottet → S. 67, a/b 3

Baubeginn für Schwedens wohl größtes Renaissanceschloss war Ende des 13. Jh., als König Magnus Ladulås den Ausbau eines befestigten Turms aus dem 12. Jh. anordnete. Sein heutiges Aussehen erhielt das Schloss in der Regierungszeit Gustaf Wasas (1523 bis 1560) und seiner Söhne. Die typischen runden Türme der Wasa-Zeit prägen das Aussehen der prächtigen Burg. Im Innenhof befindet sich der reich verzierte Brunnen, der ebenso wie die prächtigen Gemächer mit ihren üppigen Deckenmalereien aus der Herrschaftszeit Eriks XIV. (1560 bis 1568) stammt.

Neben Wechselausstellungen wird im Schloss auch eine ständige Sammlung unter anderem mit Gallionsfiguren gezeigt.

Mai, Juni, Sept. tgl. 10–16, Juli 10–18, Aug. 10–17 Uhr, Okt.–April 2. Wochenende im Monat 11–15.30 Uhr; Erw. 75 SEK, Kinder von 5–16 Jahre 20 SEK

MUSEEN

Kalmar Läns Museum → S. 67, c 2

In einer ehemaligen dampfbetriebenen Mühle am Hafen hat das Museum Quartier bezogen. Der wichtigste Teil der Ausstellung ist dem Kriegsschiff »Kronan« gewidmet, das am 1. Juni 1676 in der Schlacht vor der Küste Ölands explodierte und sank. 800 Männer, fast die gesamte Besatzung, verloren bei der Schiffskatastrophe ihr Leben. Die »Kronan« war doppelt so groß wie die »Wasa«. An Bord befand sich einer der größten Goldmünzenschätze Schwedens. Erst 300 Jahre später (1980) konnte das Schiff geborgen werden. Die Schätze der »Kronan«, darunter Goldmünzen, Schmuck und Navigationsgeräte, bilden das Kernstück der Sammlung.

Skeppsbrogatan 51; www.kalmarlansmuseum.se; Juni–Aug. tgl 10–18, Aug.–Juni Mo–Fr 10–16, Sa–So 11–16 Uhr; Erw. 50 SEK, Kinder und Jugendliche bis 18 Jahre frei

Geblasene Kunstwerke

Einige der weltbesten Glasbläsereien haben ihren Sitz in den Wäldern Smålands.

Schaut man sich das schwedische Design, insbesondere jenes der Glaswaren an, so hat es etwas Beschwingtes, Leichtes. Fröhliche Farben, mutige Formen – damit haben Glashütten aus Småland weltweit Furore gemacht. Doch der Weg zu einem kreativen Umgang mit dem Glas war hart, er wurde aus der Not geboren. Die Auswanderungswelle in der zweiten Hälfte des 19. Jh., als fast ein Viertel der schwedischen Bevölkerung das Land verließ, traf das verarmte Småland besonders hart.

Eine Regierungskommission kam 1913 zu dem Schluss, dass die Auswanderung nur durch Reformen und eine Stärkung der eigenen Wirtschaft gestoppt werden könne. Schweden solle wieder lebenswert werden, lautete das Motto der »Heimausstellung« 1917 in Stockholm, »Künstler in die Fabriken« der Schlachtruf. Bereits 1916 war ein Wettbewerb ausgeschrieben worden, bei dem Künstler Entwürfe zur »Einrichtung von Kleinstwohnungen mit Möbeln, Kaminen, Nutz- und Ziergegenständen« einreichen konnten. Anschließend suchte die Kunstgewerbevereinigung Fabriken, die die Entwürfe realisierten.

Glashütten als Pioniere

Eine Pionierrolle übernahmen dabei die Glashütten in Småland. **Orrefors** stellte 1916 Edvard Hald ein, der auch für die Porzellanfabrik Rörstrand in Lidköping arbeitete. Simon Gate und Edvard Hald gewannen für die Glashütte Orrefors Goldmedaillen auf der Weltausstellung 1925 in Paris. Der große Konkurrent **Kosta** hat seine Produktionsstätte nur 15 km entfernt. Die 1742 gegründete Glashütte, sie ist damit die älteste noch aktive Glashütte Schwedens, stellte ihrerseits Künstler ein. So nahm der Wettbewerb der Designer seinen Lauf.

Das Glasdesign ist nur ein Resultat der Regierungsinitiative von 1913. In den Möbeln von IKEA steckt dieselbe Grundidee: erschwingliches, funktionelles Design für alle. Auch Hersteller IKEA hat seinen Sitz in Små-

land, in Älmhult. Rörstrand in Lidköping am Vättern zählt als Hersteller von Keramik ebenfalls zu den frühen Verfechtern der Idee.

Glas für jeden Geschmack

Gläser, Vasen, Schalen und Objekte – die Auswahl im Glasreich Småland ist riesig, und jede Hütte hat ihre Besonderheiten. Wer schweres Bleikristall schätzt, fährt traditionell nach **Orrefors**. Im angeschlossenen Firmenmuseum kann man sich die aufwendigen Arbeiten der frühen Glaskünstler anschauen. Zu sehen ist auch das aktuelle Nobel-Service. Die Auftragsarbeit ist eine besondere Auszeichnung, schließlich wurde das Service für die festliche Verleihung der Nobel-Preise im Stockholmer Rathaus entworfen. Leichtere Formen findet man in den Glashütten von Kosta und Boda. Seit die einstigen Konkurrenten Kosta, Boda und Orrefors in einem Unternehmen zusammengeschlossen sind, hat sich jede Hütte spezialisiert. Auch 5 **Åfors** bei Eriksmåla gehört zu dem Konzern. Hier wirkt das Designer-Ehepaar Ulrica Hydman-Vallien und Bertil Vallien. Ihre Blumen-Ornamente waren stilbildend. Seine Objekte hingegen sind sperriger, weniger alltagstauglich als die die Entwürfe seiner Frau. Einer seiner bekanntesten öffentlichen Aufträge ist das gläserne Triptychon der Domkirche zu **Växjö**.

Nicht konzerngebunden ist die Glashütte **Pukeberg** bei Nybro, die sich besonders auf Lampen konzentriert. Schön ist die Ausstellung mit historischen Zapfsäulen, die in den Dreißigern einen gläsernen Kopf hatten. Während des Zweiten Weltkriegs produzierte Pukeberg unter anderem Gläser für Eisenbahnsignale.

In den Läden der Hütten kann man Ware zweiter Wahl kaufen. Den Qualitätsunterschied zur ersten Wahl sieht oft nur der Fachmann, den Preisunterschied spürt auch der Laie. In den meisten Hütten gibt es die Möglichkeit, den Glasbläsern bei der Arbeit zuzuschauen. Das traditionelle Essen der Glasbläser heißt »Hyttsill« und ist ein Auflauf mit Hering und Kartoffeln, der im noch warmen Glasofen zubereitet wird. Manche Hütten bieten auch für Urlauber urige »Hyttsill«-Abende in den Werkshallen an.

Weitere Infos zum Thema Glas unter:

- www.glasriket.se
- www.orrefors.se
- www.kostaboda.se
- www.pukeberg.se

Bunt, modern und innovativ: Die Kollektionen der Glashütte Kosta Boda sind inspiriert von vielen Kulturen.

Kalmar Sjöfartsmuseum

→ S. 67, c 1

Das Seefahrtsmuseum liegt im Stadtteil Kattrumpan, in dem noch eine Reihe alter Holzhäuser erhalten ist. Das Museum enthält eine reichhaltige Sammlung zur Seefahrtsgeschichte von Schiffsmodellen über Navigationsinstrumente bis hin zu Werkzeugen der Seeleute. Auch auf die Rolle, die Kalmar als Hafenstadt in der schwedischen Seefahrtsgeschichte gespielt hat, wird ausführlich eingegangen.

Södra Långgatan 81;
Mitte Juni–Mitte Sept. Mo–Fr 11–16, Sa–So 12–16, Mitte Sept.–Mitte Juni So 12–16 Uhr; Erw. 30 SEK, Kinder von 6–12 Jahre 15 SEK

Krusenstiernska Gården

→ S. 67, a 2/3

In der Altstadt von Kalmar liegt dieses typische Bürgerhaus aus dem 19. Jh. Das Haus, das weitgehend seine Originaleinrichtung behalten hat, kann in den Sommermonaten besichtigt werden. Auch der Garten des Hauses ist einen Besuch wert.

St. Dammgatan 11;
Garten: Mai–Aug. Mo–Fr 10–18, Sa–So 12–16 Uhr; Eintritt frei
Museum: Juni–Aug. Führungen Di–Fr 13, 14, 15 Uhr; Erw. 25 SEK, Kinder von 6–12 Jahre 7 SEK

ESSEN UND TRINKEN

Calmar Hamnkrog

→ S. 67, c 2

Schön an der Waterfront von Kalmar gelegen, überzeugt der »Hafenkrug« mit gutem Service und hoher Qualität der Speisen sowie mit Aussicht über den Hafen.

Skeppsbrogatan 30; Tel. 04 80/41 10 20; www.calmarhamnkrog.se; Di–Sa 18–24 Uhr ●●● CREDIT

SERVICE

Auskunft

Kalmar Turistbyrå → S. 67, b 2

Ölandskajen 9; Tel 04 80/41 77 00, Fax 41 77 20; www.kalmar.se

Orrefors

→ S. 185, E 10

696 Einwohner

Die Glashütte in Orrefors feierte 1998 ihr hundertjähriges Bestehen. Einige ihrer berühmten Exponate befinden sich im hütteneigenen Museum und können besichtigt werden.

Aus dem Glasreich Småland (→ S. 70) kommen Vasen, Schalen, Kristalllüster und kunstvoll geschliffene Trinkgläser. Jede Hütte hat ihre eigenen Besonderheiten.

Der Schwerpunkt der Produktion liegt immer noch auf schwerem Bleikristall, vom Tischglas bis zum Kronleuchter. Gunnar Cyrén ist derzeit bekanntester Designer. Durch seine bunten, pfiffigen Entwürfe haben die teilweise behäbig wirkenden Glaswaren wieder an Attraktivität gewonnen.

www.orrefors.se

Värnamo

→ S. 184, C 10

18 500 Einwohner

Värnamo wirkt auf den ersten Blick wie eine unscheinbare schwedische Kleinstadt ohne große Höhepunkte. Wer sich jedoch für Möbeldesign und die Geschichte des Designs interessiert, kommt an Värnamo nicht vorbei. Hier wurde nämlich 1907 Bruno Mathsson geboren, der vermutlich im Ausland bekannteste Designer Schwedens. Zusammen mit dem knapp 40 km entfernten Dorf Lammhult, wo mehrere wichtige Möbelfirmen ihren Sitz haben, bildet Värnamo das sogenannte Möbelreich, eine bewusste Analogie zum populären Glasreich zwischen Kalmar und Växjö.

Hotels/andere Unterkünfte

Park Inn Värnamo

Stilgerecht renoviertes Hotel aus den Fünfzigerjahren, sozusagen Retro im Original. In Zusammenarbeit mit den drei führenden Möbelherstellern aus Värnamo und Lammhult wurden drei Suiten nur mit den jeweiligen aktuellen Möbeln eingerichtet – Showrooms, die man mieten kann. Bemerkenswertes Detail: die ovale Wendeltreppe.

Storgatsbacken 20; Tel. 03 70/65 66 67, Fax 65 66 09; www.parkinn.se; 120 Zimmer ●●● CREDIT

Sehenswertes

Bruno Mathsson Center

Prof. Bruno Mathsson (1907–1988) schuf zeitlose Möbel, die bis heute Bestand haben. Seine wichtigsten Werke sind hier ausgestellt. Ein guter Ausgangspunkt für eine Reise durch das Möbelreich.

Tånnögatan 17; Tel. 03 70/1 87 50; www.bruno-mathsson-int.se; Mo–Fr 8–12 und 13–17 Uhr

High Chaparral

Große Western-Freizeitstadt westlich von Värnamo auf der halben Strecke nach Gnosjö. Heftige Schießereien und Überfälle auf Postkutschen sind Teil der gut gemachten Stuntshows. Übernachtungsmöglichkeiten im Park.

Bei Hillerstorp; Tel. 03 70/8 27 00; www.highchaparral.se; Mai–Aug. tgl. 10–18 Uhr; Erw. 160 SEK

Källemo

Die Möbelfirma Källemo hat ihren Showroom in Värnamo, ein weiterer befindet sich in Stockholm.

Växjövägen 30; Tel. 03 70/1 50 50; www.kallemo.se; Mo–Fr 8–12 und 13–17 Uhr

Store Mosse Nationalpark

Ein Gefühl wie Lappland im Süden Schwedens: Der Nationalpark Store Mosse ist das größte zusammenhängende Moorgebiet südlich von Lappland. Mehrere Wanderrouten führen durch das 77 Quadratkilometer große Hochmoor. Vogelbeobachtungstürme und Besucherzentrum.

Besucherzentrum nördl. Str. 151 zwischen Värnamo und Hillerstorp

Svenssons

Svenssons in Lammhult ist einer der großen Möbelhersteller. Die Verkaufsaustellung kann man auch ohne Kaufabsicht besuchen.

Jönköpingsvägen 4, Lammhult; Tel. 04 72/4 87 00; www.svenssons.se; Mo-Fr 10–18, Sa 10–15, So 12–16 Uhr

Vimmerby

→ S. 185, E 9

7827 Einwohner

Vimmerby gehört zu den typisch småländischen Kleinstädten mit einem großen Marktplatz und Straßen voller geduckter Holzhäuser. Das Kleinstadtidyll gibt es gleich in doppelter Ausführung: das Original in der Innenstadt und die Miniatur im Maßstab 1:3 im Freizeitpark Astrid Lindgrens Värld (→ Familientipps, S. 29).

2

Växjö

→ S. 185, D 10

55 600 Einwohner

Växjö hat sich gemausert, obwohl verheerende Brände im vorigen Jahrhundert nur wenige der alten Häuser verschonten. Die Universitätsstadt ist von herrlichen Seen umgeben und eignet sich hervorragend als Ausgangspunkt für Fahrten zu den Glashütten des »Glasreiches«.

Hotels/andere Unterkünfte

Elite Stadshotellet

Qualitätshotel der Best-Western-Kette im Zentrum gelegen. Der Normalpreis für Übernachtungen ist zwar hoch, dafür gibt es an Wochenenden und in Sommermonaten preisgünstige Arrangements.

Kungsgatan 6; Tel. 04 70/1 34 00, Fax 4 48 37; www.elite.se; 132 Zimmer

●●● CREDIT

> **MERIAN-Tipp**
>
> **5 Herbsturlaub**
>
> Öland ist wie Gotland eine Kalksteininsel. Das Gestein speichert die Wärme sehr lange, so dass das Klima auf den Inseln beeinflusst wird. Es sorgt für gemütlich warme Spätsommer- und Herbsttage, auch wenn das Wetter auf dem Festland einmal nicht so berauschend ist. Auf Öland kommt als weiterer Vorteil hinzu, dass das Leben auf der Insel wieder gemächlicher verläuft, wenn die Touristensaison vorbei ist. Dann wird der Gast in den Restaurants aufmerksamer und zuvorkommender bedient.

Sehenswertes

Domkirche zu Växjö

Der Dom zu Växjö beherbergt eine der schönsten Arbeiten von Bertil Vallien. Das gläserne Triptychon hinter dem Altartisch lockt viele Besucher in das schlichte, große Kirchenschiff.

Essen und Trinken

PM & Vänner

Trendiges Restaurant in der Fußgängerzone. Hier arbeitet der Weltmeister der Sommeliers 2007, außerdem erhielt das Haus mehrfach Designpreise. Unter gleicher Leitung steht die Palladium Bar einige Häuser weiter, die deutlich preisgünstiger ist.

Storgatan 22–24; Tel. 04 70/70 04 44; www.matodryck.se; Mo, Di 11.30–23, Mi, Do 11.30–24, Fr, Sa 11.30–1 Uhr

●●● CREDIT

Museen

Smålands Museum

Besser bekannt unter dem Namen »Glasmuseum«, denn es zeigt die größte Sammlung an Glaswaren in Nordeuropa. Daneben enthält es eine bedeutende Münzsammlung und Exponate volkskundlicher Sammlungen.

Södra Järnvägsgatan 2; www.smalandsmuseum.se; Juni–Aug. Mo–Fr 10–17, Sa–So 11–17, Sept.–Mai Di–Fr 10–17, Sa–So 11–17 Uhr; Erw. 40 SEK, bis 19 Jahre frei

Utvandrarnas Hus

Im »Haus der Auswanderer« werden die Ursachen der Emigration aus Småland eindrucksvoll dokumentiert. In den Jahren 1850–1930 verlor Schweden fast ein Viertel seiner Bevölkerung durch Auswanderung, verursacht durch die einsetzende Industrialisierung und die folgende Verelendung der ländlichen Bevölkerung. Der größte Teil der Emigranten nach Nordamerika stammte aus Småland.

Strandvägen; www.utvandrarnashus.se; Sept.–April Di–Fr 9–16, Sa 11–16, Mai–Aug. Mo–Fr 9–17, Sa–So 11–16 Uhr; Erw. 40 SEK, Kinder 5 SEK

Öland ⟶ S. 185, F 10/11

11 000 Einwohner

Die Insel Öland leidet unter der Brückenanbindung ähnlich wie in Deutschland Sylt. Dass das schwedische Königspaar hier regelmäßig seinen Urlaub auf **Schloss Solliden** verbringt, zieht die schwedische Schickeria an, und die schönen Strände der Insel tun ein Übriges. Wer dem Rummel entfliehen will, findet im Süden der Insel Ruhe und zudem interessante Sehenswürdigkeiten. Rund 350 Windmühlen bestimmen heute das Inselbild. Besonders sehenswert ist die rekonstruierte **Burg Eketorp,** die noch aus der Völkerwanderungszeit stammt.

Hotels/andere Unterkünfte

Halltorps Gästgiveri

Vor Borgholm liegt dieses ländliche Gasthaus, bei dem die meisten Zimmer Blick auf den Kalmarsund bieten.
Borgholm; Tel. 04 85/8 50 00, Fax 8 50 01; www.halltorpsgastgiveri.se; 36 Zimmer ●● CREDIT

Sehenswertes

Eketorps Fornborg

Drei Siedlungsperioden aus den Jahren 300 bis 1200 sind in dieser Burganlage der Völkerwanderungszeit rekonstruiert. Insgesamt gab es auf Öland 15 eisenzeitliche Burganlagen in der Art von Eketorp. Innerhalb der Rundmauern, die ein Areal von 80 m Durchmesser schützen sollten, werden heute noch einzelne Gebäude bewirtschaftet.
www.eketorp.se; Mai–Aug. tgl. geöffnet 10–17 Uhr; Erw. 75 SEK, Kinder 35 SEK

Leuchtturm Långe Jan

Auf der Südspitze Ölands steht Schwedens ältester Leuchtturm, der Lange Jan. Von dem 42 m hohen, schwarz-weiß gestreiften Leuchtturm, der in den Jahren 1784/85 errichtet wurde, bietet sich den Besuchern ein schöner Ausblick über die gesamte Insel. Darüber hinaus ist der Lange Jan ein ausgezeichneter Stützpunkt für Vogelbeobachtung.
täglich geöffnet, Parken, Eintritt 50 SEK

Öland ist reich an Zeugnissen mittelalterlicher Frömmigkeit – hier ein drei Meter hohes Kalksteinkreuz aus dem frühen 13. Jahrhundert. Es steht in der Nähe der Ruinen der St. Birgitta-Kapelle in Kapelludden an der Ostküste.

Ruine Schloss Borgholm

Von dem 1569 erbauten und einst prachtvollen Renaissanceschloss sind nur noch Ruinen erhalten. Das Schloss wurde 1806 durch einen Brand zerstört. Ein schöner Blick bietet sich dem Besucher von den Wällen auf die Insel und den Kalmarsund.
www.borgholmsslott.se; April, Sept. 10–16, Mai–Aug. 10–18 Uhr; Erw. 50 SEK, Kinder ab 12 Jahre 20 SEK

Service

Auskunft

Ölands Turist AB

Box 74, 38621 Färjestaden; Tel. 04 85/56 06 00, Fax 56 06 05; www.olandsturist.se

Östergötland und Sörmland

Der schwedische Adel hat die Landschaften südlich von Stockholm stark geprägt.

Das charmante Hafenstädtchen Trosa (→ S. 82) ist nicht nur bei Seglern populär. Deutsche Urlauber haben die idyllische Kleinstadt an der Schärenküste »entdeckt«, seit sie im Mittelpunkt einer romantischen ZDF-Fernsehserie steht – und wandeln seither zahlreich auf den Spuren von »Inga Lindström« …

Nördlich von Småland wird die Landschaft allmählich offener, die Bauernhöfe werden wieder größer, die landwirtschaftlich genutzten Flächen nehmen zu. Der weit verzeigte See Sommen, auf der Grenze zwischen Småland und Östergötland gelegen, ist touristisch kaum erschlossen, außer ein paar Campingplätzen gibt es an diesem Paradies für Kanuten und Angler wenig Unterkünfte. Kleine, verschlafene Städte wie Kisa und Åtvidaberg unterbrechen die Fahrt auf den einsamen Landstraßen Östergötlands. Åtvidaberg? Da war doch mal was! Ältere Fußballfans erinnern sich vielleicht an den ehemaligen schwedischen Pokalsieger, der sich Anfang der Siebziger mit dem FC Bayern München packende Duelle im damaligen Pokal der Pokalsieger lieferte. Der Ruhm ist verblasst, heute spielt Åtvidaberg nur noch zweitklassig in Schweden.

Eine landwirtschaftlich fruchtbare Ebene wird bei Linköping erreicht. Sie zieht sich vom Vättern bis an die Bucht Bråviken, an der Norrköping liegt. Verglichen mit der Einsamkeit der smaländischen Wälder ist es nun plötzlich recht dicht besiedelt. Linköping ist die am schnellsten wachsende Stadt Schwedens. Technologie-Unternehmen sind hier angesiedelt. Saab baut in Linköping Flugzeuge, auch die Lebensmittelindustrie ist stark vertreten. Das benachbarte Norrköping war einst das Manchester Schwedens mit seinen Baumwollspinnereien.

Zwei Seenketten verlaufen quer durch das Land: Bei Linköping liegen Boren, Roxen und Glan, weiter nördlich folgen Hjälmaren und Mälaren. Zwischen den beiden Seenketten erstreckt sich Sörmland, das sich internationalen Gästen gern als Stockholms Countryside präsentiert. Der Begriff passt insofern gut, weil schon der schwedische Adel im 17. und 18. Jh. so dachte: Sie bauten sich hier prachtvolle Schlösser und Herrenhöfe. So residierte man eine Tagesreise von Stockholm entfernt, war den politischen Beschlüssen nah und hatte trotzdem sein eigenes Reich.

Askersund

→ S. 181, E 3

3937 Einwohner

Askersund ist eine charmante Kleinstadt am nördlichen Ende des Vättern. Politisch zählt sie zwar schon zu Närke, aber durch den Hafen am Vättern war der Ort immer stark nach Süden orientiert.

Hotels/andere Unterkünfte

Aspa Herrgård
Eines der klassischen, gehobenen Herrenhof-Hotels im englischen Stil am Rande des Vättern südlich von Askersund.
Aspa Bruk; Tel. 05 83/5 02 10, Fax 5 01 50; www.aspaherrgard.se; 38 Zimmer ●●● CREDIT

Sehenswertes

Nationalpark Tiveden
Der Nationalpark liegt zwischen den Seen Vättern und Unden südlich von Askersund. Durch große Felsblöcke gilt er als besonders unwegsam, eine echte Wildnis. Der rund 50 km lange Wanderweg Munkastigen führt hindurch, ebenso Teile des von Norden kommenden Bergslagsleden.

Flen

→ S. 182, A 7

6100 Einwohner

Die kleine Ortschaft Flen liegt mitten in Sörmland, dort, wo die Zahl der Schlösser zunimmt, die Landschaft wie ein großer Park aussieht und die Landstraßen am kurvigsten sind.

Hotels/andere Unterkünfte

Yxtaholms Slott
Schloss von 1753 mit verschiedenen Unterkunftsmöglichkeiten. Im ehemaligen Stall wohnt man modern, im

Torhaus befinden sich orginell eingerichtete Zimmer und in den beiden Schlossflügeln klassische Herrenhofzimmer. Ausgezeichnetes Restaurant mit Seeblick. Sauna am See.
Yxtaholm bei Flen, an Str. 55; Tel. 01 57/2 44 40, Fax 2 44 41; www.yxtaholmsslott.se; 48 Zimmer
●●● CREDIT

Linköping

→ S. 181, F 4

97 428 Einwohner

Die Universitäts- und Bischofsstadt liegt an sehr alten Handelswegen und nahm immer einen besonderen Platz in der schwedischen Geschichte ein. Stadtbrände und Industrialisierung veränderten das Gesicht Linköpings. Heute ist Linköping eine moderne Verwaltungsstadt mit einigen bedeutenden Sehenswürdigkeiten.

Die mächtige **Domkirche** zählt neben den Kirchen in Uppsala und Lund zu den einflussreicheren geistlichen Zentren Schwedens. Zu den wichtigen Arbeitgebern der Region gehört die Flugzeugindustrie.

Hotels/andere Unterkünfte

Quality Hotell Ekoxen
Das moderne Haus liegt zentral und ruhig. Allabendlich gibt es Wellness- und Gymnastik-Angebote.
Klostergatan 68; Tel. 0 13/25 26 00, Fax 12 19 03; www.ekoxen.se; 200 Zimmer ●● CREDIT

Sehenswertes

Berg
Die acht Schleusenstufen des **Göta-Kanals** bei Berg sind eine der großen Attraktionen der Umgebung. Sie liegen etwa 10 km von Linköping entfernt am See Roxen.

Gamla Linköping
Das Freilichtmuseum mit seinen rund 80 Häusern wirkt wie die Altstadt von Linköping, doch die Häuser wurden hier nur zusammengetragen. Schule, Post, Bank und Polizeirevier sind im Stil des 19. Jh. eingerichtet. Zahlreiche kleine Läden und Cafés in den Gebäuden laden zum Bummeln und Entspannen ein. Für Süßmäuler eine wahre Fundgrube: die Schokoladenfabrik mit angeschlossenem Museum.
Kryddbodtorget, 2 km westlich vom Zentrum; ständig geöffnet, Läden und Werkstätten: Mo–Fr 10–17.30, Sa–So 12–16 Uhr; Eintritt frei

Kloster Vreta
Von dem Benediktinerkloster aus dem 12. Jh. ist noch die Kirche erhalten, von den übrigen Gebäuden sind nur Mauerreste zu sehen. Die Schleusen von Berg sind von hier aus zu Fuß zu erreichen.

Mariefred

→ S. 182, A 7

3800 Einwohner

Mariefred liegt am weit verzweigten See Mälaren, über den eine Schiffsverbindung nach Stockholm und weiter in die Ostsee möglich ist. Die kleine Ortschaft entstand rund um ein Kloster und eine mittelalterliche Burganlage.

Die kopfsteingepflasterten Gassen im Ortskern, der unmittelbar an das Seeufer grenzt, das imposante Schloss Gripsholm und die Museumseisenbahn haben die Kleinstadtidylle zu einem Anziehungspunkt für Touristen aus dem In- und Ausland gemacht.

Hotels/andere Unterkünfte

Gripsholms Värdshus
Ein Hotel, das mit (berechtigten) Superlativen wirbt. Es ist das älteste Gasthaus Schwedens, es hat ausgesprochen schöne Zimmer und die schwedische Koch-Nationalmannschaft hat ihre Trainingsküche in den historischen Räumlichkeiten mitten in der Kleinstadt Mariefred. Hier kocht Gerd Klötzke, der ehemalige Chef der

schwedischen Koch-Nationalmannschaft, die im Oktober 2004 bei der Koch-Olympiade in Erfurt mehrere Goldmedaillen abräumte und den ersten Platz in der Gesamtwertung einnahm. Schloss Gripsholm ist nur einen kurzen Spazierweg entfernt.
Kyrkogatan 1;
Tel. 01 59/3 47 50, Fax 3 47 77;
www.gripsholms-vardshus.se;
45 Zimmer ●●● CREDIT

SEHENSWERTES

Eisenbahn

Die Schmalspurbahn gehört neben dem Schloss zu den Attraktionen von Mariefred. Mit einer Spurbreite von nur 60 cm wirkt die über 100 Jahre alte Bahn wie eine Miniaturausgabe. Frachtwaggons sind ebenso zu besichtigen wir historische Passagierwaggons. Im Sommer werden Rundtouren mit der Bahn angeboten. Die Gäste haben die Wahl zwischen zweiter und dritter Klasse, eine erste Klasse gibt es nicht in den Wagen, die aus den Jahren 1890 bis 1925 stammen. Der Verein betreibt auch die benachbarte Strecke von Läggesta Nedre nach Taxinge Näsby, eine Normalspurbahn, auf der ein Schienenbus

MERIAN-Tipp

6 Schloss Gripsholm

Schloss Gripsholm wurde in Deutschland durch Kurt Tucholskys gleichnamigen Roman berühmter als der kleine Ort Mariefred, in dem es liegt. Der Schriftsteller, der 1930 auswanderte und sich 1935 im schwedischen Exil das Leben nahm, hat hier seine letzte Ruhestätte gefunden. Sein Grab wird überwiegend von deutschen Urlaubern besucht. Bereits um 1380 entstand hier eine Burg. Im 16. Jh. wurde sie unter Gustaf Wasa und seinem Sohn Karl IX. umgebaut und erhielt im Wesentlichen ihr heutiges Aussehen. Die Änderungen unter späteren Herrschern wurden um 1890 teilweise wieder rückgängig gemacht, um die Anlage wieder in den Zustand des 16. Jh. zu versetzen. Das Wasa-Schloss mit seinen markanten Rundtürmen liegt malerisch am Ufer des Sees Mälaren und ist mit dem Schiff von Stockholm aus erreichbar.

Erw. 70 SEK, Kinder ab 7 Jahre 35 SEK, bis 7 Jahre frei ···› S. 182, A 7

Die historische Schmalspurbahn ist eine der Attraktionen des Örtchens Mariefred. Im Sommer werden auch Rundfahrten mit dem Nostalgierelikt angeboten, das nur eine Spurbreite von 60 Zentimetern hat.

aus den Fünfzigern zum Einsatz kommt. Sie führt zum Teil am Ufer des Mälaren entlang und bietet eine schöne Aussicht auf Mariefred und Schloss Gripsholm.
Tel. 01 59/2 10 00; www.oslj.nu; Mai–Sept; Erw. ab 60 SEK, Kinder halber Preis

Motala

→ S. 181, E 4

29 800 Einwohner

Bedeutung erreichte der kleine Ort am Vättersee erst durch den Bau des Göta-Kanals. Von hier dirigierte Baltzar von Platen zu Beginn des 19. Jh. die 58 000 Soldaten, die den Kanal mit Spitzhacke und Schaufel gruben. Nicht nur der Kanal, auch die Stadt wurde von dem Baumeister entworfen. Das fächerförmige Stadtbild ist bis heute erhalten geblieben.

Wichtigster Arbeitgeber war über 150 Jahre Motala Mekaniska Verkstad, wo Schiffe, Lokomotiven, Stahlbrücken und Dampfmaschinen gebaut wurden. 1822 gegründet, war das Unternehmen einer der wichtigsten Zulieferer beim Bau des Göta-Kanals. Von den einst 1300 Mitarbeitern verkleinerte sich Motala Mekaniska Verkstad auf heute 180.

Wie berühmt die Stahlbauer einst waren, lässt sich daran ablesen, dass der Schriftsteller Jules Verne sein U-Boot »Nautilus« aus dem Roman »20 000 Meilen unter dem Meer« (1870) in Motala bauen ließ.

In Motala gebaut: die historische Dampflok von Mariefred (→ S. 78).

Hotels/andere Unterkünfte

First Hotel Statt

Großes Stadthotel mitten in Motala in der Nähe von Hafen und Kanal. Weniger pittoresk als das Göta Hotel, dafür mit allen Annehmlichkeiten eines großen Hauses.
Stora Torget;
Tel. 01 41/21 64 00, Fax 21 46 05; www.motalastadshotell.com; 78 Zimmer ●● CREDIT

Göta Hotell

Direkt am Göta-Kanal in Borensberg mit Blick auf die Schleuse. Vermutlich das meistfotografierte Hotel Schwedens. Auf der winzigen Terrasse wird auch gutes Essen serviert. Einige Zimmer haben nur Etagendusche.
Götagatan 2, Borensberg;
Tel. 01 41/4 00 60; www.gotahotell.se; 12 Zimmer ●● CREDIT

Museum

Kanalmuseum

Das Kanalmuseum berichtet über Geschichte und Gegenwart des Jahrhundertbauwerks Göta-Kanal. Das gelbe Backsteingebäude am Hafen von Motala ist auch Sitz der Kanalgesellschaft, die für Betrieb und Erhalt des Göta-Kanals zuständig ist.
Mai–Juni 10–15, Juli–Aug. 9–18 Uhr; Erw. 40 SEK, Kinder bis 15 Jahre frei

Service

Auskunft

Motala Turistbyrå
Hamnen, 59186 Motala;
Tel. 01 41/22 52 54, Fax 21 45 57; www.motala.se

Norrköping

→ S. 181, F 4

83 561 Einwohner

Entstanden ist Norrköping wahrscheinlich schon im 13. Jh., Stadtprivilegien bekam der Ort 1384. Die Lage an der Mündung des Flusses Motala Ström in die Ostsee-Bucht Bråviken begünstigte die Gründung. Wasserkraft zum Betreiben von Säge- und Hammerwerken war ein entscheidender Faktor der Industrialisierung. Die Textilindustrie stieg zum größten Arbeitgeber auf, Norrköping wurde im 19. und 20. Jh. das Manchester Schwedens, und war damit der zweitgrößte Industriestandort Schwedens. Das ist längst Geschichte, heute stellt die öffentliche Hand die meisten Arbeitsplätze. Norrköping ist die nächstgelegene Stadt zum Tierpark Kolmården (→ S. 29). Norrköping ist bis heute keine Schönheit, auch wenn man sich viel Mühe gegeben hat, die ehemaligen Industrieviertel der Stadt durch Umnutzung attraktiv zu machen.

Hotels/andere Unterkünfte

Elite Grand Hotel

Gebäude der Jahrhundertwende mit zentraler Lage. Blick auf den Fluss, günstige Sommer- und Wochenendpreise.

Tyska Torget; Tel. 0 11/36 41 00, Fax 36 41 01; www.grandhotel.elite.se; 206 Zimmer ●● CREDIT

Sehenswertes

Löfstad Slott

Die imponierende Schlossanlage aus dem 17. Jh. liegt etwa 10 km südwestlich von Norrköping. Im Seitenflügel befindet sich ein Restaurant, in einer ehemaligen Stallung eine Cafeteria mit Restauration im Garten. Ein idealer Ort für eine Rast abseits der Schnellstraße E4.

Führungen April, Mai, Sept., Okt. Sa, So 13, 14 Uhr, Juni–Aug. tgl., Führung 70 SEK, Park ganzjährig frei zugänglich

Nach wie vor im Einsatz: die gute, alte »Juno« aus dem Jahr 1874.

Museum

Arbetets Museum

Das Museum der Arbeit befindet sich in einem Haus, das der Volksmund wegen seiner Form »das Bügeleisen« getauft hat. Früher beherbergte das Gebäude am Fluss Motala Ström eine Baumwollspinnerei. Auf sieben Etagen wird die Kulturgeschichte der Arbeit in Schweden sehr anschaulich dargestellt.

www.arbetetsmuseum.se; tgl. 11–17 Uhr; Eintritt frei

Nyköping

→ S. 182, A 7

27 720 Einwohner

Die Stadt ist in den letzten Jahren durch ihren Flugplatz ins internationale Rampenlicht gerückt. Die irische Low Cost Airline Ryanair vermarktet Nyköping Skavsta als Stockholm. Flughafenbusse bringen die meisten Gäste direkt in die Hauptstadt (Fahrzeit 90 Min.), so dass sie von Nyköping wenig sehen.

HOTELS/ANDERE UNTERKÜNFTE

Blommenhof Hotell

Geschmackvoll eingerichtetes Best Western Hotel am Stadtrand von Nyköping. Wanderweg führt am Hotel vorbei.

Blommenhovsvägen;
Tel. 01 55/20 20 60, Fax 26 84 94;
www.blommenhof.se; 50 Zimmer
●● CREDIT

MUSEUM

Sörmlands Museum

Das Regionalmuseum befindet sich im Schloss Nyköpingshus. Acht verschiedene Themenbereiche.

www.sormlandsmuseum.se; Di–So 11–17, Juni–Aug. tgl. 10–17 Uhr; Eintritt frei

Söderköping

→ S. 181, F 4

6951 Einwohner

Söderköping ist eines der wenigen Heilbäder Schwedens. Durch den Bau des Göta-Kanals erlebte die Kleinstadt im 19. Jh. einen wirtschaftlichen Aufschwung, doch heute ist sie so freundlich verschlafen wie der stille Wasserweg. Vom einstigen Reichtum zeugen hanseatische gotische Bauwerke wie die St. Laurentius und die Drothems Kirche. Söderköping ist ein guter Ausgangspunkt für Radtouren entlang dem Kanal oder Besuche der einsamen Halbinsel Vikbolandet.

HOTELS/ANDERE UNTERKÜNFTE

Söderköpings Brunn

Das Kurhotel von 1774 ist auch als Restaurant empfehlenswert.

Skönbergagatan 25;
Tel. 01 21/1 09 00, Fax 1 39 41;
www.soderkopingsbrunn.se;
103 Zimmer ●● CREDIT

Trosa

→ S. 182, B 7

4500 Einwohner

Die Kleinstadt an der Schärenküste war lange Zeit bei deutschen Urlaubern kaum bekannt, bis die »Inga-Lindström«-Filme im ZDF das charmante Hafenstädtchen »berühmt« machten. Trosa ist ein beliebtes Ausflugsziel der Stockholmer, sie kommen mit dem eigenen Boot oder mit dem Auto. Entsprechend trubelig

Wie geschaffen für einen Bilderbuchurlaub: das malerische Hafenstädtchen Trosa. In den Gassen der Innenstadt laden Marktstände, Restaurants und Cafés zum Besuch ein.

geht es während der schwedischen Sommerferien in der Stadt zu. Die Buchungslage der Hotels ist im Hochsommer so gut, dass langfristige Reservierungen ratsam sind.

Hotels/andere Unterkünfte

Bomans Hotell

Bomans Hotell ist das zweite gute Hotel in Trosa, es liegt direkt am Hafen bei den Freizeitbooten. Die Eigentümer bezeichnen es selbst als Kuriositätenhotel. So schlimm ist es nicht, auch wenn einige Zimmer recht verspielt eingerichtet sind.

Hamnen; Tel. 0 156/5 25 00, Fax 5 25 10; www.bomans.se; 32 Zimmer ●●● CREDIT

Trosa Stadshotell

Romantik-Hotel in zentraler, aber ruhiger Lage. Sehr gute Küche, Zimmer teilweise etwas verwinkelt. Mit kleiner Spa-Abteilung auf hohem Niveau.

Västra Långgatan 19; Tel. 01 56/1 70 70, Fax 1 66 96; www.trosastadshotell.se; 44 Zimmer ●●● CREDIT

Sehenswertes

Schloss Nynäs

Wenn man durch Vagnhärad auf der Straße 219 Richtung Süden fährt, gelangt man nach einigen Kilometern zu dem schönen Barockschloss Nynäs. Ein kleines Café im Glashaus lädt zum Besuch ein.

Mai–Sept. Sa-So, Juli–Mitte Aug. tgl. Führungen zur vollen Stunde

Naturreservat Stendörren

Von der Straße 219 zweigt zwischen Trosa und Nyköping ein Stichweg ab, der zum Naturreservat Stendörren ausgeschildert ist. 900 ha Küstenlandschaft sind unter Schutz gestellt. Dies ist ein ideales Revier für Touren per Kanu und Seekajak. Wanderer finden markierte Wege vor, die Inseln sind durch kleine Hängebrücken auch für Fußgänger erreichbar. Zelten ist im Naturreservat verboten.

Ganzjährig frei zugänglich

Essen und Trinken

Tullgarns Värdshus

In der Orangerie von Schloss Tullgarn, nördlich von Trosa an der alten E 4 gelegen, befindet sich ein kleines Restaurant, das vor allem mittags mit günstigen Buffet-Preisen überrascht. Im Sommer jeden Freitag Wildschweinessen. Bei schönem Wetter sitzt man im Park unter alten Eichen. Das benachbarte Schloss kann besichtigt werden. Daneben gibt es noch ein Stallcafé für den kleinen Hunger.

bei Vagnhärad; Tel. 08/55 17 20 26; www.tullgarnsvardshus.se ●● CREDIT

Vadstena

→ S. 181, E 4

5612 Einwohner

Das Gesicht der Kleinstadt am See Vättern wird von großen historischen Gebäuden bestimmt. Das **Schloss** Gustaf Wasas, Mitte des 16. Jh. erbaut, wacht über den kleinen Hafen. Bedeutender ist aber das **Kloster der Heiligen Birgitta,** die 1370 den Birgittinnenorden gründete und 1391 heilig gesprochen wurde. Das Kloster befand sich bis 1595 im Bjälboättens Palast, einem vormaligen Herzogspalast. Die **Klosterkirche** aus dem Jahr 1430 wurde 1980 bis 1983 restauriert. Sehenswerte mittelalterliche Skulpturensammlung. Der wieder erstandene Birgittinnenorden hat ein neues Kloster gegründet. Alle Gebäude liegen unweit des Sees Vättern.

Hotels/andere Unterkünfte

Vadstena Klosterhotell

Im ehemaligen Klostergebäude wurden schöne Zimmer eingerichtet.

Tel. 01 43/3 15 30, Fax 1 36 48; www.klosterhotel.se; 45 Zimmer ●● CREDIT

Service

Auskunft

Vadstena Turistbyrå
Vadstena Slott, 59280 Vadstena; Tel. 01 43/3 15 70, Fax 3 15 79; www.tidernaslandskap.se.com

Land der Schlösser

Wie bedeutend Schwedens Rolle in Europa einst war, lässt sich an den Schlössern erkennen.

Schweden erreichte seine größte Ausdehnung nach Ende des Dreißigjährigen Krieges, als die Nordländer massiv in das Kriegsgeschehen auf dem Kontinent eingegriffen hatten. Pommern gehörte ebenso zu Schweden wie die Städte Verden und Stade im heutigen Niedersachsen. Finnland stand unter der Herrschaft Schwedens, Mitte des 17. Jh. fielen Skåne, Halland, Bohuslän sowie Jämtland im Norden von Dänemark an Schweden. Die Silberfunde in Sala füllten die Kriegskasse der schwedischen Herrscher ebenso wie die Erzhütten in Bergslagen.

Die für das Königshaus preiswerteste Art, den Adel für seine Gefolgschaft während der Feldzüge zu entlohnen, waren Lehen. So entstanden zwischen dem Ende des 16. und dem frühen 19. Jh. Herrenhöfe, Güter und Schlösser in einem Ausmaß, das sich viele ausländische Besucher nicht vorstellen können. Sie sind zu sehr auf das Natur-Image des Landes fixiert. Die Vielzahl an Schlössern ist eines der ganz wesentlichen Unterscheidungsmerkmale im Vergleich mit den Nachbarländern Norwegen oder Finnland, sogar das Königreich Dänemark kommt nicht an die Zahl der schwedischen Schlösser heran.

Viele Schlösser finden sich im Großraum Stockholm rund um den See Mälaren. Nicht alle sind so leicht wiederzuerkennen wie die Schlösser aus der Wasa-Zeit. Gustaf Wasa, der Schweden von der dänischen Herrschaft befreite, ließ eine Reihe von Schlössern bauen oder umbauen, die durch ihre charakteristischen gedrungenen Rundtürme sofort ins Auge fallen. Dazu gehören Schloss Gripsholm in Mariefred sowie die Schlösser in Vadstena, Örebro und Kalmar.

Im Süden des Landes haben die Dänen ihre Spuren hinterlassen. Viele der Schlösser in Skåne stammen noch aus dänischer Zeit, wurden also vor 1658 erbaut. Dazu zählt auch Svaneholms Slott bei Skurup, ein gut erhaltenes Renaissanceschloss, das ursprünglich 1530 erbaut wurde. Um

das Jahr 1700 entstand ein neuer Flügel im Stil des italienischen Barock. Eine Seite des Schlosses erinnert an einen römischen Palast. Trolleholms Slott bei Eslöv, im 16. Jh. erbaut, sieht so aus, wie Kinder eine Ritterburg malen würden: runde Türme mit spitzen Dächern, Treppengiebel und ein Park drum herum. Vrams Gunnarstorp bei Åstorp merkt man den dänischen Einfluss deutlich an, obwohl es im 19. Jh. umgebaut wurde.

Drei Regionen in Schweden streiten um den Ruf, die meisten Schlösser zu haben: Skåne im Süden, Sörmland südlich des Mälaren und Uppland nördlich des Mälaren. In den übrigen Regionen des Landes gibt es kaum Schlösser, wohl aber Herrenhöfe, die ähnlich prachtvoll aussehen.

Festungen im Westen

Überall dort, wo die Grenzen des Landes verteidigt werden mussten, entstanden Festungen. Deutlich zu sehen ist dies bei Göteborg, wo auf der ehemals dänisch-norwegischen Seite des Flusses Göta Älv die Festung Kungälv steht, auf schwedischer Seite verteidigte die Festung Elfsborg in der Mündung des Flusses den jungen Hafen. Die Festung Varberg in Halland gehört ebenso in diese Reihe wie die Burg Kärnan in Helsingborg, die den Öresund bewachen sollte.

Aus heutiger Perspektive fast anrührend wirken die Befestigungsanlagen von Kristianopel. Der Ortsname klingt nach Konstantinopel, nach großer, weiter Welt, doch es handelt sich nur um ein winziges Dorf auf einer Landzunge in Blekinge. Dänenkönig Christian IV. ließ die Befestigung anlegen, denn wenige Kilometer weiter verlief die Grenze zwischen Dänemark und Schweden. Im Gegensatz zu seinen übrigen Stadtgründungen Kristianstad (Schweden), Kristiansand (Norwegen) und Christiania, das heutige Oslo, blieb Kristianopel klein.

Bedeutungslos blieb auch Schwedens kurioseste und größte Festung: Mit dem Bau von Karlsborg Fästning wurde 1819 begonnen. Erst 90 Jahre später wurden die ebenso teuren wie nutzlosen Arbeiten abgeschlossen. König Karl XIV. Johan wird das geflügelte Wort zugeschrieben »Ist diese Burg aus Stein gebaut? Ich dachte, sie wäre aus Gold.«

Weitere Infos zum Thema Schlösser unter:

- www.royalcourt.se
- www.malarslott.se

Schloss Gripsholm (→ S. 79) bildete die Vorlage für Kurt Tucholskys gleichnamigen Sommerroman, inspiriert durch einen Besuch dort mit seiner Geliebten im Jahr 1929.

Gotland

Mildes Klima und eine abwechslungsreiche Landschaft machen Gotland zum reizvollen Urlaubsziel.

Im Farbenrausch einer üppigen Natur: leuchtende Rapsfelder, wie das bei Burgsvik, sind ganz im Süden der Insel Gotland keine Seltenheit.

Die etwa 100 km vom schwedischen Festland entfernt liegende Insel bietet für jeden Urlaubergeschmack etwas: Da gibt es schroffe Klippen, lange, weite Strände, Wälder und Wiesen.

Prähistorische Funde – Grabanlagen, Metallwerkzeuge und Reste alter Behausungen – legen Zeugnis darüber ab, dass sich schon früh Menschen auf der Insel ansiedelten. Zu Beginn des 13. Jh. wurde **Visby** zur Hansestadt, die Kaufleute von Visby erlangten großen Reichtum und Wohlstand. Über viele Jahre konnte sich die Stadt ihre Vormachtstellung im Ostseehandel erhalten. 1361 endete die große Zeit Gotlands jäh durch einen Raubzug unter dem Dänenkönig Valdemar Atterdag. Zeugen des vergangenen mittelalterlichen Reichtums sind die 92 über die Insel verteilten **Landkirchen**. Kein anderer Ort des Nordens kann mit einer solchen Fülle aufwarten.

Dalhem

→ S. 89, b 3

Von dem einst umfangreichen Eisenbahnnetz auf Gotland ist nur ein Kilometer als Museumsbahn in Betrieb. Im ehemaligen Bahnhof befindet sich ein lauschiges Café. Im Lokschuppen werden alte Wagen restauriert.

Museumsbahn, Café Juni–Aug.
Ende Juni–Ende Aug. 13–16 Uhr; Fahrten mit der Museumsbahn: So, Mi, Sa von Ende Juni–Ende Aug.; Erw. 40 SEK, Kinder 4–13 Jahre 25 SEK

Fårö und der Norden

→ S. 89, c 1/2

Die Insel Fårö, die im Norden an Gotland anschließt, sollte man schon wegen der **Raukar** – bizarre Felsgebilde – besuchen. Die schönsten befinden sich bei Langhammars. Die mehrere Meter hohen Gebilde aus Stein erheben sich am Strand gen Himmel. Besonders sehenswert ist der »Digerhuvudet« (Dickkopf). Am Strand sind sonst nur Hütten der Fischer zu sehen. Die Insel ist Geburtsort des schwedischen Regisseurs Ingmar Bergman. Die Fähre von Fårösund verkehrt ständig.

6

Museen

Bläse Museum → S. 89, b 1

In der Nähe von Kappelshamn liegt das Kalkofenmuseum von Bläse. Die Kalkbrennerei zählt zu den frühen Industriezweigen auf Gotland. In Bläse sind zwei große Kalköfen sowie die Schmalspurbahn zum Steinbruch erhalten. Es gibt auch eine Cafeteria.

Tel. 04 98/22 46 62; Mo–Fr 10–18, Sa–So 12–18 Uhr; Erw. 50 SEK, Kinder bis 12 Jahre frei

Bungemuseet → S. 89, c 2

Häuser und Ausstellungsgegenstände dokumentieren das bäuerliche Leben auf der Insel vom 17. bis 19. Jh. Beeindruckend sind die am Eingang stehenden **Runen- und Bildsteine,** die u. a. Szenen aus der nordischen Mythensammlung »Edda« darstellen.

Bunge; an der Straße 148 vor Fårösund; www.bungemuseet.se; Juni–Ende Aug. tgl. 10–16, Juli tgl. 10–18 Uhr; Erw. 70 SEK, Kinder frei

Ljugarn und der Osten

→ S. 89, b 4

Die kleinen Badeorte an der Ostküste sind vor allem bei deutschen Urlaubern sehr beliebt. Viel Ruhe und lange, einsame Strände sind die Pluspunkte, auch wenn die Strände zum Teil recht steinig sind. **Ljugarn** ist das touristische Zentrum im Osten Gotlands. Die wenigen hölzernen Strandvillen erinnern an glanzvollere Zeiten, als Ljugarn noch mondäner Badeort der Stockholmer High Society war.

Das ehemals einflussreiche Zisterzienserkloster von **Roma** ist nur noch als Ruine erhalten. Sie wird in den Sommermonaten für Theateraufführungen genutzt.

Hotels/andere Unterkünfte

Badpensionatet Ljugarn

Mitten in Ljugarn liegt diese einfache und gemütliche Pension. Kurze Entfernung zum Strand.

Bollängsvägen 8; Tel. 04 98/49 32 05, Fax 49 33 08; www.badpensionatet.com; 26 Zimmer; Mitte Mai–Mitte Sept. geöffnet ●

Museum

Strandridaregården

Im ehemaligen Haus des Strandvogtes befindet sich das kleine Heimatmuseum, das sich mit dem Leben und Wirken der Menschen an der Küste beschäftigt. Im Nebengebäude sind überdies interessante Luftaufnahmen von Gotland zu sehen.

Ljugarn; Tel. 04 98/49 33 01; Mitte Juni–Mitte Aug. tgl. 14.30–17 Uhr; Eintritt frei

Essen und Trinken

Bruna Dörren

Kleines Gartenrestaurant am Strand. Von typisch gotländischen Gerichten bis hin zur hausgemachten Pizza reicht die Speisekarte.

Strandvägen 1; Juni–Aug. ab 12 Uhr ●● MASTER VISA

Strandcafé

Café und Restaurant direkt am Strand von Ljugarn. Im Juli wird ein Beachvolleyball-Turnier veranstaltet.

Strandvägen 6; Mai–Aug. 10–24 Uhr ●

MERIAN-Tipp

7 Katthammarsviks Rökeri

Katthammarsviks Rökeri ist eine Fischräucherei am äußersten östlichen Zipfel Gotlands, direkt am Hafen von Katthammarsvik gelegen. Angeschlossen ist ein kleines Lokal, wo man im Sommer gemütlich draußen sitzen kann. Wer sich nicht am Charme weißer Einheitsplastikstühle stört, bekommt hier ausgesprochen leckeren Fisch. Straße 143 bis vor Ala, dort links über Kräklingbo nach Katthammarsvik.

Am Hafen; Tel. 04 98/5 23 75; Juni–Aug. 10–23 Uhr, in den übrigen Monaten variable Zeiten → S. 89, b 4

Die Süd- und Westküste

→ S. 89, a 3–a 6

An der Westküste liegen Gotlands schönste Strände. Besonders **Tofta** ist wegen des feinen Sandes beliebt. Im Süden ist es merklich ruhiger. An der Südspitze ist der »Hoburgsgubben« sehenswert, der alte Mann von Hoburg: Dieser Raukar ähnelt wirklich dem Gesicht eines alten Mannes.

Hotels/andere Unterkünfte

Hotell Toftagården

Gutes Hotel. Das Restaurant gehört zu den besten auf Gotland.

Tofta Strand; Tel. 04 98/29 70 00, Fax 26 56 66; www.toftagarden.se; 70 Zimmer ●●● CREDIT

Visby

→ S. 89, a 3

22 000 Einwohner

Stadtplan → S. 91

Schon von weitem ist Visby zu erkennen, wenn sich die Fähre Gotland nähert. Kalkstein war das bevorzugte Baumaterial für Stadtmauer, Kirchen und Häuser, so dass Visby hell und freundlich wirkt. Gotland war immer eine reiche Insel, Visby eine reiche Stadt. Während die ländliche Insel meist unter schwedischem Einfluss stand, orientierte sich die Hansestadt Visby lange an den norddeutschen Kaufleuten. Nach einer Zeit dänischer Herrschaft gehört Gotland seit 1645 zu Schweden.

Gotland
Nynäshamn
Oskarshamn
Langhammars
Raukar
Digerhuvudet
Lauter
Vinor
Fårö
Kappelshamnsviken
Bläse
Ar
Fårösund
Broa
Kappelshamn
Bunge
Fleringe
Lickershamn
Jungfrun
Stenkyrka
Lärbro
Valleviken
Martebo
Mos
Hellvi
Furilden
Lummelundagrottorna
Tingstäde
St. Hammars
Slite
Hejnum hällar
75
Bro
Visby
Tjälderviken
Källunge
Endre
Gothemån
Kneippbyn
Högklint
Gothem
Dalhem
Tofta
Stenkumla
Roma
Tofta Strand
Eskelhem
Vall
Roma-kloster
Norrlanda
Hammarudden
Mästerby
Vänge
Kräklingbo
Katthammarsvik
Östergarnsholm
Kvie
Väte
Guldrupe
Ala
Östergarn
Hejde
Kovik
Klintehamn
Buttle
Gammelgarn
Klintberget
52
Västerby
Ansarve
Etelhem
Fröjel
Garde
Ljugarn
Lausvik
Lojsta
Stånga
Bopparve
Lye
Lau
Linde
När
Kvännakershamn
Hemse
Stavgard
Rone
Stangudden
Ostsee
Hablingbo
Ronehamn
Bols
Djaupkrok
Grötlingbo
Grötlingboudd
Fide
Bodudd
Burgsviken
Öja
Burgsvik
Faludden
Vamlingbo
Sundre
Hoburgsgubben
N
0
15 km
© MERIAN-Kartographie
a
b
c
1
2
3
4
5
6
148
149
147
142
143
146
140
141
144

Die imposante **Stadtmauer** mit den 44 Türmen wurde gebaut, um die reiche Hansestadt vor den Bauern der Insel zu schützen. Die Rivalität entstand, weil die Bürger die Handelsprivilegien der Hanse mit niemandem teilen wollten. Diesen Streit nutzte der Dänenkönig **Valdemar Atterdag** 1361, um Visby völlig auszuplündern. Die Schmach ist heute noch tief im Bewusstsein der Gotländer verwurzelt. Jedes Jahr im August zur **Mittelalterwoche** (→ S. 22) kehrt der Dänenkönig zurück. Es ist erstaunlich, wie die Kleinstadt dann ihr Gesicht wandeln kann. Der historische Stadtkern Visbys mit seinen mittelalterlichen Bauten gehört seit 1995 zum UNESCO-Weltkulturerbe.

Hotels/andere Unterkünfte

Wisby Hotell ⟶ S. 91, b 3

Das gut geführte, moderne Hotel, das in dem mittelalterlichen Gebäude untergebracht ist, ist das wohl beste Haus am Platz. Es befindet sich innerhalb der Stadtmauer, in der Nähe des Hafens.

Strandgatan 6; Tel. 04 98/25 75 00, Fax 25 75 50; www.wisbyhotell.se; 134 Zimmer ●●● CREDIT

Strand Hotell ⟶ S. 91, a 2

Bei Kruttornet, dem ältesten Turm der gut erhaltenen Ringmauer Visbys, liegt das zur Best-Western-Kette zählende Hotel.

Strandgatan 34; Tel. 04 98/25 88 00, Fax 25 88 11; www.strandhotel.net; 110 Zimmer ●●/●●● CREDIT

Villa Borgen ⟶ S. 91, c 4

Im Zentrum von Visby liegt dieses Garni-Hotel mit einem rosenumrankten Innenhof und kleinen, aber geschmackvoll eingerichteten Zimmern.

Adelsgatan 11; Tel. 04 98/27 99 00, Fax 24 93 00; 17 Zimmer ●● CREDIT

Spaziergang

Beim Spaziergang durch die engen Gassen mit ihrer gut erhaltenen mittelalterlichen Bebauung fühlt man sich in die große Zeit der Hanse zurückversetzt.

Ein guter Ausgangspunkt ist das Tor **Österport**, an dem reichlich Parkplätze zu finden sind. Durch die Wallanlagen geht es entlang der Stadtmauer zu dem Tor **Dalmansporten**, das durch einen mächtigen Wachtturm in das Stadtzentrum führt. Oberhalb der **Domkirche Sta. Maria**, die mit ihren drei markanten Türmen Seefahrern lange als Landzeichen diente, blickt man über die drei Hänge, auf denen Visby gebaut ist. Zum Portal der Domkirche führt eine Treppe hinab. Mehrere Gassen führen zum großen Marktplatz, **Stora Torget**.

Durch die Skolgatan kommt man zu den Ruinen der Kirchen **St. Drotten** und **St. Lars**. Keine 100 m weiter liegt am Stora Torget **Sta. Katarina**. Nicht einmal Lübeck kann solch eine Dichte an Kirchen aus dem 13. und 14. Jh. vorweisen. Viele Gassen und Straßen sind nach anderen Hansestädten benannt: Bremergränd, Danzigergränd und Rewalsgränd sind nur einige von ihnen. Über Danzigergränd und Packhusplan geht es durch die Stadtmauer in den **Park Almedalen**. Der Teich, auf dem die Enten schwimmen, war einst ein Teil des Hafens. **Donners Plats** ist das nächste Ziel in der Stadt. Von hier führt die Hästgatan hinauf zum **Wallérs Plats**. Wenige Meter in die **Adelsgatan**, die Haupteinkaufsstraße, hinein, findet sich ein guter Aussichtspunkt von oben auf die niedrig gelegenen Stadtteile. Wer Lust hat, kann durch die Adelsgatan Richtung **Söderport** laufen oder über die Hästgatan zum Ausgangspunkt zurückkehren.

Sehenswertes

Burmeisterska huset ⟶ S. 91, b 3

Der Lübecker Kaufmann Hans Burmeister ließ dieses Haus in Art der Blockhäuser vermutlich um 1650 aus Holz bauen.

Strandgatan/Donners Plats

Domkyrkan Sta. Maria

⇢ S. 91, b 2

16 Kirchen standen im Mittelalter innerhalb der Stadtmauer Visbys. Zehn Kirchenruinen sind erhalten, doch nur die Domkirche Sta. Maria wird noch kirchlich genutzt. Die 1225 geweihte Kirche wurde für die deutschen Kaufleute gebaut. Dies ist vermutlich der Grund, warum Sta. Maria verschont wurde, als 1525 eine Lübecker Kriegsmacht das damals dänische Visby niederbrannte und alle anderen Kirchen zerstörte. Außen und innen sind verschiedene Baustile erkennbar, denn das 1572 zum Dom erklärte Gotteshaus wurde mehrfach umgebaut.

Kyrkogatan

Gamla Apoteket S. 91, a/b 2
Das mittelalterliche Kaufmannshaus war zur Zeit der Hanse ein stattlicher, repräsentativer Bau, wie ihn längst nicht alle Kaufleute besaßen.
Strandgatan

Kruttornet S. 91, a 2
Der gewaltige Turm, der bereits um 1150 gebaut wurde, diente einst zur Bewachung des Hafens von Visby. Von seinem Balkon aus wird alljährlich im August die **Mittelalterwoche** (→ S. 22) eröffnet.
Almedalen; Juni–Aug. 11–17 Uhr

Stadtmauer S. 91, a 1–c 4
Die 3,5 km lange, helle Kalksteinmauer mit ihren 44 Türmen umschließt Visby fast komplett. Die Seemauer verläuft gerade entlang der Strandpromenade bis zum Turm **Kruttornet**, um dann landeinwärts abzubiegen. Die Landmauer verläuft bogenförmig um die Stadt herum. Besonders schön ist die Nordseite mit den Wallanlagen zwischen Norderport und dem Strand. Auch die Wallanlage zwischen Dalmansporten und Österport ist einen Spaziergang wert.

Sta. Katarina S. 91, b 2
Die ehemalige Franziskanerkirche am großen Markt gilt als die schönste Ruine, besonders wenn man vom Kirchberg auf sie herabschaut. Das angeschlossene ehemalige Franziskanerkloster aus dem Jahr 1233 kann besichtigt werden.
Stora Torget, Eingang Sta. Katarinagatan; Mitte Juni–Mitte Aug. tgl. 12–16 Uhr

St. Nikolai S. 91, b 1
Die Dominikanerkirche St. Nikolai war die größte Kirche Visbys. Im Jahre 1230 gründete der Orden hier sein erstes Kloster im Norden Europas. **Petrus von Dakia,** der als der erste schwedische Schriftsteller gilt, soll hier seine letzte Ruhestätte gefunden haben. Die Decke des Hauptschiffs ist so weit erhalten, dass die Ruine im Sommer während des Kammermusikfestivals als stimmungsvoller Konzertraum dient.
St. Nikolaigatan

Museum

Gotlands fornsal S. 91, b 3
Runensteine und Ritterrüstungen sind die Attraktionen des historischen Museums. Interessant der doppelstöckige Keller aus der Zeit der Hanse, in dem zum Beispiel Heringsfässer lagerten. Im oberen Stockwerk ist eine Kaufmannsstube nachgebildet. Die Schatzkammer enthält eine Gold- und Silbersammlung aus der Wikingerzeit. Auch die Bauernkultur der letzten Jahrhunderte wird beleuchtet.
Strandgatan 14;
www.lansmuseetgotland.se;
Mitte Mai–Mitte Sept. tgl. 10–17,
Mitte Sept.–Mitte Mai Di–So 12–16 Uhr;
Erw. 75 SEK, Kinder bis 16 Jahre frei

Essen und Trinken

Donners Brunn S. 91, b 3
Klassische gotländische Küche auf einem hohen Niveau. Im Sommer schöne Terrasse zum Sehen und Gesehen werden.
Donners Plats 3; Tel. 04 98/27 10 90;
www.donnersbrunn.nu; Mo–Sa
18–23 Uhr ●● CREDIT

Gutekällaren S. 91, b 2
Ein bisschen mittelalterliche Stube, ein bisschen Bierkeller und ein bisschen Nachtclub ab 22 Uhr. In Kleinstädten wie Visby müssen die Restaurants eben flexibel sein.
Stora Torget 1; Tel. 04 98/21 00 43;
www.gutekallaren.com ●● MASTER VISA

Medeltidskrogen Clematis
S. 91, b 2
Der urige Mittelalterkrug ist nur im Sommer geöffnet. Wer Wildschwein nur mit dem Messer und den Fingern essen mag, und das mit einem Latz um den Hals, ist hier richtig. Es darf übrigens auch gerülpst werden.

Strandgatan 20; Tel. 04 98/21 02 88; 15. Juni–15. Aug. geöffnet ●● [Keine Karten]

Wallérs Krog S. 91, c 3
Die beliebte Terrasse am Beginn der Einkaufsstraße Adelsgatan ist in den Sommermonaten immer stark frequentiert. Das Speisenangebot ist reichhaltig, die Preise sind der Qualität angemessen.
Wallérs Plats 2; Tel. 04 98/24 99 88; www.wallerskrog.com; Mo–Sa ab 17 Uhr, Sommer tgl. ●● MASTER VISA

Burmeister S. 91, b 3
Im Sommer kann man im Garten sitzen. Pizza und Pasta sind gut gemacht und erschwinglich. Überwiegend jüngeres Publikum. An Wochenenden im Sommer nach 22 Uhr gibt es auch eine Diskothek.
Björngrånd 15; Tel. 04 98/21 03 73; www.burmeister.se ● bis ●● CREDIT

St. Hans Café S. 91, b 3
In den Ruinen von St. Hans und St. Per richtet die benachbarte Konditorei im Sommer ein Gartencafé ein. Es gibt auch kleine warme Speisen und belegte Brote.
St. Hansgatan 2; Tel. 04 98/21 07 72 ● CREDIT

Einkaufen

Silversmederna Gamla Apoteket S. 91, a/b 2
In der alten Apotheke, einem der besterhaltenen Kaufmannshäuser, findet man interessante Arbeiten in Silber, Gold und Bronze.
Strandgatan 28

Yllet S. 91, b 3
Strickwaren, Wolle, Leinen und Lederwaren in sehr schöner Form und bester Qualität gibt es bei Yllet. Die selbst entworfene Kleidung wurde in Schweden größeren Kreisen bekannt, als Yllet 1992 das schwedische Olympiateam einkleidete.
St. Hansgatan 19; Tel. 04 98/21 40 44; www.yllet.com

Service

Auskunft S. 91, b 3
Das örtliche Fremdenverkehrsamt erteilt die üblichen Auskünfte.
Turistbyrå; Skeppsbron 4–6, 62157 Visby; Tel. 04 98/20 17 00, Fax 20 17 17; www.gotland.info

Buchungen über zwei örtliche Reisebüros:

Gotlands Resor AB S. 91, a 3
Färjeleden 3, 62158 Visby; Tel. 04 98/20 12 60, Fax 20 12 70; www.gotlandsresor.se

Gotlands Turistservice S. 91, c 2
Östervä g 3A, 62145 Visby; Tel. 04 98/20 33 00, Fax 20 33 90; www.gotlandsturistservice.se

Die 3,5 Kilometer lange Stadtmauer aus dem 13. und 15. Jahrhundert umgibt die gesamte historische Altstadt Visbys. Sie wird von 44 Wachttürmen flankiert.

Göteborg

Schwedens zweitgrößte Stadt lebt bis heute von ihrer günstigen Lage direkt am Meer.

Göteborg, Schwedens zweitgrößte Stadt, besitzt den größten und bedeutendsten Containerhafen Nordeuropas. Fischfang spielt inzwischen eine untergeordnete Rolle, dafür wird hauptsächlich Öl verschifft.

Die Hafenstadt an der Westküste ist für die Schweden das Tor zur weiten Welt. Hier trifft der Charme einer heiteren Kleinstadt auf die Wirtschaftskraft einer weltoffenen Großstadt. Göteborg könnte so berühmt, so begehrt, so beliebt sein, würde ihr da nicht die Hauptstadt Stockholm ständig den Rang ablaufen. Alles ist in Stockholm ein bisschen besser, größer oder schöner. Doch Göteborg hat sich mit seiner Rolle als ewige Nummer zwei abgefunden.

Dabei hat Schwedens zweitgrößte Stadt, die den größten Containerhafen Nordeuropas besitzt, durchaus nette Seiten. Und an der Verschönerung wird ständig gearbeitet: Mit dem Stadttunnel, der die Innenstadt unterquert, wird seit 2006 der Durchgangsverkehr aus der Innenstadt gehalten. Über dem Tunnel entstand eine neue Verbindung zwischen City und dem Ufer des Götä älv, die Fußgängern und Radfahrern vorbehalten ist. Göteborgs Wasserseite wurde dadurch enorm aufgewertet.

Göteborg

⇢ S. 184, A 9

444 000 Einwohner
Stadtplan → S. 96

Die 1621 gegründete Stadt an der Mündung des **Göta älv** hatte als Hafenstadt lange nur eine regionale Stellung. Mit der Ostindienfahrt im 18. Jh. wurden dem Hafen neue Impulse gegeben, doch erst in der zweiten Hälfte des 19. Jh. begann Göteborg stark zu wachsen. Auch wenn die Krise der Werftindustrie vor Göteborg nicht Halt gemacht hat, zählt der Hafen noch immer zu den bedeutendsten in Nordeuropa. Göteborg ist der wichtigste Hafen Schwedens für Öl. Die einst so bedeutsame Fischerei spielt nur noch eine untergeordnete Rolle. Der größte Teil des Fischs wird ohnehin in Lastwagen angeliefert. Einen Einblick in die Geschichte des Hafens gibt das **Maritima Centrum** am Packhuskajen. Hier legen auch die Schiffe zur Fahrt durch den **Göta-Kanal** nach Stockholm ab. Interessant ist eine Tour mit den Paddan-Booten durch die Kanäle der alten Stadtbefestigung.

Hotels/andere Unterkünfte

Elite Park Avenue ⇢ S. 96, c 4
Aus der Tür kommen und gesehen werden – direkt an der Flaniermeile Kungsportsavenyn gelegen. Gehobenes Großstadtniveau mit geschäftsmäßiger Freundlichkeit.
Kungsportsavenyn 36–38;
Tel. 0 31/7 27 10 00, Fax 7 27 10 10;
www.parkavenue.elite.se; 318 Zimmer
●●● CREDIT

Scandic Europa ⇢ S. 96, b 2
Im Zentrum nahe der Börse liegt in der Köpmansgatan das Hotel Europa. Sowohl zum Packhuskajen als auch zum Bahnhof ist es nicht weit. Viele Kneipen, Restaurants, Museen und die Oper sind zu Fuß zu erreichen.
Köpmansgatan 38; Tel. 0 31/7 51 65 00,
Fax 7 51 65 11; www.scandic-hotels.com;
400 Zimmer ●●● CREDIT

Lorensberg ⇢ S. 96, östl. c 4
In einer ruhigen Seitenstraße zwischen der Freizeitarena Scandinavium und der Kunsthalle. Von hier erreicht man die Kneipen und Restaurants der Gegend bestens zu Fuß. Bis ins Zentrum sind es etwa 20 Minuten.
Berzeliigatan 15;
Tel. 031/81 06 00, Fax 20 50 73;
E-Mail info@hotel-lorensberg.se,
www.hotel-lorensberg.se; 112 Zimmer
●● CREDIT

Onyxen ⇢ S. 96, südöstl. c 3
Familiäres Haus nahe des Freizeitparks Liseberg und des Messegeländes. Ins Zentrum fährt man besser mit Straßenbahn oder Taxi.
Sten Sturegatan 23;
Tel. 0 31/81 08 45, Fax 16 56 72;
E-Mail: info@hotelonyxen.com,
www.hotelonyxen.com; 34 Zimmer
●● CREDIT

Spaziergang

Ein guter Ausgangspunkt ist der **Hauptbahnhof**. Durch die Köpmansgatan geht es zur **Börse** von 1849 am Gustaf Adolfs Torg. Sämtliche Häuser an diesem Platz sind denkmalgeschützt, so auch das **Wennergrenska huset** von 1759. Die **Kronhusbodarna**, einige hundert Meter weiter, waren im 18. Jh. Werkstätten der Artillerie. Heute arbeiten hier Goldschmiede, Glasbläser und andere Kunsthandwerker. Das **Ostindienhaus** an der Norra Hamngatan beherbergt das städtische Museum. Das Gebäude selbst gilt als das schönste Haus Göteborgs. Vom Ufer des Skeppsbrokajen blickt man auf den gegenüberliegenden Hafen.

Von dort, wo der Graben der einstigen Festungsanlage, der die Stadt sternförmig umschließt, in den **Göta älv** mündet, gehen Sie bis zur **Feskekörkan**, wo man Fisch kaufen oder frisch zubereitet verzehren kann.

MERIAN-Tipp

8 Göteborgs Schären

Die Welt der Schären vor Göteborg ist mindestens einen Ausflug wert, ob als Jazz-Kreuzfahrt am Abend, als »Schalentier-Kreuzfahrt« von der Stadt aus oder zum Baden. Der einfachste Weg führt mit den Straßenbahnlinien 9 und 11 nach Saltholmen, wo die Schärenboote ablegen. Gut eine Stunde dauert die Fahrt bis zur Insel **Vinga**, auf der eine pyramidenförmige »Bake« und der alte Leuchtturm bekannte Landmarken sind.

→ S. 184, A 9

Auch wenn der schwedische Ausdruck stark dialektal eingefärbt ist, lässt er sich noch mit »Fischkirche« übersetzen. Am Festungsgraben entlang gelangen Sie zur Brücke **Kungsportsbron**. Wenn Ihnen jetzt die Füße wehtun, gibt es zwei Möglichkeiten: Entweder Sie entscheiden sich für eine **Kanal- oder Hafenrundfahrt** (von hier aus legen die offenen Ausflugschiffe ab), oder Sie gehen in den **Park des Trädgårdsföreningen**, des Gartenvereins, suchen sich einen Liegestuhl und lassen den Blick in die Bäume schweifen. Und im Palmenhaus von 1878 ist es garantiert warm.

Für die **Kungsportsavenyn** sollten Sie sich Zeit lassen, Zeit zum Schaufenstergucken, Zeit, um Leute zu beobachten. Oben, am Ende der Straße, führen die breiten Treppen hinauf zum Olymp des **Kunstmuseums**.

Sehenswertes

Festung Elfsborg → S. 96, südwestl. a 3

In der Mündung des Göta älv liegt die Festung Elfsborg, manchmal auch Älvsborg geschrieben, die ab 1653 zum Schutz gegen die Dänen gebaut wurde. Im Sommer verkehren Boote vom Anleger Lilla Bommen aus. Restaurant mit Weihnachtsbuffet.

**Byggnad, Nya Varvet;
Tel. 0 31/15 81 51;
www.elfsborgsfastning.se;
Mai–Aug., im Sept. nur an den Wochenenden; Bootspreise Erw. 100 SEK, Kinder 50 SEK**

Göteborgs-Utkiken → S. 96, b 1

Das rot-weiß wie ein Leuchtturm gestrichene Hochhaus am Lilla Bommen ist eines der Wahrzeichen Göteborgs. Aus 86 m Höhe bietet sich dem Besucher ein schöner Rundblick über die Stadt und das Hafenbecken.

Juni–Aug. tgl. 10–18, Feb.–Sept. nur an Wochenenden 10–16 Uhr

Haga → S. 96, a 4

Südwestlich der Innenstadt liegt der alte Arbeiterstadtteil Haga, der mit seiner geschlossenen Bebauung einen guten Eindruck vom Leben um die Jahrhundertwende vermittelt. In der Haga Nygata 7 sind zwei Häuser von Göteborgs historischem Museum im Stil dieser Zeit gestaltet worden.

Kronhuset → S. 96, b 2

Das Magazin der Krone aus dem Jahre 1643 ist das älteste Gebäude der Stadt. Man hält in Göteborg große Stücke darauf, dass hier zumindest einmal der Reichstag zusammentrat, auch wenn das bereits im Jahr 1660 war. Heute arbeiten hier vorwiegend Kunsthandwerker. Ein historischer »lanthandel«, ein Kaufmannsladen, wurde ebenfalls eingerichtet.

**Postgatan 4–6;
www.kronhusbodarna.nu**

Liseberg → S. 96, südöstl. c 4

→ Familientipps, S. 29

Maritima Centrum → S. 96, a 2

Historische Schiffe vom Feuerschiff »Fladen« (1915) bis zum U-Boot »Nordkaperen« (1962) kann man im Maritima Centrum am Packhuskajen besichtigen. Die Viermastbark »Viking« (1907) liegt am Gullbergskajen einige hundert Meter weiter.

Packhuskajen 8 1/2; Tel. 0 31/10 59 50; www.goteborgsmaritimacentrum.com; März–April tgl. 10–16, Mai–Aug. 10–18, Sept.–Okt. 10–16, Nov. Fr–So 10–16 Uhr; Erw. 75, Kinder 30 SEK

Operan
⇢ S. 96, a 2/b 1

Die neue Oper, im Oktober 1994 eingeweiht, glänzt durch ihre außergewöhnliche Lage und die mutige, aber stilvolle Architektur. Schöne Aussichten für Musikliebhaber: Die Oper liegt direkt am Wasser am Ende des Packhuskajen mit Blick auf die Segelschiffe und den Hafen.
www.opera.se

Trädgårdsföreningen
⇢ S. 96, b 3/c 2

Der Gartenverein hat sich einen der schönsten Parks gegenüber der ehemaligen Wallanlage als Domizil gesucht. Neben dem **Palmenhaus** gibt es noch ein **Rosarium** und ein **Schmetterlingshaus**, in dem man von den zarten Exoten umschwirrt wird.
Eingänge von Nya Allén; Södra vägen und Slussgatan; Mai–Aug. 7–20, Sept.–April 7–18 Uhr; Erw. 15 SEK, Kinder bis 17 Jahre frei

Museen

Göteborgs Historiska museet/ Stadsmuseum
⇢ S. 96, b 2

Das Stadtmuseum befindet sich im Ostindienhaus. Die Sammlung zur schwedischen Ostindischen Kompanie gehört zu den interessantesten Teilen der Ausstellung. Historische Einrichtungen und Gegenstände aus mehreren Jahrhunderten überwiegen.
Ostindiska huset, Norra Hamngatan 12; Tel. 0 31/61 27 70, Fax 7 74 03 58; www.stadsmuseum.goteborg.se; Sept.–April Di–So 10–17, Mai–Aug. tgl. 10–17 Uhr; Erw. 40 SEK, Kinder frei

Konstmuseum
⇢ S. 96, c 4

Das Kunstmuseum ist nach dem Stockholmer Nationalmuseum das zweitgrößte Kunstmuseum Schwedens. Der Schwerpunkt liegt auf nordischer Kunst, u. a. Bilder der Skagenmaler. Auch die holländische und französische Kunst ist mit Werken von Rembrandt, Rubens, van Gogh und Picasso vertreten.
Götaplatsen/Avenyen; Tel. 0 31/61 29 80, Fax 16 41 19; www.konstmuseum.goteborg.se; Di, Do 11–18, Mi 11–21, Fr–So 11–17 Uhr; Erw. 40 SEK, Kinder frei

Medicinhistoriska museet
⇢ S. 96, b 2

Wo kann man schon mal die Tracht der Krankenschwestern der Jahrhundertwende bewundern? Und sich beim Anblick der Sägen früher Chirurgen schütteln? Im Medizinhistorischen Museum, einem kleinen Museum, das sich um besondere Themen kümmert. Nicht nur für angehende Ärzte und Krankenschwestern interessant.
Östra Hamngatan 11; Tel. 0 31/7 11 23 31, Fax 7 11 23 87; www.sahlgrenska.se; Di, Mi, Fr 11–16, Do 11–20 Uhr; Erw. 40 SEK, Kinder 20 SEK

Militärmuseet Skansen Kronan
⇢ S. 96, a 4

Im Turm der Festung Kronan, einer von zwei Festungen, die Göteborg zum Wasser hin schützen sollten, sind Waffen und Uniformen vom 17. Jh. bis zum Zweiten Weltkrieg ausgestellt. Vom Festungsturm, der in den Jahren 1687 bis 1700 erbaut wurde, hat man einen schönen Blick auf die Stadt.
Zufahrt über Risåsgatan; Kvibergsvägen 5; Tel. 0 31/7 11 30 33; Do, Fr 12–14 Uhr oder nach Vereinbarung; Erw. 40 SEK, Kinder frei

Röhsska museet
⇢ S. 96, c 4

Das Kunstgewerbemuseum zeigt als Dauerausstellung »Von Ellen Key bis IKEA« die Geschichte des Kunsthandwerks und des Gebrauchsdesigns auf. Wer sich für schwedisches Design interessiert, stößt auf eine wahre Fundgrube, einschließlich der wiederauferstandenen Geschmacksverirrungen

Göteborgs Konstmuseum beherbergt viele Bilder der dänischen Künstlergruppe der Skagenmaler, die Ende des 19. Jahrhunderts überregionale Bedeutung erlangte.

der Pop-Art wie neongelbe Lampenschirme und orangefarbene Toaster. Röhsska museet ist das einzige Spezialmuseum zu Design und Kunsthandwerk in Schweden.

Vasagatan 37–39; Tel. 0 31/61 38 50, Fax 18 46 92; www.designmuseum.se; Di 12–20, Mi–Fr 12–17, Sa–So 11–17 Uhr; Erw. 40 SEK, Kinder frei Ticket gilt gänzjährig, auch für Kunstmuseum und Seefahrtsmuseum

Sjöfartsmuseet und Akvariet

S. 96, südwestl. a 4

Das Seefahrtsmuseum gibt einen ausführlichen Überblick über die Geschichte des Hafens und der Seefahrt von Göteborg aus. Verschiedene Abteilungen informieren über Fischfang und Schiffsbau. Schön sind die Gallionsfiguren aus der Zeit der Windjammer. Im angeschlossenen Aquarium kann man die Unterwasserfauna des Nordens trockenen Fußes betrachten. Vom benachbarten Sjomanstornet hat man eine schöne Aussicht.

Karl Johansgatan 1–3; Tel. 0 31/61 29 00, Fax 24 61 82; www.sjofartsmuseum.goteborg.se; Mai–Aug. tgl. 10–17, Sept.–April Di, Do, Fr 9–16, Mi 9–20, Sa–So 11–17 Uhr; Erw. 40 SEK, Kinder frei

Universeum

S. 96, c 2

Ein Naturkunde- und Technikmuseum für die ganze Familie. Hier kann man ganz viel selber experimentieren. Die Neugierde nach spannenden Wissensbereichen wird nach diesem Museumsbesuch sicher geweckt sein.

Södra Vägen 50; Tel. 0 31/3 13 35 64 50, Fax 3 13 35 64 51; www.universeum.se; tgl. 10–18 Uhr; Erw. 135 SEK, Kinder 5–19 Jahre 95 SEK

Essen und Trinken

28+

S. 96, c 4

Die hohe Schule der Kochkunst repräsentiert 28+, das zu Göteborgs bestem Restaurant 2000 gekürt wurde. Das dreigängige Menü liegt bei 400 Kronen, hinzu kommt der Wein. Die Garderobe kostet extra.

Götabergsgatan 28; Tel. 0 31/20 21 61; www.28plus.se; Mo–Sa 18–23 Uhr

●●●● CREDIT

Sjömagasinet
→ S. 96, südwestl. a 3
Das Haus ist alt, aber der Fisch immer frisch. Im denkmalgeschützten Haus von 1775, dem ehemaligen Magazin der Ostindischen Kompanie, ist dieses Fischrestaurant untergebracht.
Klippans Kulturreservat; Tel. 0 31/7 75 59 20; www.sjomagasinet.se; Mo–Fr 11.30–15 und 18–22, Sa 17–22 Uhr, im Sommer auch So 15–20 Uhr ●●● CREDIT

Einkaufen

Antikhallarna → S. 96, b 3
In einem ehemaligen Bankgebäude kann man auf zwei Etagen in Antiquitäten stöbern. Wenn man noch Platz im Auto hat …
Västra Hamngatan 6

Bohusslöjd → S. 96, c 4
Mit »Slöjd« wird das traditionelle Kunsthandwerk bezeichnet, das in diesem Fall aus der westlichen Region Bohuslän stammt.
Kungsportsavenyn 25

Hoch über dem Götaplatsen wacht Meeresgott Poseidon, 1930 geschaffen vom Bildhauer Carl Milles.

Feskekörkan → S. 96, a 3
Die Fischauktionshalle von 1874 sieht mit ihren neogotischen Spitzbögen aus wie eine Kirche. Offiziell heißt sie nur Fischhalle. Hier kann man an Ständen oder im kleinen Restaurant vorzüglichen Fisch kaufen oder essen.
Rosenlundsgatan

Saluhallen → S. 96, b 3
Heutzutage heißt solch ein überdachter Markt »Passage« oder »Galerie«. Die Markthalle von 1889 ist aufgrund ihrer Atmosphäre auch dann einen Besuch wert, wenn man kein Gemüse kaufen will.
Kungstorget

Am Abend

Bryggeriet → S. 96, c 3
Bryggeriet ist eine Institution auf der Hauptflanierstraße Göteborgs für Mittagslunch bis Party am Abend. Bar und das gemütliche Restaurant sind im englischen Stil gehalten.
Kungsportsavenyn 3; www.bryggeriet.se; Mo–Fr 11–1, Sa 12–3 Uhr, im Sommer auch So 12–24 Uhr

Halta Lottas Krog
→ S. 96, nordöstl. c 2
Jung, schön und gestylt ist das Publikum bei Lotta. Im Sommer wird auch draußen serviert. Mit fast 80 Plätzen im Freien gehört der »Krug der humpelnden Lotta« zu den größten Biergärten Göteborgs.
Redbergsplatsen 2; Tel. 0 31/25 20 45; www.haltalotta.se; Mo–Mi 16–24, Do 16–1, Fr 16–2, Sa 13–2, So 13–23 Uhr

Service

Auskunft

Göteborgs Turistbyrå → S. 96, b 3
Hier erhält man Auskünfte und die Göteborg-Karte und kann auch Hotelübernachtungen buchen.
Kungsportsplatsen 2, 41110 Göteborg; Tel. 0 31/61 25 00; Fax 61 25 01; www.goteborg.com

Fährhafen
Am südlichen Stadtrand legen die Fähren nach Dänemark ab.

Göteborgspass
Wie fast alle großen Städte des Nordens hat auch Göteborg seine Tageskarte, den »Göteborgspass«. Sie gilt 24 oder 48 Stunden lang und beinhaltet freie Fahrten mit öffentlichen Verkehrsmitteln, Sightseeingtouren mit dem Bus oder den Booten von Paddan, freien Eintritt zum Park des Trädgårdsföreningen sowie zu den meisten Sehenswürdigkeiten. Sie kostet pro Tag 225 SEK für Erwachsene und 160 SEK für Kinder.

Ziele in der Umgebung

Läckö Slott am Vänern

⇢ S. 180, C 4

Im Jahre 1298 ursprünglich als Bischofssitz gebaut, wurde das weiße Schloss am Vänersee ab 1615 von Magnus Gabriel de la Gardie, dem Botschafter am Hof Ludwig XIV., im großen Stil umgebaut. An der Umgestaltung des Schlosses waren Baumeister aus ganz Europa beteiligt. Der reich geschmückte Rittersaal gehört zu den schönsten Sälen Schwedens. Der Schlossgarten strotzt im Sommer vor bunten Blumen. Verpflegen kann man sich im teuren Schloss-Restaurant oder in einer Cafeteria im Grünen. Besonders schön ist die Lage auf einer Landzunge im Vänern. Vom
7 Wasser aus kann das Schloss mit einem Ausflugsdampfer betrachtet werden. Besichtigung nur im Rahmen einer Führung. Das benachbarte Fischerdorf Spiken ist ebenfalls einen Besuch wert. Wechselausstellungen zur schwedischen Geschichte.
155 km nordöstl. von Göteborg
www.lackoslott.se; Museum Juni–Aug. tgl. 10–18 Uhr; Ausstellung: Mitte Juni–Mitte Aug.; Erw. 70 SEK, Kinder 20 SEK

Schloss Läckö am Vänern, 1298 erbaut, diente bis ins Jahr 1615 als Bischofssitz.

Lidköping

⇢ S. 180, C 4

24 900 Einwohner

Die Kleinstadt am Ufer des Vänern erhielt ihre Stadtrechte bereits 1446. Das Rathaus am Marktplatz diente ursprünglich Magnus de la Gardie als Jagdschloss auf der Insel Kållandsö. Größte Touristenattraktion: die Keramikfabrik Rörstrand mit Lagerverkauf.
Fabriksgatan 4, www.rorstrand.se; Museum und Shop Mo–Fr. 10–18, Sa 10–15, So 12–16 Uhr

Skara

⇢ S. 180, D 4

10 900 Einwohner

Skara zählt zu den ältesten Städten Schwedens. Hier befand sich bereits ein frühzeitlicher Kult- und Thingplatz. Vermutlich entstand deshalb der erste Bischofssitz des Landes in Skara, noch vor Lund und Uppsala. Die Domkirche wurde 1886–1894 gebaut.

Die Westküste

Sandstrände und Schären prägen die Westküste mit den Provinzen Halland und Bohuslän.

Im Licht der untergehenden Sonne schimmert der rund geschliffene Granitfels entlang der Küsten von Bohuslän (→ S. 103) rötlich warm.

Tylösand bei Halmstad, **Falkenberg** und **Varberg** sind die ersten Adressen, wenn es im Sommer in den Badeurlaub geht. Weite, kinderfreundliche Sandstrände, von Dünen gesäumt, erinnern in **Halland** an die dänische Nordseeküste, wenn der Westwind sie durchkämmt. Bei **Göteborg** ändert sich die Landschaft: Runde, rote Granitfelsen ragen in **Bohuslän** als Schären aus dem Wasser. Kein Wunder, dass die Göteborger ihre Naherholungsgebiete so sehr schätzen. Aber nicht nur sie, denn die Strände Hallands und die Schären von Bohuslän zählen zu den bevorzugten Urlaubsgebieten aller Schweden. Jede Form von Wassersport ist hier möglich: Baden und Surfen steht an den Stränden Hallands im Vordergrund, während das inselreiche Bohuslän ideal für Seekajak fahren und Segeln ist. Außerhalb der Sommersaison geht es an der Westküste jedoch eher beschaulich zu.

Falkenberg

18 972 Einwohner → S. 184, B 10

Der kleine Hafen- und Badeort zieht im Hochsommer die schwedischen Urlauber an, denn an den langen Sandstränden lässt es sich herrlich entspannen. Abends geht es hoch her auf den Straßen. Sehenswert ist die 1761 errichtete Zollbrücke über den Fluss Ätran mitten im Zentrum.

Hotels/andere Unterkünfte

Grand Hotel

Das renommierte Grand Hotel liegt im Zentrum Falkenbergs am Fluss Ätran neben der alten Zollbrücke.

Hotellgatan 1;
Tel 03 46/1 44 50, Fax 1 44 59;
www.grandhotelfalkenberg.se;
70 Zimmer ●●● CREDIT

Elite Hotel Strandbaden

Unmittelbar am Strand von Falkenberg gelegen ist dieses große und moderne Hotel. Vom Zimmer bis ins Meer sind es nur wenige Schritte.

Havsbadsallén;
Tel. 03 46/71 49 00, Fax 1 61 11;
E-Mail: info.strandbaden@elite.se,
www.elite.se; 140 Zimmer ●● CREDIT

Museum

Falkenberg Museum

Das Museum befindet sich in einem ehemaligen Hafenspeicher. In Wechselausstellungen werden Themen aus Kunst und Kultur präsentiert: von Keramik über Fotografie bis hin zur Szene der schwedischen Tanzbands.

Skepparestätet 2; Di–Sa. 12–16 Uhr;
Eintritt frei

Fjällbacka

→ S. 180, B 4

812 Einwohner

Fjällbacka ist eine der Perlen an der Küste Bohusläns. Um ausländische Urlauber wird kaum geworben, Fjällbacka ist fest in der Hand der Schweden. Ob es daran liegt, dass Ingrid Bergman hier so gern ihren Urlaub verbrachte? Jedenfalls hat die Gemeinde eine kleine Büste zu Ehren der berühmten Schauspielerin aufstellen lassen. Der vielleicht beste Platz zum Sehen und Gesehen werden ist der Kai am Hafen – sofern man einen Sitzplatz bekommt, so trubelig kann es hier zwischen Juni und August sein. Jenseits der Sommermonate schläft Fjällbacka friedlich vor sich hin.

Hotels/andere Unterkünfte

Stora Hotellet

Rund um die Erde in 23 Zimmern ist das Motto des »großen Hotels« – so lautet jedenfalls der Name. Jedes Zimmer ist anders eingerichtet und trägt den Namen eines Entdeckers oder einer Hafenstadt. Die Zimmer sind vielleicht etwas verwinkelt, aber verfügen über einen eigenen Charme.

Galärbacken; Tel 05 25/3 10 03;
www.storahotellet-fjallbacka.se;
23 Zimmer ●● CREDIT

Marstrand

→ S. 184, A 9

1400 Einwohner

Dass der alte Badeort zu den schönsten Kleinstädten Schwedens gezählt wird, hat er nicht nur der exponierten Lage auf einer kleinen Insel vor der Küste Bohusläns zu verdanken. Der Bestand an alten Holzhäusern wurde vorbildlich erhalten, und die schmalen Gässchen des Ortes sind (fast) autofrei, es gibt Parkplätze am Ortseingang. Die Fähre zum alten Ortskern dürfen ausschließlich Fußgänger und Radfahrer passieren. Im Ort wird die Versorgung überwiegend mit knatternden Dreirad-Mopeds aufrechterhalten. Sehenswert ist das weiße **Kurhaus** mit Blick auf das Meer. Marstrand wird im Sommer in erster Linie von Seglern besucht. Ausflugsschiffe verbinden den Inselort mit Göteborg.

Sehenswertes

Festung Carlsten → S. 184, A 9

Die imposante **Festung Carlsten** wurde Ende des 17. Jh. erbaut, als Bohuslän zu Schweden kam. Sie diente lange als Staatsgefängnis. Auf dem Turm wurde 1781 das erste schwedische Leuchtfeuer errichtet.

www.carlsten.se; Jan.–Mitte Juni/ Mitte Aug.–Dez. Sa–So 11–16, Mitte Juni–Anfang Aug. 11–18 Uhr; Erw. 70 SEK, Kinder 7–15 Jahre 25 SEK

Orust

→ S. 180, B 4

15 212 Einwohner

Die große Insel Orust liegt neben Tjörn und ist mit der Nachbarinsel und dem Festland über Brücken verbunden. Einen schnellen Eindruck von der landschaftlichen Schönheit bekommen Urlauber bei einer Fahrt auf der Straße 160, die von Tjörn kommend über Brücken und Kuppen führt und dabei immer wieder tolle Panoramen auf Meeresarme frei gibt. Intensiver erlebt man Orust bei einem Besuch der Fischerorte an der Westküste der Insel. **Mollösund**, Hälleviksstrand und Ellös heißen die größeren Ortschaften. Auch Henån liegt am Wasser, al-

Marstrand zählt zu Recht zu den beliebtesten Urlaubsorten Schwedens. Besonders schön ist die Lage der Kleinstadt auf einer kleinen Insel vor der Küste Bohusläns.

lerdings an einem schmalen Sund in Richtung Uddevalla.

HOTELS/ANDERE UNTERKÜNFTE

Handelsman Flink

Auf der kleinen Insel Flatön liegt ein ehemaliger Landhandel. Schwedens berühmter Sänger und Komponist Evert Taube gastierte hier mehrfach. Den Kaufmann empfand der Dichter als so langsam, dass er ihm den Spitznamen »Handelsman Flink« gab. So kamen der Laden und die dazugehörige Wirtschaft zu ihrem Namen. Den Landhandel gibt es immer noch, das Sortiment reicht von Kuriosa über Souvenirs bis zu Bonbons. Aus der Wirtschaft wurde ein veritables Restaurant und 2000 wurden erstmals Hotelzimmer gebaut. Sie befinden sich in mehreren kleinen Einheiten, die wie Einfamilienhäuser aussehen. Jedes Zimmer hat Meerblick und einen Ausgang direkt ins Freie. Ein kleines Hallenbad gibt es auch. Bei Ellös legt die kostenlose Autofähre nach Flatön ab. Auch als Ausflugsrestaurant gut geeignet.

Flatön; Tel 03 04/5 50 51, Fax 5 55 57; www.handelsmanflink.se; 12 Zimmer ●●● CREDIT

Mollösund Wärdshus

Im Fischerdorf Mollösund liegt das Gasthaus, das auf eine Tradition seit 1860 zurückschaut. Das Frühstück kann auch im Garten oder auf der Terrasse genossen werden, von wo man freien Blick auf den Hafen hat. Das Restaurant ist im Sommer mit 80 Plätzen drinnen und 60 Plätzen im Garten wesentlich größer als das Hotel mit seinen acht Zimmern.

Flatön; Tel 03 04/2 11 08; www.oceangroup.se; 8 Zimmer ●● CREDIT

ESSEN UND TRINKEN

Café Emma & Restaurant

Café Emma liegt direkt am Hafen von Millösund und ist eine der kleinen kulinarischen Oasen in Westschweden. Fischgerichte stehen bei der

Bunte Bootsschuppen: ein malerischer Kontrast zu Meer und Himmel.

Lage natürlich im Vordergrund, aber auch die Kuchen haben einen guten Ruf. Café Emma vermietet zudem einige einfache Zimmer im Jugendherbergsstil zu moderaten Preisen.

Mollösund; Tel. 03 04/2 11 75; www.cafeemma.com; im Sommer tgl., im Winterhalbjahr nur Sa–So ●● CREDIT

Smögen

→ S. 180, B 4

1437 Einwohner

Smögen ist einer der wenigen Orte, wo sich die Fischerei in nennenswertem Umfang halten konnte. Jeden Nachmittag legen die Kutter an, wird der Fang per Gabelstapler in die Fischhalle gebracht und aufgebaut. Dann beginnt die Auktion, die fast wortlos stattfindet. Ein Nicken mit dem Kopf reicht, um das Gebot zu erhöhen. Anschließend wird die Ware per LKW zu den Fischverarbeitungsfabriken und Großhändlern gebracht. Sehenswert sind die kleinen, bunten **Bootsschup-**

pen am Hafen, die auf einem Holzpier gebaut wurden. Zwischen den Granitfelsen führt ein Weg hindurch zur Meerbadeanstalt.

Hotels/andere Unterkünfte

Smögen Havsbad
Am Ende der Straße durch den Fischerort liegt oberhalb des Hafens auf einer Granitkuppe das 1900 erbaute Hotel. Die Zimmer liegen in einem sehenswerten Neubau, der in die Felsen gesprengt wurde. Die alte Meerbadeanstalt und die Klippen von Smögen befinden sich in unmittelbarer Nähe. Außerdem verfügt das Hotel über eine Spa-Abteilung.
Hotellgatan 26; Tel 05 23/66 84 50, Fax 66 84 55; www.smogenshavsbad.se; 74 Zimmer ●●● CREDIT

Sehenswertes

Nordens Ark S. 180, B 4
Die »Arche des Nordens« ist ein Tierpark, der es sich zur Aufgabe gemacht hat, vom Aussterben bedrohte Tiere aufzuziehen und zu züchten, um sie wieder heimisch zu machen.
Åby säteri, Hunnebostrand; Tel. 05 23/7 95 90; www.nordensark.se; Nov.–März 10–16, April–Juni 10–17, Juni–Aug. 10–19, Sept.–Nov. 10–17 Uhr; Erw. 120 SEK, Kinder bis 4 Jahre frei, 5–12 Jahre 55 SEK, 13–17 Jahre 70 SEK

Tanum

S. 180, B 4

Die Felszeichnungen von Tanum stammen vermutlich aus der Bronzezeit. Schiffe, Krieger und Tiere sind neben kultischen Zeichen wie Sonnenrädern die häufigsten Motive, die in den Fels geritzt wurden. Die verschiedenen Fundstellen fallen durch ihre Größe und den Reichtum an Motiven besonders auf. Deshalb wurden die Felszeichnungen in die Liste des Weltkulturerbes der UNESCO aufgenommen. Es gibt an der gesamten Küste Bohusläns bis jenseits der norwegischen Grenze solche Felszeichnungen, aber nirgendwo so viele nah beieinander wie bei Tanum.

Hotels/andere Unterkünfte

Tanums Gestgifveri
Gasthof mit exzellenter Küche und sehr gut sortiertem Weinkeller in Tanum gegenüber der Kirche. Die renovierten Zimmer sind schön, es gibt aber auch noch ältere, unrenovierte Zimmer. Darauf sollte man bei der Reservierung achten. Etwa drei Kilometer bis zum Vitlycke Museum.
Apoteksvägen 7; Tel. 05 25/2 90 10, Fax 2 95 71; www.tanumsgestgifveri.com; 27 Zimmer ●●● CREDIT

Museum

Vitlycke Museum
Die schönsten und interessantesten Felszeichnungen sind die in **Vitlycke**. Mehrere Felsen sind mit den unterschiedlichsten Motiven versehen. Damit sie besser zu erkennen sind, wurden die Ritzungen rot markiert. Sie befinden sich im Freien, Eintritt kostet nur die erläuternde Ausstellung im Museum. Um die Zeichnungen für die Nachwelt zu erhalten, dürfen die Felsen nicht betreten werden. Das **Museum** von Vitlycke bietet auch Schmuck und Literatur zum Verkauf an. Nebenan wurde ein Hof aus der Bronzezeit rekonstruiert. Eine Cafeteria rundet das Angebot ab.
www.vitlyckemuseum.se; Mai–Aug. tgl. 10–18, Sept. Di–So 10–16, April Sa–So 10–16 Uhr; Erw. 60 SEK, Kinder bis 20 Jahre frei

Tjörn

S. 184, A 9

15 006 Einwohner

Die Zufahrt zur Insel Tjörn bei Stenungsund wirkt wegen der großen Raffinerie zunächst wenig einladend. Doch die Insel bietet noch Raum für kleine und größere Entdeckungen. Ob beim Treffen alter Segelschiffe im Hafen von **Skärhamn**, beim Besuch

Glatt geschliffene Felsen bilden die »Leinwand« für die in der Küstenlandschaft von Bohuslän verbreitet zu findenden, 3000 Jahre alten Felszeichnungen. Bei der Ortschaft Tanumshede sind besonders schöne zu sehen.

des Nordischen Aquarellmuseums, beim Besteigen des Hügels hinter der Kirche von **Rönnäng** oder beim Spaziergang durch die Gassen des Fischerdorfs **Klädesholmen**, überall strahlt Tjörn Ruhe und Beschaulichkeit aus.

Hotels/andere Unterkünfte

Stenungsbaden

Großes Hotel auf der Insel Stenungsön gegenüber der Ortschaft Stenungsund kurz vor der imposanten Tjörn-Brücke gelegen. Drei verschiedene Zimmerkategorien, wobei die schönsten Zimmer mit Meerblick in der sogenannten Premium Cruising Class und bei den Suiten zu finden sind. Die Standardzimmer haben keine Aussicht. Großes Hotel, zentrale Lage.

Södra Stenungsön, Stenungsund;
Tel. 03 03/72 68 00, Fax 72 68 99;
www.stenungsbaden.se; 215 Zimmer
●●●● CREDIT

Sehenswertes

Klädesholmen

Das Fischerdorf Klädesholmen liegt auf zwei vorgelagerten Inseln vor Tjörn, es ist aber über Brücken mit der Hauptinsel verbunden. Schmucke weiße Holzhäuser pressen sich zwischen Fels und Meer, die schmale Dorfstraße bietet weder Park- noch Wendemöglichkeiten. Besser benutzt man den Parkplatz am Ortseingang.

Rönnäng/Aussichtspunkt

Einen weiten Blick über die Schären hat man von der Felskuppe oberhalb von Rönnäng auf Tjörn. Am besten bei der Kirche parken und etwa 50 Meter bergab gehen. Zwischen den Häusern führt ein schmaler Pfad zum »Utsiktspunkt«. Er ist nur zu Beginn ausgebaut, zum Ende wird es sportlich. Die wunderbare Aussicht über den Sund und bei klarem Wetter bis nach Marstrand lohnt die Mühe.

Museum

Nordiska Akvarellmuseet

Das Aquarellmuseum in **Skärhamn** schreibt sich im Schwedischen mit »kv«. Es liegt in bester Lage am Hafen der Ortschaft teils am, teils über dem Wasser. Neben einer festen Sammlung werden auch Wechselausstellungen gezeigt. Mehrere Künstlerhütten werden an Stipendiaten ver-

geben. Die Cafeteria des Museums ist sehr empfehlenswert.
www.akvarellmuseet.org; Okt.–Mai Di–So 12–17, Juni–Sept. tgl. 11–18 Uhr; Erw. 75 SEK, Kinder 10 SEK, bis 7 Jahre frei

Essen und Trinken

Salt & Sill
»Salz & Hering« heißt das Restaurant am Ortseingang von Klädesholmen gleich hinter der ersten Brücke. Der Name ist Programm: Hier gibt es Fischspezialitäten frisch vom Fang. Bei schönem Wetter ist die Terrasse zum Wasser hin ein ausgesprochen beliebter Platz.
Klädesholmen; Tel. 03 04/67 34 80; www.saltosill.com; im Sommer tgl., im Winterhalbjahr nur Sa–So ●● CREDIT

Vatten Gourmet & Café
Statt Museumscafé leistet sich das Aquarellmuseum ein schickes Gourmetrestaurant. Bei moderner schwedischer Küche ist ein wunderbarer Meerblick garantiert. Mittags preisgünstiger als am Abend. Auch zur Mittagszeit ist Tischreservierung zu empfehlen, zum Beispiel vor dem Museumsbesuch.
Södra Hamnen 6; Tel. 03 04/67 00 87; Di–So 12–16 Uhr ●● CREDIT

Varberg

⇢ S. 184, A 10

26 000 Einwohner

Über der Hafenstadt thront die im 13. Jh. errichtete **Festung**. Nachdem sie zunächst nur eine kleine Schutzburg war, wurde sie im 16. und 17. Jh. durch die dänischen Herrscher zur Festung ausgebaut. Heute ist sie Museum und Veranstaltungslocation zugleich. Mit dem dänisch-schwedischen Friedensschluss von 1645 fiel Halland mitsamt der Festung Varberg an Schweden.

Das pulsierende Städtchen verfügt auch über eine restaurierte Kaltbadeanstalt, in der man die Seife mit Meerwasser abspülen kann. In den Sommermonaten findet auf dem Marktplatz ein reizvoller Stoffmarkt statt. Viel besucht wird das Viertel mit den Kunsthandwerkern am Hafen.

Hotels/andere Unterkünfte

Fregatten
Großes Hotel in sehr schöner Lage mit Blick auf die Festung oder den Garten. Hafen und Festung sind bequem zu Fuß zu erreichen. Für schwedische Verhältnisse relativ große Spa-Abteilung mit Sauna, Whirlpool und Ruheraum.
Hamnplan; Tel. 03 40/67 70 00, Fax 61 11 21; http://cchotelfregatten.se; 93 Zimmer ●●● CREDIT

Apelvikens Lägenhetshotel
Apartmenthotel, das sich besonders für Familien mit Kindern eignet. Die 40 Ferienwohnungen bieten Platz für bis zu sechs Personen. Das Apartmenthotel liegt etwa zwei Kilometer vom Zentrum entfernt in unmittelbarer Nähe des Strandes.
Sanatorievägen 1; Tel. 03 40/64 13 00; www.apelviken.se; 40 Appartements ●● CREDIT

Museum

Länsmuseet Varberg
Das Museum des Regierungsbezirks Halland befindet sich in der Festung von Varberg. Bekannt ist vor allem der »Bockstenmann«, eine besonders gut erhaltene Moorleiche aus der ersten Hälfte des 14. Jh. Als ein Bauer und sein 12-jähriger Sohn die Moorleiche 1936 fanden, glaubten sie zunächst an einen erst kürzlich begangenen Mord, so gut waren Skelett und Kleidung erhalten. Das Museum veranstaltet im Sommer Markttage im Innenhof der Festung. Sehenswert ist auch die Glas-Sammlung.
www.lansmuseet.varberg.se; Mitte Aug.–Mitte Juni Mo–Fr 10–16, Sa–So 12–16 Uhr, Sommer tgl. 10–17 Uhr; Erw. 50 SEK, Kinder 10 SEK

Von Trollen und Elfen

Der tragische Tod des berühmten Malers und Illustrators John Bauer.

John Bauer war einer der bekanntesten Maler Schwedens. Illustrationen von Märchenbüchern hatten ihn berühmt gemacht. Als er beim Untergang der »Per Brahe« 1918 starb, wurde das Schiffswrack zur Pilgerstätte der Fans.

John Bauer (1882–1918) wuchs in Jönköping am südlichen Ende des Vättern auf. Sein Vater war Metzger, doch John stand der Sinn nach Malerei. Im Alter von 16 Jahren fuhr er nach Stockholm mit dem Ziel, Künstler zu werden. Zwei Jahre später wurde er zum Studium an der Akademie der Künste zugelassen. Erste Reisen führten ihn 1904 nach Lappland. Er sollte ein Buch über Schwedens Norden illustrieren. Mit Kamera und Skizzenblock wanderte er über einen Monat durch das Fjäll. Mit seiner Frau Ester, die er 1906 heiratete, reiste Bauer für ein Jahr nach Süddeutschland und Italien, wo er mit dortigen Künstlern Kontakt pflegte.

Berühmtheit erlangte der Künstler durch seine Illustrationen zu dem Buch »Bland tomtar och troll« (»Unter Wichteln und Trollen«) im Jahr 1907. Bis 1915 blieb er dem Märchenbuch treu, von dem jedes Jahr zu Weihnachten ein neuer Band erschien. Damit zählte Bauer zu den populärsten Künstlern Schwedens. Zusammen mit dem Norweger Kittelsen war Bauer einer der skandinavischen Illustratoren, die den Trollen ein Gesicht gaben.

Bauers Trolle haben lange Arme und Nasen, spitze Ohren und sind oft stark behaart. Meistens sind sie so groß wie Menschen, aber es gibt auch ganz kleine Wichtel und große Bergtrolle. An ihren Augen erkennt man, dass sie die Welt der Menschen nicht verstehen, aber sie sind gutmütige und neugierige Wesen. Eine Figur, die sich nur in den Werken Bauers findet, ist die Troll-Mutter, eine alte Frau, die sich mit knotigen Fingern auf einen Stock stützt. Ganz aus dem üblichen Rahmen der Abbildungen von Trollen fällt der kleine Humpe. Er ist stupsnasig, rothaarig und sein Gesicht hat kindliche Züge.

Bauers zweites Lieblingsthema war der Wald. Schaut man sich die Studien und Skizzen im John-Bauer-Museum von Jönköping an, fällt die Detailgenauigkeit seiner Zeichnungen auf. Stämme, Stümpfe, Laub, Stein hielt der Maler in Studien fest. Bauer war viel in der småländischen Natur unterwegs, zu Fuß, mit dem Fahrrad oder per Kanu, und immer hatte er seinen Skizzenblock dabei.

Tod auf dem Vättern

Am 19. November 1918 bestieg Bauer zusammen mit seiner Frau Ester und dem dreijährigen Sohn Bengt, genannt Putte, die »Per Brahe« in Gränna. Das Frachtschiff war 1857 bei Motala Verkstad gebaut worden und galt als solides Schiff, obwohl es bereits sechzig Jahre alt war. Der Kapitän hatte die »Per Brahe« offensichtlich überladen, er war am Gewinn der Reederei prozentual beteiligt. Schon im Hafen von Jönköping, wo die Reise begann, bemerkten Zuschauer eine leichte Schlagseite. Kartoffeln, Blecheimer, Pflugteile, Nähmaschinen und gusseiserne Öfen hatte das Schiff tonnenweise geladen. Die Schwimmwesten waren unter den Waren vergraben. An Bord befanden sich 24 Menschen, das Wetter war stürmisch. Bei einem Zwischenstopp in Gränna stieg Bauer mit Familie zu, weitere Fracht wurde an Bord genommen. Die »Per Brahe« war hoffnungslos überladen. Bauer wollte nach Stockholm. Es gab keine Zeugen und keine Überlebenden, als die »Per Brahe« nachts um ein Uhr vor der kleinen Insel Hästholmen sank.

Nur wenige Schiffsunglücke haben so viel öffentliche Aufmerksamkeit erregt wie der Untergang dieses alten Frachtschiffs. Spekulationen schossen ins Kraut, es befänden sich unveröffentliche Werke von Bauer an Bord. Das Unglück wurde zum Spektakel: Sensationslüsterne Taucher hoben 1922 das Wrack. Dabei säumten bis zu 30 000 Gaffer täglich die Ufer während der Bergung. Anschließend ging das notdürftig reparierte Wrack mit eigener Maschinenkraft auf Tournee durch den Göta Kanal bis nach Stockholm. Eine Krone Eintritt für das Schiff, in dem John Bauer ums Leben kam – welch' makaberes Vergnügen.

Weitere Infos zum Thema John Bauer unter:
→ www.johnbauersmuseum.nu

Märchenhaft sind die Bilder von John Bauer, der mit dem Illustrieren von Märchenbüchern berühmt wurde (hier der »Troll im Winter«).

Dalsland und Värmland

Einsame Wälder und lange eiszeitliche Täler durchziehen die südschwedischen Landschaften.

Selma Lagerlöfs Arbeitsplatz in ihrer Bibliothek im ersten Stock auf Gut Mårbacka (→ S. 118) bei Sunne, dem Elternhaus der berühmten Schriftstellerin.

Wer einmal die »Highways« von der norwegischen Grenze nach Schweden hineingefahren ist, weiß, warum hier die Holzwirtschaft noch immer einen hohen Stellenwert hat. Wald soweit das Auge reicht. Die Baumstämme werden allerdings nicht mehr wie früher geflößt, sondern mit dem LKW zu den großen Papierfabriken am Vänern transportiert. Was an frühindustriellen Denkmale erhalten blieb, wird gern touristisch genutzt: Der Dalsland-Kanal lädt auch zum Kanufahren ein, und auf stillgelegten Bahnstrecken fahren Touristen Draisine.

Die Landschaft ist geprägt von langen Tälern, in denen entweder breite Flüsse wie der Klarälven verlaufen, oder sich eine Seenkette gebildet hat. Der Frykensee ist stellenweise kaum breiter als ein Fluss, gleiches gilt für den See Lelång zwischen Lennartsfors und Bengtsfors oder den Stora Le, der sich weit nach Norwegen hinein erstreckt. Es handelt sich dabei um eiszeitliche Rinnen, die sich nach der Landhebung mit Wasser gefüllt haben.

Arvika

→ S. 180, C 2

14 000 Einwohner

Arvika ist eine Kleinstadt am nördlichen Ende des Sees Glafsfjorden. Größter Arbeitgeber vor Ort ist Volvo, die hier Radlader produzieren. Viele Zulieferer sitzen ebenfalls hier, denn Metallhandwerk hat in Arvika eine lange Tradition.

Hotels/andere Unterkünfte

Oscar Statt
Hübsches Vier-Sterne-Stadthotel im Zentrum. Spa-Abteilung mit Sauna, Schwimmbad, Anwendungen und Solarium. Gutes Restaurant der gehobenen Preisklasse.
Torggatan 4; Tel. 05 70/1 97 50, Fax 1 97 55; www.oscarstatt.se; 73 Zimmer ●●● CREDIT

Museum

Rackstadmuseet
Am See Racken bei Arvika entstand um 1900 eine kleine Künstlerkolonie. Ihre Werke sind im Rackstadmuseum ausgestellt. Gute Cafeteria .
Kungsvägen 11, ab Str. 61 ausgeschildert; www.rackstadmuseet.s.se; Juni–Aug. tgl. 11–17, April, Mai, Sept. Di–So 11–17, Okt.–März Di–So 11–16 Uhr; Erw. 50 SEK, Kinder bis 15 Jahre frei

Einkaufen

Klässbols Leinenweberei
Traditionelle Leinenweberei in Klässbol, etwa 20 km südlich von Arvika an der Straße 175. Man kann den Handwerkern beim Weben über die Schulter schauen und die hochwertigen Textilien direkt vor Ort kaufen.
Damastvägen 5, Klässbol; www.klassbols.se; Mo–Fr 8–18, Sa 10–15, Mai–Aug. auch So 10–15 Uhr

Bengtsfors

→ S. 180, C 3

3194 Einwohner

Bengtsfors ist zwar nicht schön, aber ein guter Ausgangspunkt für Ausflüge. Hier beginnt die Museumsbahn, hier leiht man die Draisinen aus und geht auf Entdeckungsfahrt mit dem Kanu.

Hotels/andere Unterkünfte

Dalia
Das einzige Hotel am Ort – die Alternative zum Campingplatz.
Karlsbergsvägen 3; Tel. 05 31/7 27 00, Fax 1 27 89; www.hotelldalia.com; 43 Zimmer ●● CREDIT

Museum

Gammelgården
Das Heimatmuseum umfasst 18 historische Gebäude. Im »Halmens Hus« (Haus des Halmes) werden Besucher in die regionaltypischen Stroh- und Korbarbeiten eingeführt.
www.gammelgarden.com; Mitte Juni–Mitte Aug. tgl. 11–19 Uhr geöffnet; Eintritt 20 SEK

SERVICE

Dalslands Camping & Kanotcentral

Auf dem Campingplatz von Bengtsfors kann man Kanus, Kajaks, Ruder- und Motorboote ausleihen, um den See Lelång zu erkunden. Auch Fahrradvermietung.

2 km westlich von Bengtsfors zwischen den Seen Lelång und Ärtingen; Tel. 05 31/1 00 60, Fax 1 00 70; www.dalslandscamping.se

Draisinefahren

9 Die Bahngesellschaft Dal-Västra Värmlands Järnväg befährt die Strecke nur nach Süden mit Zügen. Nach Norden kann man bis Årjäng in Värmland 52 km selbst strampeln. Dabei lässt sich die Draisine-Tour auch mit einer Kanufahrt kombinieren (4 Tage ab 610 SEK).

Silverlake Canoeing, Brogatan; Tel. 05 31/1 21 73; www.silverlake.se; (Buchung nur Draisine)

Museumseisenbahn Bengtsfors-Mellerud

Zwei runde, knubbelige Schienenbusse fahren im Sommer auf der landschaftlich reizvollen Strecke durch Dalsland und überqueren dabei das Aquädukt von Håverud.

Tel. 05 31/52 68 01; www.dvvj.com; von Mittsommer bis 5. Aug; Erw. 90 SEK, Kinder von 7–14 Jahre 45 SEK

Dals Långed

S. 180, C 3

1610 Einwohner

Die kleine Ortschaft erstreckt sich am Dalsland-Kanal entlang. Freizeitkapitäne legen hier an den Schleusen gern eine Pause ein.

SEHENSWERTES

Aquädukt von Håverud

Etwa 15 km von Dals Långed entfernt liegt in Håverud eine der meistfotografierten Sehenswürdigkeiten von Dalsland. Hier kreuzen sich in mehreren Etagen übereinander die Stromschnellen, das Aquädukt des Dalsland-Kanals, die Bahnlinie und eine Autobrücke. Vom Parkplatz an der Autobrücke hat man einen guten Blick auf die Schiffe, die das Aquädukt passieren. Ein Fußweg führt zu den Schleusen. Unten liegt das Kanalmuseum, eine Fischräucherei und ein Souvenirshop. Schiffstouren auf dem Dalsland Kanal.

Baldersnäs Herrgård

Auf einer wunderschönen Halbinsel liegt etwa 4 km von Dals Långed entfernt der repräsentative Herrenhof Baldersnäs in einer großzügigen englischen Parkanlage. Kunsthandwerksausstellung, Souvenirshop und Café befindet sich in den ehemaligen Stallungen, während sich das teurere Restaurant im Herrenhaus befindet. Der Bauernhof ist bewirtschaftet.

Den Schildern in Dals Långed nahe der Schleuse folgen; www.baldersnas.com; Park ganzjährig geöffnet; Restaurant 1. Mai–31. Aug. und Vorweihnachtszeit tgl., sonst auf Anfrage CREDIT

Ed

S. 180, B 3

2942 Einwohner

Ed liegt an der Spitze des Sees Stora Le. König Karl XII. (1682–1718) machte auf seinem Norwegen-Feldzug hier Station. Um den Aufenthalt ranken sich viele Sagen, die ihren Niederschlag in Freilichtspielen finden.

HOTELS/ANDERE UNTERKÜNFTE

Mühlbocks Hotel

Hotel mit einer Geschichte, die bis 1911 zurück reicht. Heute wohnt man in Apartments in Hanglage und Blick auf den See Lilla Le. Frühstück kann als Extra gebucht werden, die Ferienwohnungen sind für Selbstverpflegung eingerichtet.

Strömstadsvägen 2; Tel. 05 34/1 23 50, Fax 1 08 61; www.muhlbocks.com; 72 Ferienwohnungen ●● MASTER VISA

Eine Schiffstour auf dem Dalsland-Kanal lässt sich bequem mit dem Besuch des Kanalmuseums in Håverud verbinden.

Museum

MC- och Motormuseum

125 historische Motorräder im Zustand, als wenn sie direkt von der Straße kämen, dazu eine Motorsägen-Sammlung findet sich in einem Keller unter dem Supermarkt. Originell.
Storgatan; April, Mai, Sept., Okt. Do–So 11–16, Juni–Aug. tgl. 11–18 Uhr

Essen und Trinken

Falkholts Gestgifveri

In einer ehemaligen Schule werden regionale Köstlichkeiten aufgetischt. Nach geräuchertem Biber, Elch-Pfeffersteak und Blaubeerdessert möchte man gar nicht mehr weiter. Schade, dass das angenehme Landgasthaus keine Übernachtung anbietet!
Steneby, an der Straße 164, östlich von Dals Långed; Tel. 05 31/3 50 70; www.falkholt.com; am besten anrufen, bevor man hinfährt ●●● CREDIT

Service

Canodal

Rund um Ed laden wie fast überall in Dalsland zahlreiche Gewässer zum Kanufahren ein. Die Kanuzentrale Canodal vermietet Boote und organisiert den Transport vor Ort. Vom Boot aus darf geangelt werden.
Gamla Edsvägen 4; Tel. 05 34/6 18 03, Fax 6 19 12; www.canodal.com

Ekshärad

→ S. 181, D 1

1122 Einwohner

Ekshärad ist ein Dorf am Klarälven. In dem netten, kleinen Heimatmuseum wird im Sommer ein Café eingerichtet. Einmal die Woche wird dort Brot gebacken, das sehr schmackhaft ist.

Sehenswertes

Friedhof

Neben der schönen Holzkirche, die 1686–1688 erbaut wurde, gibt es auf dem Friedhof eine Besonderheit zu sehen. Die schmiedeeisernen Kreuze sind wie Bäume geformt und reich verziert. Die ungewöhnlichen Formen gibt es nur in Ekshärad, sonst nirgends in Schweden.

Rovdjurscenter – The Big Four

In den Wäldern Värmlands gibt es noch Raubtiere, die andernorts vom

Aussterben bedroht sind. Dazu zählen Braunbär, Wolf, Luchs und Vielfraß. Den »großen Vier« ist eine Ausstellung gewidmet, die sich nunmehr in Björns Wärdshus im Ort Råda etwa 20 km südlich von Ekshärad an der Straße 62 befindet. Dazu passend bietet der Aktivitätsveranstalter Lewa i Vildmarken aus Hagfors Informationsveranstaltungen, Wanderungen sowie Biber- und Elchsafaris an.
Bäckarna Gård, Hagfors;
Tel. 0 70/5 42 81 26; www.lewa.nu

Karlskoga

→ S. 117, D 3

27 500 Einwohner

Die Geschichte von Karlskoga ist eng mit der Erzgewinnung und dem Hüttenwerk verbunden. Aus den frühen Schmelzwerken des 17. Jh. ging die Firma **Bofors** hervor. Alfred Nobel kaufte 1893 Bofors, das sich unter seiner Leitung zum führenden Hersteller von Kanonen in Europa entwickelte. Bis heute ist Bofors ein wichtiges Rüstungsunternehmen. Ähnlich alt ist Valåsen, die heute eines der modernsten Sägewerke Schwedens in Karlskoga betreiben.

MUSEUM

Nobel Museum

Wohnhaus und Laboratorium von Alfred Nobel, Erfinder des Dynamits und Stifter des Nobelpreises, kann in Karlskoga besichtigt werden.
ab E18 ausgeschildert; Juni–Aug. Di–So 11–16 Uhr; Sept.–Mai nur für Gruppen; Eintritt 70 SEK, Kinder unter 10 Jahre frei

Karlstad

→ S. 181, E 3

58 544 Einwohner

Karlstad ist eine moderne Industrie- und Verwaltungsstadt, die an der Mündung des Klarälven in den Vänersee liegt. Die Stadt, die 1584 neben den Stadtprivilegien auch ihren Namen erhielt (nach Karl IX., vorher hieß sie Tingvalla), verfügt über den größten Tiefwasserhafen am Vänersee. Über den Trollhätte Kanal ist sie mit Göteborg verbunden, so dass ein Großteil des Lastenverkehrs im Hafen von Karlstad umgeschlagen wird.

Die Hauptstadt der Provinz Värmland hat den Großteil ihrer alten Bauwerke durch den Stadtbrand von 1865 verloren. Der Fluss **Klarälven**, der mit 500 km zu den längsten Flüssen im

Ein steinernes Aquädukt überspannt den Fluss Kläralven bei Karlstad. In der Hauptstadt der Provinz Värmland wurde übrigens 1907 die Sängerin Zarah Leander geboren.

Norden zählt, hat seinen Ursprung im norwegischen Femundsee. Mehr als die Hälfte des Flusses verläuft durch Värmland, wo Floßfahrten auf Teilstrecken angeboten werden.

Hotels/andere Unterkünfte

Clarion Hotel Bilan
Das ehemalige Provinzgefängnis wurde zu einem ansprechenden Hotel umgebaut. Ein kleines Museum erinnert an die Geschichte des Gefängnisses.
Karlbergsgatan 3; Tel. 0 54/10 03 00, Fax 21 92 14; www.choicehotels.se; 68 Zimmer ●● CREDIT

Elite Stadshotellet
Klassisches Stadthotel von 1870 zentral in der Innnenstadt gelegen. Schöne, hohe Altbauzimmer.
Kungsgatan 22; Tel. 0 54/29 30 00, Fax 29 30 31; www.elite.se; 139 Zimmer ●● CREDIT

Scandic Hotel Klarälven
Am Ufer des Klarälven nahe dem Zentrum. Schwimmbad und Sauna.
Sandbäcksgatan 6; Tel. 0 54/7 76 45 00, Fax 7 76 45 11; www.scandic-hotels.com; 143 Zimmer ●● CREDIT

Museum

Värmlands Museum
Die Geschichte der Region Värmland wird so anschaulich aufbereitet, dass das Haus den Titel »Museum des Jahres« 2005 erhielt. Im Dezember schöne Weihnachtsausstellung.
Sandgrundsudden; www.varmlandsmuseum.se; Di–Fr 10–17, Sa–So 11–17 Uhr; Eintritt 40 SEK, bis 20 Jahre frei

Kristinehamn → S. 181, D 3

17 836 Einwohner

Kristinehamn ist der Ausgangspunkt der Inlandsbahn, die sich einst von der Hafenstadt am Vänern bis hinauf nach Gällivare in Lappland erstreckte.

Vom Aussterben bedroht: Braunbären sind in den Wäldern Värmlands eine Seltenheit geworden.

Von Kristinehamn fährt ein Schienenbus bis Persberg, dort muss bis nach Mora auf Busse umgestiegen werden. Auf dem langen Rest von Mora nach Gällivare liegen noch Schienen. Berühmt ist die Kleinstadt wegen der Picasso-Statue am Ufer des Vänern.

Hotels/andere Unterkünfte

Park Hotel
Gemütliches Mittelklasse-Hotel, in einem Park gelegen.
Floragatan 2; Tel. 05 50/1 50 60, Fax 8 96 90; www.parkhotell-kristinehamn.nu; 19 Zimmer ●● CREDIT

Museum

KonstMuseet
Museum mit überwiegend moderner Kunst am Ufer des Vänern. Der

Schwerpunkt liegt auf heimischen Künstlern. Gemütliche Cafeteria.
Dr. Enwalls väg 13B; www.kristinehamnskonstmuseum.com; Di–So 12–16 Uhr geöffnet; Erw. 25 SEK, Kinder bis 18 frei

Sunne

→ S. 180, C 2

4903 Einwohner

Sunne ist einer der klassischen Ferienorte am **Frykensee.** An einer Enge im See gelegen, war hier bis in die siebziger-Jahre noch das Flößen von Holz zu beobachten. Bekannt wurde der Ort durch die Romane der Literaturnobelpreisträgerin Selma Lagerlöf (1858–1940), die in der Nähe auf dem Hof Mårbacka lebte.

Hotels/andere Unterkünfte

Länsmansgården
Ein alter Herrenhof bildet das romantische Ambiente des Hofes, auf dem einst der Landvogt gewohnt haben soll. Eine private Allee führt hinab zum Seeufer, wo es einen kleinen Bootsanleger und eine Badestelle gibt. Ein Teil der Hotelzimmer befindet sich in historischen Nebengebäuden, ein Teil in einem Neubau. Die historischen Zimmer sind verwinkelt. Empfehlenswertes Restaurant.

> **MERIAN-Tipp**
>
> **9 Tossebergsklätten**
>
> Steil ist der Aufstieg zu diesem 343 m hohen Aussichtspunkt über dem Frykensee, doch die Aussicht lohnt die schweißnassen Hände beim Autofahren – vom Radfahren ganz zu schweigen. Im Sommer gibt es oben Restauration. Die Cafeteria mit Terrasse am Hang ist schon wegen des atemberaubenden Ausblicks einen Besuch wert.
>
> Straße 45 zwischen Sunne und Torsby
> → S. 180, C 2

Ulvsby Herrgård; 4 km außerhalb an der Str. 45; Tel. 05 65/1 40 10, Fax 71 18 05; www.lansman.com; 28 Zimmer ●●● CREDIT

Selma Lagerlöf Hotel & Spa
Der klotzige Neubau ist Sanatorium, Wellness-Tempel und Ski-Hotel in einem. Hallenbad, Solarium, Tennisplatz und Tai-Chi-Kurse haben auch in Schweden ihren Preis.
Ekebyvägen; Tel. 05 65/1 66 00, Fax 1 66 20; www.selmaspa.se; 156 Zimmer ●●● CREDIT

Fryken Strand
Seit den Zwanzigerjahren wurde das Hotel direkt am Frykensee immer wieder umgebaut. Ein wenig merkt man es dem Hotel noch an, dass es einst ein Sanatorium war. Ordentlicher Standard, hervorragende Lage und solide Küche.
By 80; 6 km außerhalb an der Straße 45; Tel. 05 65/1 33 00, Fax 71 16 91; www.frykenstrand.se; 62 Zimmer ●● CREDIT

Sehenswertes

Finntorpar
Einige Kilometer entfernt von Sunne – man fährt über Torsby auf der Straße 239 in Richtung norwegische Grenze – liegen die »Finntorpar«, urtümliche Höfe finnischer Auswanderer. Ein mehrstündiger Wanderweg führt zu einigen der Gehöfte.

Freja av Fryken
Das Dampfschiff sank am 23. Juli 1896. Nach der Hebung und langjährigen Restaurierungsarbeiten tuckert die »Freja« seit 1997 wieder über den Frykensee. Fahrplaninfos bei der Touristeninformation Sunne.
Tel. 05 54/4 15 90; www.angbatfreja.nu; tgl. Touren außer Mo von Juni–Mitte Sept.

Mårbacka
Der Hof gehörte den Eltern von Selma Lagerlöf, einer der bekanntesten

schwedischen Autorinnen. Nachdem sie mit dem Schreiben Geld verdiente, kaufte sie das Anwesen zurück. Heute ist es eine Art Lagerlöf-Museum mit Führungen.

Mårbacka, ca. 8 km südöstlich von Sunne Richtung Östra Ämtervik; www.marbacka.s.se; 13. Mai–10. Sept. tgl. 10–17 Uhr; Erw. 70 SEK, Kinder 35 SEK

Rottneros Park

Hunderte von Skulpturen (unter anderem von Carl Milles, Gustaf Vigeland und Carl Eldh) stehen in einem 40 ha großen Blumenpark, in dem auch Konzerte stattfinden. Die Auswahl reicht von Symphonie-Orchestern bis zu Rockbands wie Status Quo. Zur Parkanlage gehört auch die MC Collection, ein Motorradmuseum, das die schönsten Maschinen der letzten 100 Jahre zeigt, darunter einige sehr seltene Stücke. Die Ausstellung gehört zum besten, was es europaweit an Motorradmuseen gibt.

Rottneros, an der Str. 45; www.rottnerospark.se; Mitte Mai–Mitte Sept. tgl. 10–16, 24. Juni–13. Aug. tgl. 10–18 Uhr; Erw. 100 SEK, Kinder 50 SEK

Torsby

→ S. 180, C 2

4012 Einwohner

Torsby liegt am nördlichen Ende des Frykensees und ist die letzte Kleinstadt vor der norwegischen Grenze. Die Straße 45, als »Inlandsvägen« die wichtigste Fernstraße in den hohen Norden, führt ebenso durch den Ort wie die Ost-West-Verbindung Richtung Norwegen.

SERVICE

Vildmark i Värmland

Mehrfach ausgezeichneter Aktivitätsveranstalter mit ökologischem Profil. Floßtouren auf dem Fluss Klarälven, bei denen man das Floß selber bauen muss, Wildwasser-Rafting, Klettern im Wasserfall.

Torsby; Tel. 05 60/1 40 40, Fax 1 30 68; www.vildmark.se

SERVICE

Auskunft

Värmlands Turistråd, Lagergrens gata 2, 65115 Karlstad; Tel. 0 54/7 01 10 52, Fax 7 01 10 01; E-Mail: touristrad@varmland.se, www.varmland.org

Schon wegen des atemberaubenden Blicks über den Frykensee (→ S. 118) sollte man den steilen und etwas mühsamen Aufstieg zum 343 Meter hoch gelegenen Aussichtspunkt Tossebergsklätten nicht scheuen.

Bergslagen und Dalarna

Das Erz aus den Gruben von Bergslagen finanzierte Schwedens Aufstieg zur Großmacht.

Nicht nur landschaftlich reizvoll, sondern auch wirtschaftlich bedeutsam: Das weit verzweigte Netz von Flüssen und Seen diente beim Abbau und der Weiterverarbeitung des Eisenerzes in den Gruben von Bergslagen sowie dem Antrieb von Wasserrädern.

Dass Schweden mit dem 30-jährigen Krieg zu einer europäischen Großmacht aufstieg und diese Position rund hundert Jahre halten konnte, ist den wenigsten Mitteleuropäern bekannt. Die Vorherrschaft im Ostseeraum endete erst im 19. Jh., als das russische Zarenreich immer stärker wurde.

Vorher nahmen die schwedischen Könige das Geld, um ihre Flotten- und Heerespolitik zu finanzieren? Die Antwort auf diese Frage findet sich in den Wäldern Bergslagens nördlich des Mälaren. Bergslagen ist kein Landschaftsbegriff wie Småland oder Bohuslän, sondern bezeichnet nur das Gebiet, in dem Erz abgebaut wurde. Zu **Bergslagen** gehören weite Teile von Västmanland, das östliche Värmland und der Süden Dalarnas. Besonders wichtig für die Kriegskasse waren die Silbergruben von **Sala**, als sehr ergiebig erwiesen sich die Kupfergruben von **Falun**. Und das Eisenerz aus Ängelberg und den anderen Gruben konnte für den Bau von Kanonen verwendet werden.

Nun darf man sich Bergslagen nicht vorstellen wie das Ruhrgebiet mit Hochöfen und Fördertürmen. Die Landschaft ist waldreich und kuppig, nur gelegentlich unterbrechen Kleinstädte und Dörfer die Fahrt durch den Wald. Die Hüttenanlagen sind in der Mehrzahl klein. Viele haben ihre Ursprünge bereits im Mittelalter, als man hier Flusserz gewann und einfachen Tagebau betrieb. Neben den Erzschichten, die hier ans Tageslicht treten, musste eine zweite Voraussetzung erfüllt sein: das Vorhandensein von Wasserkraft. An fließenden Gewässern entstanden Schmiedehammer und Sägewerke. Waren beide Voraussetzungen erfüllt, konnte ein »Bruk« entstehen. Für das Wort »Bruk« gibt es keine deutsche Übersetzung, es lässt sich am besten beschreiben als ein Gutshof, der sich aber nur zur Selbstversorgung mit Landwirtschaft beschäftigt. Im Vordergrund standen in Bergslagen die Erzgewinnung und teilweise die Holzwirtschaft. Bruk gibt es in allen Landesteilen Schwedens, sie entstanden vorwiegend im 17. bis 19. Jh.

Dalarna versteht sich als das Kernland Schwedens. Das geht zurück auf die Zeit von König Gustav I. Wasa. 1523 vertrieb Wasa zusammen mit einem Bauernheer aus Dalarna die dänischen Besatzer. Möglicherweise ist dies eine der historischen Ursachen dafür, dass Dalarna bis heute als urschwedisch gilt und die folkloristischen Traditionen besonders hochhält. Zu den wichtigsten Touristenzielen gehört der liebliche **Siljansee**.

Fagersta

S. 181, F 2

11 000 Einwohner

Die Kleinstadt lebt bis heute vom Stahl, auf den ersten Blick wirkt der Ort industriell geprägt. Seinen Aufstieg verdankt Fagersta, wo seit dem 17. Jh. Erz verarbeitet wurde, auch dem **Strömsholms Kanal**, der eine Verbindung bis zum Mälaren und damit nach Stockholm und zur Ostsee schafft. Der Kanal entstand 1777 bis 1795, um den Abtransport des Erzes zu erleichtern. In Fagersta ist eine alte Schleuse erhalten.

Hotels/andere Unterkünfte

Fagersta Brukshotell

Ordentliches Stadthotel mit kleinem Spa, Schwimmbad, Restaurant und Sportbar.

Blomstervägen;
Tel. 02 23/1 70 60, Fax 7 13 14;
www.fagerstabrukshotell.se; 49 Zimmer
●● CREDIT

Sehenswertes

Engelsbergs Bruk

Die Eisenhütte in der Ortschaft Ängelsberg liegt etwa 10 km südöstlich von Fagersta mitten im Wald. Sie wurde 1993 als besonders gut erhaltenes

Industriedenkmal mit Gebäuden aus dem 17. und 18. Jh. auf die UNESCO-Liste des Weltkulturgutes aufgenommen worden. Engelsbergs Bruk – so die altertümliche Schreibweise mit E – war eine der größten Eisenhütten Schwedens und Europas. Die Anlage mit Hammerwerk, Schmelzofen und Wasserrad ist noch funktionstüchtig. Sie kann frei besucht werden, Zutritt zu den Gebäuden ist nur im Rahmen von Führungen möglich.
Engelsbergs Bruk, Ängelsberg; Führungen Mai–Sept. 50 SEK

Falun

→ S. 181, F 1

36 447 Einwohner

Falun ist eine Industriestadt im südlichen Dalarna. Vor rund 1000 Jahren wurde hier Kupfererz entdeckt. Im großen Stil begann der Abbau zu Beginn des 17. Jh. 1619 wurde die erste Bergbaugesellschaft gegründet, 1650 erreichte die jährliche Produktion mit 3000 t Kupfer ihren Höhepunkt. Bis 1992 wurde in Falun Bergbau betrieben, also fast 400 Jahre lang in großem Umfang.

Falun wird in Schweden vor allem mit zwei Dingen verknüpft: »Falukorv« heißt eine Art Fleischwurst, die es in ganz Schweden gibt, und »Faluröd« ist die wohl bekannteste Farbe in Nordeuropa. Die mattrote Farbe ist ein Nebenprodukt der Kupfergewinnung und basiert auf Kupfervitriol. Dass im Norden die Häuser mit Ochsenblut gestrichen wurden, gehört in den Bereich der Mythen. Falun-Rot war eine billige Farbe, die das Holz gut konservierte. Es wird noch immer hergestellt, doch moderne Lacke und Farben laufen dem Klassiker immer öfter den Rang ab.

Hotels/andere Unterkünfte

First Hotel Grand
Großes Stadthotel mit gehobenem Standard, eigenes Schwimmbad und Spa-Abteilung. Familienzimmer.
Trotzgatan 9–11; Tel. 0 23/79 48 80, Fax 1 41 43; www.firsthotels.se; 151 Zimmer ●●● CREDIT

Scandic Hotel Lugnet
Eines der wenigen Hochhäuser in Falun beherbergt das Scandic Hotel. Drahtloser Internetzugang kostenlos, Whirlpool und Bowlingbahn. Im Naherholungsgebiet Lugnet, Zentrum etwa 1 km, Nähe Skisprungschanze.
Svärdsjögatan 51; Tel. 0 23/6 69 22 00, Fax 6 69 22 11; www.scandic-hotels.se; 153 Zimmer ●●● CREDIT

Falun
Kleines Hotel mitten im Zentrum. Schlichte, aber ordentliche Zimmer. Etwas günstiger als das Grand Hotel.
Trotzgatan 16; Tel. 0 23/2 91 80, Fax 1 30 06; www.hotelfalun.nu; 24 Zimmer ●● CREDIT

Sehenswertes

Kopparberget Falu Gruva
Die Grubenanlagen in Falun stehen ebenfalls auf der UNESCO-Liste des Weltkulturgutes und sind weit verzweigt. »Stora Stöten« heißt das riesige Loch, dass der Tagebau hinterlassen hat. Es ist nur eine der verschiedenen Gruben, die besichtigt werden können. Das Grubenmuseum stellt die Zusammenhänge her und berichtet aus der großen Geschichte des Kupferabbaus in Falun. Wer die Grube besucht, sollte auf warme und unempfindliche Kleidung achten.
Mai–Aug. tgl. 10–17, Juli tgl. 10–18, Sept.–April Mo–Fr 12–16.30, Sa–So 12–16 Uhr, Grubenführung inkl. Museum Erw. 120 SEK, Kinder 7–18 Jahre 50 SEK

Museum

Carl Larsson Gården
Das einstige Wohnhaus des Malers Carl Larsson (1853–1919) kann in Sundborn nordöstlich von Falun besucht werden. Das eine oder andere populäre Motiv Larssons lässt sich im Haus erkennen. Da das Haus

nur eine begrenzte Zahl Besucher aufnehmen kann, sind Wartezeiten möglich. Telefonische Reservierung ist sinnvoll.

Sundborn; Reserv. Tel. 0 23/6 00 53; Okt.–April Mo–Fr nur eine Führung um 11 Uhr, Mai–Sept. tgl. 10–17 Uhr; Erw. 100 SEK, Kinder 7–17 Jahre 50 SEK

Service

Auskunft

Turistinformation Dalarna, Trotzgatan 10–12, 79183 Falun; Tel. 0 23/6 40 04, Fax 8 33 14; E-Mail: turistinformation@dalarna.se, www.dalarna.se

Hällefors

→ S. 181, E 2

4797 Einwohner

Hällefors ist der Hauptort der Gemeinde, die an der Grenze von Västmanland zu Värmland liegt. Touristisch wichtiger ist das Dorf Grythyttan, das zur Gemeinde gehört, und 900 Einwohner zählt. Die Ansiedlung von Måltidens Hus, dem Haus der Mahlzeit, in Grythyttan hat allen gastronomischen Betrieben der Umgebung deutliche Impulse verliehen.

Hotels/andere Unterkünfte

Grythyttans Gästgivaregård

Anspruchsvolles, teures Hotel mit guter Küche in historischen Räumlichkeiten mitten im Dorf.

Prästgatan 2, Grythyttan; Tel. 05 91/6 33 00, Fax 1 41 24; www.grythyttan.com; 32 Zimmer

●●● CREDIT

Sikfors Herrgård

Der kleine Herrenhof außerhalb von Hällefors liegt an der Nordspitze des Sees Sör-Älgen. Bei nur acht Zimmern ist persönlicher Service garantiert. Zusätzlich gibt es Apartments zur Selbstverpflegung im 500 m entfernten Gästehaus. Geschmackvolle, große Zimmer, gute Küche.

Sikfors; an der Str. 63; Tel. 05 91/1 51 15, Fax 1 51 75; www.sikforsherrgard.se; 8 Zimmer

●● CREDIT

Sehenswertes

Måltidens Hus

Das Haus der Mahlzeit ist eine vermutlich weltweit einmalige Einrichtung. In der Außenstelle der Universität Örebro beschäftigen sich Studenten und Lehrpersonal mit der perfekten

Mitten im Wald liegt die Eisenhütte Engelsbergs Bruk (→ S. 121). 1993 wurde das Industriedenkmal mit seinen Gebäuden aus dem 17. und 18. Jahrhundert in die Liste des schützenswerten UNESCO-Weltkulturerbes aufgenommen.

Hölzerne Dala-Pferdchen aus Nusnäs sind begehrte Mitbringsel.

Mahlzeit. Dazu gehört nicht nur die Zubereitung des Essens, sondern auch Fragen der Dekoration. Der Hörsaal hat eine Bühne mit versenkbaren Küchen. Hier kochen die weltbesten Köche als Gastdozenten für die Studenten. Das architektonisch interessante Gebäude diente 1992 als schwedischer Pavillon auf der Expo in Sevilla und wurde anschließend in Grythyttan wieder aufgebaut und der neuen Aufgabe angepasst. Die Bibliothek enthält eine große Sammlung an Kochbüchern. Das Haus der Mahlzeit kann im Rahmen von Führungen außerhalb der Vorlesungszeiten besichtigt werden. Der Shop des Hauses verkauft Geschirr, Kräuter, Marmeladen und allerlei Nettigkeiten, die sich auf dem Tisch gut machen. Cafeteria, die von den Studenten betrieben wird.

Grythyttan, an der Str. 244; Mo–Fr 10–16, Sa–So 10.30–15 Uhr, Führungen Sa–So 11 und 13 Uhr, Juli–Mitte Aug. tgl. 11 und 14 Uhr Cafeteria ganzjährig Mo–Fr 11.30–15.30 Uhr, Sommer 11.30–18 Uhr

Malung

→ S. 181, D 1

5146 Einwohner

Malung ist die Lederstadt Schwedens. Hier haben sich zahlreiche Betriebe angesiedelt, die Lederwaren herstellen. Fährt man das Tal des Flusses Västerdalälven nach Norden, erreicht man den Wintersportort Sälen, wo der Wasalauf gestartet wird.

Hotels/andere Unterkünfte

Bügelhof
Ski-Hotel im Zentrum des Wintersportorts Sälen. Die Hauptsaison beginnt Weihnachten. Spa-Abteilung. Im Sommer zeitweise geschlossen.
Sälfjällstorget 1, Sälen; Tel. 02 80/2 19 50, Fax 2 19 80; www.hotelbugelhof.se; 35 Zimmer
●● CREDIT

Värdshuset Lugnet
Das Wirtshaus zur Ruhe, so die Übersetzung, liegt am Ufer des Västerdalälven. Preiswert und gut.
Östra Utsjö; Tel. 02 80/4 20 00, Fax 4 20 47; www.lugnethotel.se; 10 Zimmer ●● CREDIT

Einkaufen

Lederwaren
In Malung wird traditionell viel Leder verarbeitet. Einige der Hersteller haben Outlet-Shops, dazu kommen diverse Läden, die sich auf Lederwaren spezialisiert haben, ohne selbst zu produzieren. Im Zentrum von Malung kann man Jacken, Mäntel, Handschuhe und Mützen aus Leder kaufen, ebenso in einigen Geschäften an der Straße 297 in Richtung Malungfors und Limedsforsen. Die Qualität der Waren ist unterschiedlich, genaues

Hinschauen lohnt sich. Hersteller wie Jofama und Halvarsson bieten gute Qualität.

Mora

→ Umschlagkarte hinten, B 6

10 940 Einwohner

Mora ist das wirtschaftliche Zentrum am **Siljansee**. Die Stadt am nördlichen Ende des Sees ist in Schweden bekannt für die Produktion von Messern, Besteck und Sanitärarmaturen. International kennt man Mora als Zieleinlauf des Wasalaufs.

Hotels/andere Unterkünfte

Mora Hotell & Spa

Großes Stadthotel im Zentrum. Alle Zimmer wurden 2005 renoviert, es gibt Familienzimmer und spezielle Zimmer für Hundebesitzer. Die Zimmer mit Seeblick schauen leider auch auf die Durchgangsstraße. Fitnessabteilung und Spa. Bestes Haus am Platz.

Strandgatan 12; Tel. 02 50/59 26 50, Fax 1 89 81; www.firsthotelmora.com; 141 Zimmer ●●● CREDIT

Fryksås Hotell & Gestgifveri

Romantischer geht es kaum: Aus einer historischen Almwirtschaft wurde ein anspruchsvolles Hotel gemacht, ohne den alten Stil aufzugeben. Die Zimmer befinden sich teilweise in Almhütten, einige sind mit eigener Sauna und Whirlpool ausgestattet. Das Hotel liegt auf einem Berg mit bester Aussicht. Bis Mora sind es etwa 30 km, der nächste Ort ist Orsa, das 14 km nördlich von Mora liegt. Der Bärenpark befindet sich in der Nähe.

Fryksås bei Orsa; Tel. 02 50/4 60 20, Fax 4 60 90; www.fryksashotell.se; 13 Zimmer ●●● CREDIT

Moraparken

In einem Park etwas außerhalb des Zentrums gelegen (700 m). Der Fluss Österdalsälven fließt am Park vorbei. Die Anlage ist relativ groß, neben dem Hotel gehört zu dem Park auch ein Campingplatz und eine Hüttenanlage.

Moraparken; Tel. 02 50/2 76 00, Fax 2 76 01; www.moraparken.se; 50 Zimmer ●● CREDIT

Kristineberg Hostel

Die preiswerte und einfache Alternative in Mora. Das Gästehaus gehört zum Hotel Kung Gösta, wo man auch eincheckt. Die Betten beziehen die Gäste selber. Verschiedene Zimmertypen von ein bis vier Betten, für Familien also durchaus eine Alternative.

Kristinebergsgatan 1; Tel. 02 50/1 50 70, Fax 1 70 78; www.trehotell.com; 47 Zimmer ● CREDIT

Sehenswertes

Bärenpark

Bei Orsa befindet sich der Bärenpark, in dem neben Braunbären auch Luchse, Wölfe und der scheue Vielfraß zu sehen sind. Stege führen durch die großen Freigehege.

Orsa Grönklitt; Mitte Mai–Mitte Sept. tgl. 10–15 Uhr, Juli/Aug. bis 18 Uhr; Erw. 140 SEK, Kinder bis 15 Jahre 100 SEK

Dala-Pferde

Die bunten hölzernen Dala-Pferde werden in Nusnäs hergestellt. Bei Nils Olsson kann man bei der Produktion zuschauen.

Nils Olsson Hemslöjd, Nusnäs; www.nohemslojd.se; Mitte Aug.–Mitte Juni Mo–Fr 8–17, Sa 10–14 Uhr, Mitte Juni–Mitte Aug. Mo–Fr 8–18, Sa–So 9–17 Uhr

Dalhalla

Zwischen Mora und Rättvik befindet sich in einem ehemaligen Steinbruch eine Freilichtbühne für bis zu 5000 Besucher. Die erstklassige Akustik eignet sich selbst für Opernaufführungen.

Programm unter www.dalhalla.se

Tomteland Gesunda

In Gesunda südlich von Mora liegt der Freizeitpark Tomteland. Tomte ist der

schwedische Weihnachtsmann, den man hier sowohl im Sommer als auch während der Wintersaison treffen kann. Kutschfahrten mit Rentieren, die Weihnachtsmann-Werkstatt und die Trolle sind Attraktionen für Groß und Klein.
www.santaworld.se; geöffnet Nov.–April, Juni–Aug., Öffnungszeiten variieren stark, Eintritt 50–145 SEK je nach Saison, Familienkarten erhältlich

Museen

Anders Zorn Museum

Der Maler Anders Zorn (1860–1920) war ein Zeitgenosse von Carl Larsson. Außerhalb Schwedens wurde der Impressionist nicht so berühmt wie sein Landsmann Larsson, in Schweden genoss er bei Kritikern wie Publikum jedoch eine hohe Wertschätzung. Zorn wurde in Mora geboren und starb auch hier. Studienreisen führten ihn quer durch Europa und in die USA. Seinen Nachlass kann man in Mora an vier verschiedenen Orten besichtigen. Das Zornmuseum zeigt nicht nur die Werke des schwedischen Malers, sondern auch seine private Sammlung, die u. a. auch eine Skulptur von Auguste Rodin und Grafiken von Rembrandt enthält. Der **Zorngården** ist das Wohnhaus des Künstlers gewesen, die eigenwillige Konstruktion mit dem neun Meter hohen Wohnraum ist sehenswert. Anders Zorn wollte die bäuerliche Kultur bewahren, deshalb schuf er am Ufer der Siljansees das Freilichtmuseum **Gammelgården**, das 40 Gebäude umfasst. Die vierte Stätte, an der Besucher mit dem populären Maler konfrontiert werden, heißt **Gopsmor** und liegt außerhalb. Es handelt sich dabei um das sogenannte Wildnis-Atelier, wo Zorn sich zwei Mal jährlich aufhielt und das einfache Landleben genoss.
Wasagatan 36; www.zorn.se;
Museum: Mai–Sept. Mo–Sa 9–17, So 11–17 Uhr, Okt.–April tgl. 12–16 Uhr; Erw. 50 SEK
Zorngården: Mai–Sept. Mo–Sa 10–16, So 11–16 Uhr, Okt.–April tgl. Führungen 12, 13, 14, 15 Uhr; Erw. 60 SEK

Wasalauf-Museum

Der jährlich stattfindende Wasalauf ist mit 35 000 Teilnehmern einer der größten Ski-Volksläufe der Welt. Der Wasalauf fand erstmals 1922 statt und soll an die Flucht Gustaf Wasas vor den Dänen im Jahre 1520 erinnern. Die Bauern aus Dalarna hatten Wasa zunächst die Unterstützung verweigert, wollten sich zuerst beraten. Wasa, dessen Vater beim Stockholmer Blutbad vom Dänenkönig hingerichtet worden war, flüchtete Richtung Norwegen. Als in Mora der Beschluss zugunsten eines Bürgerkriegs gegen den Dänenkönig gefallen war, holten die beiden besten Skiläufer Wasa zurück nach Mora. Sie trafen ihn in Sälen, die Streckenführung des Volkslaufs ist also historisch verbrieft. Wer nicht selbst teilnehmen mag, kann die Geschichte im Wasalauf-Museum kennen lernen.
Vasaloppets Hus;
www.vasaloppet.se; 16. Aug.–15. Juni Mo–Fr 10–17 Uhr, 16. Juni–15. Aug. tgl. 10–17 Uhr; Erw. 30 SEK

Nora

→ S. 181, E 2

6500 Einwohner

Die gemütliche Kleinstadt Nora gehört zu den drei Städten Schwedens mit den am besten erhaltenen Holzhäusern. Rund um den Marktplatz der Grubenstadt gruppieren sich die niedrigen Häuser, die überwiegend in traditionellem Rot gehalten sind.

Sehenswertes

Pershyttan

Vor den Toren von Nora liegt die Grubenanlage Pershyttan. Von etwa 1380 bis 1967 wurde hier Erz gefördert und verarbeitet. Die Grubenanlage ist vollständig erhalten. Beeindruckend ist das 200 m lange Gestänge, das die Kraft der Wasserrades weiter-

In der vollständig erhaltenen Grubenanlage Pershyttan wurde von 1380 bis 1967 Erz in großen Mengen abgebaut.

leitet. Es ist das einzige seiner Art in ganz Schweden.
2 km östlich von Nora; Eintritt frei, Führungen nur Juni–Aug.

Örebro

S. 181, E 3

98 237 Einwohner

Direkt am Wasserweg nach Stockholm gelegen, profitiert die Universitätsstadt Örebro auch heute noch von der verkehrsgünstigen, zentralen Lage. Dort, wo das Flüsschen Svartån in den See Hjälmaren mündet, hatten sich schon im 12. Jh. Siedler niedergelassen. Die Brücke – »bro« – wurde im 13. Jh. befestigt; damit war der Grundstein für die Burg Örebro gelegt. Die Reichtümer der Umgebung – nämlich Wälder, Wasser und Erz – förderten einen eifrigen Handel mit Stockholm. Gehandelt wurde mit Eisen der umliegenden Eisenhütten. Auch von der Nachbarschaft zu den Kurorten **Loka** und **Porla**, die wegen ihres mineralhaltigen Wassers landesweit bekannt sind, profitierte der Handel in Örebro.

Hotels/andere Unterkünfte

Scandic Grand Hotel
Das erste Haus am Platze ist auf Geschäftsreisende und auf Konferenzbetrieb eingestellt.
Fabriksgatan 23; Tel. 0 19/7 67 43 00, Fax 7 67 43 11; 221 Zimmer ●●● CREDIT

Sehenswertes

Schloss Örebro
Ende des 13. Jh. befestigte Birger Jarl die Furt durch den Fluss Svartån. Im Lauf der Jahrhunderte wurde die Burg zu einer mächtigen Festung mit den für die Wasa-Zeit typischen runden Ecktürmen ausgebaut.

Als Sitz des Landesregierungspräsidenten kann das Schloss nur ausnahmsweise von innen besichtigt werden. Jährlich findet dort ein Schlossfestival statt.
Schlossmuseum: Mo–Fr 10–18, Sa–So 10–14 Uhr; Eintritt frei, Schlossführung 50 SEK

Mittelschweden

Auch wenn geografisch erst die Mitte Schwedens erreicht ist, fühlt man sich viel weiter nördlich.

Die riesigen bewaldeten Gebiete Mittelschwedens sind nur spärlich besiedelt. Erholung suchende Urlauber oder passionierte Angler gewinnen hier – wie am Fluss Ljusnan bei der Gemarkung Lassekrog (→ S. 133) – Abstand vom Alltag.

Die Mitte Schwedens bildet ein riesiges Gebiet, das von der Küste des Bottnischen Meerbusens bis zum Fjäll im schwedisch-norwegischen Grenzgebiet reicht. Dünn besiedelt ist vor allem das bewaldete Binnenland, während in den Bergen noch der eine oder andere Wintersportort zu finden ist. Größere Städte gibt es fast nur an der Küste. Sie sind stark von der **Holz- und Papierindustrie** geprägt. Das fruchtbare Land entlang der großen Flüsse wird landwirtschaftlich genutzt; vor allem die stattlichen Höfe in Hälsingland mit ihren bunt bemalten Türen fallen ins Auge.

Bollnäs

··› Umschlagkarte hinten, C 6

12 455 Einwohner

Bollnäs ist ein Unterzentrum am Fluss Ljusnan. Das nahe gelegene Dorf Växbo zieht allerdings mehr Touristen an. Bei Bollnäs gibt es einen Aussichtsberg, von dem aus der Flusslauf weit überblickt werden kann.

Hotels/andere Unterkünfte

Frimurarhotellet

Mit den Freimaurern hat das Stadthotel in Bollnäs nichts mehr zu tun. Lobbybar mit kleinen Gerichten.

Östra Stationsgatan 15;
Tel. 02 78/63 28 00, Fax 1 02 00;
55 Zimmer ●● CREDIT

Essen und Trinken

Växbo Kvarn

Das Dorf Växbo entstand um die Wassermühle und die Leinenweberei. Teile des frühindustriellen Ensembles sind erhalten. Die alte Mühle von Växbo beherbergt ein Restaurant mit schönem Garten.

Växbo; Tel. 02 78/66 61 85;
Mitte Mai–Aug. tgl. 11–18 Uhr ●● CREDIT

Fischräuchereien in Skärså

Skärså ist ein Fischerdorf an der Küste, etwa 50 km von Bollnäs entfernt, nördlich von Söderhamn. Es gibt mehrere Fischräuchereien im Ort. Kühlschränke stehen an der Straße, man nimmt sich den Fisch und legt das Geld in eine Dose. Das kleine Restaurant Albertina am Hafen ist urig und serviert prima Fischgerichte.

Skärså am Hafen; Tel. 02 70/3 23 44
Mitte Mai–Aug. tgl 12–22 Uhr ●

Trolldalens Bageri

Der Bäcker von Växbo hat sein Domizil gegenüber der Wassermühle auf der anderen Straßenseite etwas versteckt im Wald. Das kleine Café ist rustikal, das Gebäck lecker. Spezialität des Hauses ist aber das selbst gemachte, radförmige Knäckebrot, das sich sehr gut als Souvenir eignet.

Växbo, Tel. 02 78/66 63 76;
Mitte Mai–Aug. tgl. 11–18 Uhr ●

Einkaufen

Växbo Lin

Die Leinenweberei von Växbo stellt hochwertige Tischwäsche her, von Servietten bis zur Tischdecke. Auch Vorhänge aus Leinen und Meterware können im Fabrikverkauf erstanden werden. Die Webwaren sind nicht billig, aber haltbar und schön.

Växbo Lin AB; Tel. 02 78/66 62 00;
www.vaxbolin.se; Mo–Fr 10–17, Sa 10–14, Mitte Mai–Aug. tgl. 10–18 Uhr

Funäsdalen

··› Umschlagkarte hinten, C 5

800 Einwohner

Der Wintersportort Funäsdalen liegt an der Grenze nach Norwegen. Die Landschaft Härjedalen ist kein eigener Regierungsbezirk mehr, sondern nur noch eine Kommune, allerdings eine der flächenmäßig größten des Landes. Mit einem Einwohner pro Quadratkilometer ist Härjedalen sehr dünn besiedelt. Es gibt nur vier große Dörfer und einige kleinere auf einer Fläche von 11 400 qkm. Funäsdalen ist einer der größeren Orte.

Hotels/andere Unterkünfte

Funäsdalen

Oberhalb des Ortes, mit einem weiten Blick übers Tal.

Tel. 06 84/2 14 30, Fax 2 19 01; www.hotell-funasdalen.se; 49 Zimmer

●● CREDIT

Sehenswertes

Flatruet

Biegt man in Funäsdalen mit dem Auto nach Ramundberget und Ljungdalen ab, gelangt man auf Schwedens höchstgelegene öffentliche Straße. Sie führt als gut befahrbare Schotterpiste oberhalb der Baumgrenze über die Hochebene Flatruet. Vom höchsten Punkt in 975 m Höhe hat man einen weiten Blick über das Fjäll. Man folgt der Straße bis Ljungdalen und anschließend Richtung Åsarna. Insgesamt sind 90 km Schotter zu bewältigen. Eine touristische Infrastruktur gibt es mit Ausnahme eines Campingplatzes, einer Jugendherberge und eines Landcafés in Ljungdalen nicht. Schön ist als Anschlussroute der Fäbodvägen, der Almenstraße, die ans westliche Ufer des Storsjön führt.

MERIAN-Tipp

10 Höga Kusten

Die wilde Küstenlandschaft zwischen der Mündung des Flusses Ångermanälven und der Stadt Örnsköldsvik heißt Höga Kusten, die »hohe Küste«. Steil ragen das felsige Ufer aus dem Meer empor, schwer zugängliche Inseln sind vorgelagert. Touristische Infrastruktur gibt es kaum, von einzelnen Hütten und Campingplätzen einmal abgesehen. Der Nationalpark Skuleskogen liegt an Höga Kusten. Um den Zugang zu diesem schönen, aber nicht so einfach zu erschließenden Landstrich zu erleichtern, bieten kleine Veranstalter vor Ort Touren an. So gibt es eine eintägige Wanderung durch den Nationalpark oder eine viertägige Radtour entlang der Küste. Besonders schön ist ein Besuch der Insel Ulvön. Ganzjährig fährt die kleine Personenfähre von Köpmanholmen, im Sommer wird sie unterstützt durch eine zweite Fähre von Docksta. Auf der Insel gibt es ein einfaches Hotel, Campingplatz und Restaurants.

www.hogakusten.com

→ Umschlagkarte hinten, D 4

Museum

Härjedalens Fjällmuseum

Unterhalb der Skipiste liegt in der Ortschaft Funäsdalen das Bergmuseum. Es berichtet so anschaulich vom Leben der Samen, der Bauern und der Grubenarbeiter, dass es 2005 einen europäischen Museumspreis erhielt.

Funäsdalen an der Hauptstraße; www.Fjallmuseet.se; Di–Fr 11–17 Uhr, Nov. geschl.

Härnösand

→ Umschlagkarte hinten, D 5

18 000 Einwohner

Die Stadt lebt von ihrem Hafen. Der Ort wurde 1721 von russischen Truppen fast vollständig zerstört und danach neu aufgebaut. Zu den schönsten Gebäuden zählen das Rathaus und die Residenz. Auch die klassizistische Kirche mit ihrer barocken Orgel ist sehenswert. Härnösand eignet sich gut als Ausgangspunkt für einen Besuch von Höga Kusten.

Hotels/andere Unterkünfte

Royal

Kleines, familiäres Stadthotel mit Restaurant in einem Holzhaus aus dem 19. Jh.

Strandgatan 12; Tel. 06 11/2 04 55, Fax 55 53 54; www.hotelroyal.se; 22 Zimmer ●● CREDIT

Frånö Hotel

In Kramfors, rund 40 km nördlich von Härnösand, liegt das kleine Frånö Hotel in einem Gebäude aus dem Jahre

Eine nahezu unberührte Natur erwartet den Besucher in der Provinz Angermansland. Das oft spiegelglatte Wasser zaubert traumhafte Landschaftsbilder.

1880. Preiswerte Zimmer im Hauptgebäude, Apartments mit Selbstversorgung im Anbau.
Riksväg 25, Kramfors;
Tel. 06 12/3 05 20, Fax 3 05 85;
www.franohotell.se; 19 Zimmer ● CREDIT

Hede

→ Umschlagkarte hinten, B 5

760 Einwohner

Hede ist eine kleine Siedlung in Härjedalen, zwischen Funäsdalen und Sveg an der Reichsstraße 84. Idealer Ausgangspunkt zum Nationalpark Sånfjället, der besonders für seine große Population an Braunbären bekannt ist.

HOTELS/ANDERE UNTERKÜNFTE

Hütten in Hede

Moderne Hütten, teilweise mit Sauna und offenem Kamin, in den Wäldern südlich von Hede sowie beim Nationalpark. Vermietung erfolgt über die Touristinformation.
Hede Turistbyrå, Ljusnevägen 14;
Tel. 06 84/4 10 80, Fax 1 08 10;
www.hedeinfo.com ● CREDIT

MUSEUM

Hembygdsgård Hede

Das kleine Freilichtmuseum mitten im Ort zeigt einige typische Höfe der Region. Im Sommer Veranstaltungen.
Öffentlich zugänglich, Eintritt frei

SERVICE

Bärensafaris/Sånfjället

Das Touristenbüro in Hede führt Exkursionen wie Bibersafaris, Elchsafaris und Bärenbeobachtung durch. Wer auf eigene Faust im Nationalpark Sånfjället wandert, sollte nur auf den gekennzeichneten Plätzen campieren und eventuelle Essensreste sorgfältig und möglichst geruchsfrei verstauen.
Hede Turistbyrå, Ljusnevägen 14;
Tel. 06 84/4 10 80, Fax 1 08 10;
E-Mail: hedeturistbyra@svipnet.se

Idre

→ Umschlagkarte hinten, B 6

770 Einwohner

Idre ist einer der bekannten Wintersportorte im schwedisch-norwegischen Grenzgebiet. Verwaltungstechnisch gehört Idre noch zu Dalarna, die

Streusiedlung liegt aber im nordwestlichsten Zipfel der Region.

Hotels/andere Unterkünfte

Pernilla Wiberg Hotel
Das Hotel der schwedischen Abfahrtsläuferin liegt in Hanglage bei den Pisten. Schlichte, schöne Zimmer in skandinavischem Design, Spa.
Idre Fjäll;
Tel. 02 53/59 30 00, Fax 59 30 50;
www.pernillawiberghotel.se; 46 Zimmer
●● CREDIT

Storsätra Fjällhotell Grövelsjön
Grövelsjön liegt etwa 40 km nordwestlich von Idre, ganz einsam im Fjäll. Das Storsätra Fjällhotell hält die Tradition der klassischen Berghotels hoch. Im Sommer Ausgangspunkt für Wanderungen, im Winter für Skiwandern.
Grövelsjön, ausgeschildert ab Idre;
Tel. 02 53/2 31 50, Fax 2 33 14;
www.storsatra.se; 35 Zimmer ●● CREDIT

Service

Auskunft
Idre Fjäll
Box 202, 79091 Idre;
Tel. 02 53/4 00 00, Fax 4 10 00;
www.idrefjall.se

Skifahren
38 Abfahrten und 34 Lifte erwarten Skifahrer rund um Idre. Die längste Abfahrt misst 2,8 km, insgesamt sind es 29 km Abfahrtspisten. Hinzu kommen 74 km präparierte Loipen für Langläufer. Dabei sind die Möglichkeiten rund um Grövelsjön noch nicht mitgerechnet.

Der kleine Wintersportort Idre verfügt über eine Kapazität von 7200 Betten, die meisten davon in privaten Hütten, die sich über die Toristeninformation Idre Fjäll buchen lassen.

Järvsö

→ Umschlagkarte hinten, C 6

1385 Einwohner

Järvsö ist eine gewachsene Kleinstadt im fruchtbaren Tal des Flusses Ljusnan. Die größte Touristenattraktion vor Ort ist der Zoo (→ S. 133). Schön ist auch die museale Anlage Stenegård, ein großes Gehöft aus dem 19. Jh. Es wird heute überwiegend für Ausstellungen und Veranstaltungen genutzt. Järvsö eignet sich auch als Ausgangspunkt für Tagestouren nach Växbo oder Skärså.

Schweden ist bekanntlich »Elchland«. Manche Hotels, wie beispielsweise das westlich von Ljusdal im Wald gelegene Hotel Lassekrog, bieten ihren Gästen sogar Elchsafaris an.

Hotels/andere Unterkünfte

Järvsöbaden
1905 als Kurbadeanstalt gegründet, gehört das Hotel heute zu den Countryside Hotels. Gute Küche, ruhige Lage etwas abseits.
Turistvägen 4, Järvsö;
Tel. 06 51/4 04 00, Fax 4 17 37;
www.jarvsobaden.se; 46 Zimmer ●● CREDIT

Lassekrog
Das Hotel Lassekrog liegt völlig allein im Wald abseits jeder Ortschaft an der Straße 84 westlich von Ljusdal und Korskrogen, wozu es postalisch gehört. Die ehemalige Postkutschenstation kann auf eine über 300-jährige Geschichte zurückblicken. Kleines Mittelklasse-Hotel mit umfangreichem Aktivitätsprogramm. Im benachbarten Waldarbeitermuseum stehen einfache Hütten, die für Veranstaltungen genutzt werden. Der deutschstämmige Hotelier bietet Elchsafaris an und entzündet jährlich im Sommer einen Holzkohlenmeiler. Mit Holz befeuerte Sauna am Fluss Ljusnan.
Str. 84, westl. von Korskrogen;
Tel. 06 51/8 50 55, Fax 8 50 30;
www.lassekrog.se; 25 Zimmer ●● CREDIT

Kramsta Gästgård
Netter Landgasthof der preiswerten Sorte. Terrasse mit Aussicht über das Tal. Lage am Ortsrand.
Straße 83, Järvsö;
Tel. 06 51/4 11 50, Fax 4 17 87;
www.kramsta.se; 45 Zimmer ● CREDIT

Sehenswertes

Järvzoo
Der Zoo in Järvsö zeigt nur heimische Tiere in ihrer natürlichen Umgebung. In den Freigehegen sind u. a. Bären, Elche, Wölfe, Luchse und Rentiere zu sehen. Durch das Gelände, das im Hang liegt, führen Holzstege, die auch mit Kinderwagen passierbar sind.
Järvsö, an der Str. 83; www.jarvzoo.se;
tgl. 10–15, Juni–Sept. tgl. 10–17 Uhr;
Eintritt Erw. 145 SEK, Kinder 7–17 Jahre 100 SEK, Familienkarte 390 SEK

Östersund

→ Umschlagkarte hinten, C 4

43 359 Einwohner

Östersund wurde 1786 von König Gustav III. als Garnisonsstandort gegründet. Die planmäßige rechtwinklige Anlage des Stadtplans ist bis heute zu erkennen. Erst mit dem Bau der Eisenbahnlinie 1879 entwickelte sich Östersund so, wie es sich die Gründer erhofft hatten. Heute ist Östersund die einzige größere Stadt im Inland Nordschwedens. Auf dem Flughafen landen Linienflüge aus Stockholm und Charterflüge aus Deutschland und der Schweiz. Als »Tor zu Lappland« ist Östersund ein guter Ausgangspunkt für Rundreisen durch die Weite des Nordens und zu den Skigebieten bei Åre. Wichtigste Touristenattraktion ist das gut gemachte Freilichtmuseum Jamtli.

Hotels/andere Unterkünfte

Radisson SAS Hotel
Bestes Haus am Platz, aber als Businesshotel recht nüchtern eingerichtet. Zentrale Lage, geräumige Zimmer.
Prästgatan 16; Tel. 0 63/55 60 00,
Fax 10 67 29; www.radissonsas.com;
176 Zimmer ●●● CREDIT

Gamla Teatern
Originelles Hotel mitten in der Stadt in einem ehemaligen Theater. Der Speisesaal hat noch eine Bühne; es finden regelmäßig Veranstaltungen statt.
Thomeegränd 20; Tel. 0 63/51 16 00,
Fax 13 14 99; www.gamlateatern.se;
64 Zimmer ●● CREDIT

Quality Hotell Östersund
Von außen quadratisch und gesichtslos, von innen völlig neu renoviert. Alle Zimmer verfügen über die guten Jensen-Betten, man kann zwischen fester und halbfester Matratze wählen.
Kyrkgatan 70;
Tel. 0 63/57 57 00, Fax 57 57 11;
www.giii.se; 126 Zimmer ●● CREDIT

Im Winter ist das Freilichtmuseum Jamtli geschlossen. Dann kehrt idyllische Ruhe in dem sonst rege besuchten Museum ein.

SEHENSWERTES

Moosegarden

Sune Häggmark hat ein Hobby: Er zieht junge Elche auf, die ihre Mutter verloren haben. Daraus entstand ein richtiger Elchpark, wo man beim Füttern der Tiere mithelfen kann. Café und Souvenirshop gibt es im Moosegarden von Orrviken etwa 10 km südlich von Östersund ebenfalls. Besondere Aufmerksamkeit erregt Häggmark aber durch die Herstellung von Papier aus Elchkütteln.

Moosegarden, Orrviken;
Tel. 0 63/4 04 80;
www.moosegarden.com

Dampfschiff Thomee

Das Dampfschiff Thomée von 1875 verkehrt jeden Sommer auf dem See Storsjön. Zweistündige Tagestouren reichen knapp, um ein Viertel des Sees vom Wasser aus zu erleben. Die Abendtouren dauern länger. Tickets können am Kai oder in der Touristeninformation gekauft werden.

MUSEUM

Jamtli Historieland

Das Museum am Rande der Stadt ist eine Mischung aus Freilichtmuseum und Regionalmuseum. Da sich im großen See Storsjön ein Seeungeheuer vom Typ Nessie aufhalten soll und es den Mythos schon seit über 100 Jahren gibt, zeigt das Museum natürlich auch historische Fanggeräte. Das Museum ist sehr lebendig gestaltet und lohnt einen Besuch.

Jamtli, am Stadtrand; www.jamtli.se;
Sept.–Juni Di–Fr 10–16, Sa–So 11–17,
23. Juni–27. Aug. tgl. 11–17 Uhr;
Eintritt Erw. 60 SEK, Kinder 20 SEK,
Hochsaison Erw. 90 SEK, Kinder 25 SEK;
Freier Eintritt für Kinder und Jugendliche in Begleitung Erwachsener

SERVICE

Auskunft

Turistbyrå Östersund

Rådhusgatan 44, 83182 Östersund;
Tel. 0 63/14 40 01, Fax 1 27 05 50;
www.turist.ostersund.se

Åre → Umschlagkarte hinten, B 4

1260 Einwohner

Åre ist Schwedens berühmtester und größer Wintersportort. Er besteht aus mehreren Ortsteilen: das eigentliche Zentrum von Åre sowie Duved und Årebjörnen. Das Angebot an Aktivitäten ist im Winter kaum zu übertreffen, von Hundeschlittentouren über Fahrten mit dem Rentierschlitten bis hin zu Motorscooter-Ausfahrten reicht die Auswahl. Im Sommer sind neben dem klassischen Bergwandern Sportarten wie Paragliding und Mountain-Bike-Fahren angesagt

Hotels/andere Unterkünfte

Diplomat Åregården

Zentraler geht es fast nicht: Åres Tophotel liegt direkt am Marktplatz, die Seilbahn ist 50 m entfernt. Neben dem Hauptgebäude von 1895 liegt der populärste Nachtclub Åres, wo man Après-Ski auf schwedische Art erleben kann.

Torget, Åre; Tel. 06 47/1 78 00, Fax 1 79 60; www.diplomathotel.se; 53 Zimmer ●●● CREDIT

Buustamons Fjällgård

Die Bergpension liegt oberhalb des Ortes, vom Parkplatz werden die Gäste mit dem Motorschlitten abgeholt, weil es keine Straße hinauf gibt. Der Berghof liegt direkt am Lift und ist deshalb auch zum Einkehren beliebt. Abends kehrt dann Ruhe ein. Nur im Winter geöffnet.

Buustamons Fjällgård, Buustamon; Tel. 06 47/5 31 75, Fax 5 39 03; www.buustamonsfjallgard.se; 12 Zimmer ●● CREDIT

Sehenswertes

Kallsjön

Der See Kallsjön liegt »hinter« dem Hausberg Åres, dem 1420 m hohen Åreskutan. Während Åre trubelig ist, findet man an dem unbekannten See im Sommer wie im Winter Ruhe. Fast 170 km ist die Runde um den See lang, wobei über weite Teile der Strecke ein unvergleichliches Panorama geboten wird. Etwa 50 km sind gut befahrbare Schotterpiste. Übernachtungsmöglichkeiten gibt es in Kall, Kallsedet und Anjan.

Tännforsen

Der beeindruckende Wasserfall Tännforsen liegt westlich von Åre. Im Winter ist er beleuchtet und kostet Eintritt. Etwa 2 km Wanderweg, am Parkplatz gutes Restaurant.

Tännforsens Turiststation; Tel. 06 47/2 30 23; www.tannforsen.com; Winter: Eintritt 20 SEK

Essen und Trinken

Villa Tottebo

Die Villa Tottebo ist das beste Restaurant in Åre und setzt auch in der Region Maßstäbe. Gemütliche alte Holzvilla im Zentrum.

Parkvägen 1; Tel. 06 47/5 06 20; www.villatottebo.se; Mo–So 18–23 Uhr ●●● CREDIT

Anjans Fjällstation

Die Berghütte Anjan liegt abgeschieden jenseits des Kallsjön am See Anjan. Die Zimmer sind einfach, der Ausblick ist fantastisch. Guter Ausgangspunkt für Wanderungen. Rustikales Restaurant für die Einkehr auf dem einsamen Weg um den Kallsjön.

Anjan; Tel. 06 47/8 20 17 ●

Service

Auskunft

Åre Turistbyrå

St. Olovsväg 33, 83013 Åre; Tel. 06 47/1 77 20, Fax 1 77 12; www.areturistbyra.com

Hundeschlitten

Die winterliche Landschaft rund um den Åreskutan erschließt sich am schönsten per Hundeschlitten.

Årebjörnens Hundspann, Dentura Dogs; Tel. 06 47/2 01 64, Fax 2 06 15; www.hundspann.z.se/denturadogs

Nordschweden

Weite Wälder, sanfte Hügel und breite Ströme kennzeichnen das Siedlungsgebiet der Samen.

Viele Besucher kommen im Winter nach Lappland, um Ausflüge mit dem Motorscooter, mit Pferde- oder Hundeschlitten zu unternehmen.

Städte an der Küste, Rentiere und Bergbau im Inland: Das sind die Kontraste im Norden Schwedens. Das Siedlungsgebiet der **Samen** mit ihren Rentierherden ist erreicht. Je nach Jahreszeit – und die Samen kennen acht verschiedene Jahreszeiten – äsen die Rentiere an der Küste oder droben im kahlen Fjäll.

Wer an **Lappland** denkt, erinnert sich an Wälder, die niemals aufzuhören scheinen, an breite, manchmal reißende Ströme, an große Seen und lange Winter mit viel Schnee. Dass es mit Umeå auch eine Universitätsstadt im hohen Norden gibt, ist vielen nicht bewusst. Von der Erzbahn, die die Gruben von Gällivare und Kiruna mit dem eisfreien Hafen von Narvik in Norwegen verbindet, hat man schon gehört. Doch erst wenn man die ewig langen Güterzüge mit ihren voll beladenen Erzwagen gen Westen stampfen sieht, wenn man vor den Fördertürmen und Abraumhalden steht, wird die Bedeutung des Bergbaus für den Norden deutlich.

Wer das ursprüngliche Naturerlebnis sucht, wandert auf dem Kungsleden, dem **Königsweg**, von Abisko nach Süden. Schweden-Neulinge verschätzen sich leicht bei den Entfernungen. In Lappland wird deutlich, warum die Einheimischen in »mil« (Meilen) statt in Kilometern rechnen: Eine schwedische Meile sind zehn Kilometer. Aber wenn die nächste Kleinstadt hundert Kilometer entfernt liegt, klingen zehn »mil« doch vergleichsweise nahe, oder?

Abisko

⇢ Umschlagkarte hinten, D 1

200 Einwohner

In Abisko beginnt oder endet der Wanderweg Kungsleden, je nach Betrachtungsweise. Deshalb gibt es hier wie in den Nachbarorten Björkliden und Riksgränsen schon lange eine touristische Infrastruktur. Während im Sommer Wanderer die Region aufsuchen, kommen im Winter viele Schweden zum Skifahren oder um Motorscooter-Touren zu machen. Beliebt ist auch das Eisangeln.

Hotels/andere Unterkünfte

Fjället, Björkliden

Auf dem Berg oberhalb des Campingplatzes liegt das Hotel Fjället. Es bietet die vielleicht beste Aussicht auf die Bergformation Lapporten. Auch als Restaurant für die Mittagspause geeignet. Die Zimmer sind sachlich und praktisch eingerichtet.

Björkliden; Tel. 09 80/6 41 00; www.bjorkliden.com; 30 Zimmer ●● CREDIT

Riksgränsen

Kurz vor der Grenze nach Norwegen liegt der Ort Riksgränsen mit dem gleichnamigen Hotel. Vorsicht, die Wintersaison beginnt hier erst im Februar und dauert bis Mittsommer!

Riksgränsvägen 15; Tel. 09 80/4 00 80, Fax 4 31 25; www.riksgransen.nu; 36 Zimmer ●● CREDIT

STF Abisko Turiststation

Die STF Jugendherberge in Abisko bietet sowohl Zimmer als auch Hütten unterschiedlicher Größe an. STF- und DJH-Mitglieder wohnen günstiger.

Abisko, an der E10; Tel. 09 80/4 02 00, Fax 4 01 40; www.abisko.nu; 300 Betten in Zimmern und Hütten ● CREDIT

Sehenswertes

Lapporten

Das trogförmige Tal ist zum Symbol Lapplands geworden. Es ist am besten zu sehen, wenn man von der norwegischen Grenze bei Riksgränsen gen Tal in Richtung Kiruna fährt.

Aussichtsberg Njulla

Auf den 1169 m hohen Berg Njulla führt eine Seilbahn. Hervorragende Aussicht über den See Torneträsk, Abisko Nationalpark und Lapporten. Vom 27. Mai bis zum 18. Juli ist von hier die Mitternachtssonne zu sehen.

SERVICE

Camp Abisko

Camp Abisko ist eine Hüttenanlage mit Restaurant, die zahlreiche Aktivitäten im Sommer wie im Winter anbietet. Motorschlitten-Touren, Hundeschlitten-Touren, Angel-Arrangements mit Bootsmiete sowie Unterkunft in samischen Fjällhütten.

Camp Abisko, Abisko; Tel. 0 70/ 2 54 50 74; www.campabisko.com

Kungsleden

Der Kungsleden ist der berühmteste Wanderweg durch das schwedische Fjäll. Er führt von Abisko im Norden über Ammarnäs bis Hemavan an der Strecke bis Hemavan an der E12. Dort schließt der südliche Kungsleden bis nach Jämtland hinein an. In Tagesetappen finden sich Berghütten in der Regie von STF, teil bewirtschaftet, teils unbewirtschaftet. Einzelne Seen müssen mit Booten überquert werden. Soweit Straßen vorhanden sind, verkehren Busse zu den Stationen. Eine Alternative sind Helikopterflüge.

www.svenskaturistforeningen.se, www.lapplandsflyg.se

Arvidsjaur

⇢ Umschlagkarte hinten, D 3

4644 Einwohner

Arvidsjaur hat sich dank seines Flugplatzes für den Winter zu einem Drehkreuz für Lappland entwickelt. Viele große Auto- und Zubehörhersteller, darunter VW, Mercedes und Bosch, testen zwischen Arvidsjaur und Arjeplog ihre Fahrzeuge und Produkte im Winter auf Herz und Nieren. Für die Mitarbeiter sind eigene Charterflüge aufgelegt worden, weil die An- und Abreise mit Linienflügen durch das viele Umsteigen zu lange dauern würde. Deshalb gibt es im Winter montags und freitags direkte Flüge von Hannover, Stuttgart, Hahn und München nach Arvidsjaur. Die Mitarbeiter der Autobranche fliegen zum Wochenanfang nach Schweden und zum Wochenende heim. In die Gegenrichtung sind die Flugzeuge fast leer, deshalb werden die Flugsitze von Reiseveranstaltern genutzt. Im Sommer gibt es bislang keine Direktflüge.

HOTELS/ANDERE UNTERKÜNFTE

Laponia

Das Hotel Laponia ist das größte Haus am Platz und wurde kürzlich renoviert. Verkehrsgünstige Lage.

Storgatan 45; Tel. 09 60/5 55 00, Fax 5 55 99; www.hotell-laponia.se; 200 Zimmer ●● CREDIT

Arjeplog

⇢ Umschlagkarte hinten, D 3

1947 Einwohner

Schon in der Steinzeit wurde das Seensystem rund um Arjeplog zum Transport von Waren genutzt. Archäologen wiesen mehrere Wohnplätze nach. Als im Nasafjäll nahe der norwegischen Grenze Silber gefunden wurde, wurde Arjeplog ausgebaut.

Wer seine Vorurteile über Mücken in Lappland bestätigen möchte, sollte Arjeplog im Sommer besuchen, wenn nach einer regnerischen Phase die Sonne kräftig scheint. Durch die vielen stehenden Gewässer der Umgebung wird Arjeplog dann besonders stark von Mücken geplagt.

HOTELS/ANDERE UNTERKÜNFTE

Silverhatten

Oberhalb der Stadt mit wunderbarer Aussicht auf die Seenlandschaft rund um Arjeplog.

Öberget, Arjeplog; Tel. 09 61/1 07 70, Fax 6 14 26; www.silverhatten.com; 120 Zimmer ●●● CREDIT

MUSEUM

Silbermuseum

Das Silbermuseum liegt im Zentrum von Arjeplog gegenüber der Kirche und basiert auf der Sammlung von Dr. Einar Wallquist, der 1922 als jun-

ger Arzt nach Arjeplog kam. Er dokumentierte das Leben der Samen und der schwedischen Neusiedler. Der Doktorsgården, das Wohnhaus des Arztes, kann im Rahmen von Führungen ebenfalls besucht werden.
Torget; Mo–Fr 10–16, Sa 10–14 Uhr; Erw. 50 SEK, Kinder bis 16 Jahre frei

Gällivare

··· Umschlagkarte hinten, E 2

8480 Einwohner

Erst mit der Eröffnung der Bahnlinie nach Luleå 1888 konnten die großen Vorkommen an Eisenerz auch abtransportiert werden. Der Ort expandierte. Gällivare ist kein schöner Ort, bis heute prägt der Bergbau das Stadtbild.

Hotels/andere Unterkünfte

Dundret
Die Skianlage Dundret bei Gällivare besteht aus einem Hotel und Hütten. Das Hotel hat nur im Winter geöffnet, die Hütten werden auch im Sommer vermietet. 10 km gespurte Loipen, mehrere Lifte und Abfahrten.
Dundret, Repisvare bei Gällivare; Tel. 09 70/1 45 60, Fax 1 48 27; www.dundret.se ●● CREDIT

Service

Vägvisaren
Wandern wie die Samen
Lennart Pittja ist kein normaler Fremdenführer, der im Museum die Jahreszahlen runterrattert. Wie die Samen wandert er mit einem Rentier als Lastenträger durch Lappland. Den eigenen Rucksack mit Schlafsack, Isomatte und Kleidung muss man schon selbst tragen, doch das Lappenzelt, indem unterwegs übernachtet wird, trägt das Ren. Ziel ist es, durch eigenes Erleben die samische Kultur besser zu verstehen. Und was man nicht versteht, erklärt Lennart Pittja.
Box 148, 98211 Gällivare, Besuchsadresse Repisvare; Tel. 09 70/5 55 60; www.pathfinderlapland.se

Der Kungsleden, Schwedens berühmtester Wanderweg, beginnt in Abisko (→ S. 137).

Haparanda

··· Umschlagkarte hinten, F 3

4778 Einwohner

Haparanda auf der schwedischen und Tornio auf der finnischen Seite des Flusses Torneälven wirken wie eine Großstadt. Es ist voll auf den Straßen, als sei man in Stockholm oder Göteborg und nicht am nördlichen Ende des Bottnischen Meerbusens angelangt. Die Zwillingsstädte trennt bei aller Zusammenarbeit über die Grenze hinweg doch mehr als nur der Fluss: Sie liegen auch in unterschiedlichen Zeitzonen. Dass Finnland eine Stunde weiter ist, machen sich viele Besucher an Silvester zunutze und lassen es um Mitternacht gleich zwei Mal knallen, erst in Finnland, dann auf der schwedischen Seite. Haparanda als schöne Stadt zu bezeichnen, wäre übertrieben, aber es gibt einige schöne Straßenzüge und Viertel. Bedeutung für den Güterumschlag hat der örtliche Bahnhof von 1918 schon deswegen, weil von schwedischer Normalspur auf die finnische Breitspur umgelastet werden muss.

Hotels/andere Unterkünfte

Stadshotellet

Heute wirkt das Gebäude inmitten der Kleinstadt etwas protzig, aber vermutlich lag genau das im Sinne des Architekten, als das Hotel 1900 eingeweiht wurde. Baumaterial aus Schlesien, Stuckateure aus Italien und Architekten aus Stockholm sollten das Stadshotellet weltläufig machen. Später wurden hier, auf neutralem Boden, Spione zwischen Ost und West ausgetauscht. Der alte Glanz wurde wiederbelebt und um eine Spa-Abteilung ergänzt.

Torget 7; Tel. 09 22/6 14 90, Fax 1 02 23; www.haparandastadshotell.se; 92 Zimmer ●● CREDIT

Tornedalia

Övertorneå liegt etwa 70 km flussaufwärts von Haparanda am Fluss Torneälven. Das 1989 gebaute Hotel hat 40 Zimmer und ist auf sein Öko-Zertifikat sehr stolz.

Sockenvägen 1, Övertorneå; Tel. 09 27/7 75 50, Fax 1 03 50; www.tornedalia.se; 40 Zimmer ●● CREDIT

Sehenswertes

Kirche von Övertorneå

Das Gotteshaus aus dem 17. Jh. zählt zu den am besten erhaltenen Holzkirchen des Landes. Markant ist der separat stehende Glockenturm. Im Jahr 1737 wurde die Kirche umgebaut, 1777 erhielt sie die Barock-Orgel von 1608, die zuvor in der Deutschen Kirche von Stockholm ihren Dienst versah. Sie zählt zu den ältesten spielbaren Orgeln Schwedens. Zu den wertvollen Kleinoden gehört auch die prachtvolle Mantelmadonna aus dem 14. Jh.

im Zentrum von Övertorneå

Den »Lappmarknad« (Wintermarkt der Samen) in Jokkmokk gibt es bereits seit 1606. In früheren Zeiten wurde dort Handel mit Rentierprodukten und Pelzen betrieben.

Kukkulaforsen
Der Fluss Torneälven gehört zu den unregulierten Strömen Lapplands. Was das bedeutet, lässt sich sehr gut an Kukkulaforsen, den breiten Stromschnellen nördlich von Haparanda, erkennen. Obwohl der Höhenunterschied gering ist, strömt das Wasser wild über das Gestein. Von beiden Seiten bauen die Fischer jedes Jahr nach dem Eisgang im Mai neue Stege ins Wasser hinein, um das traditionelle Stangenfischen fortzuführen, eine archaische Art, die aufsteigenden Felchen zu fangen. Das Fischereimuseum am Ufer ist kein Museum im eigentlichen Sinn, denn viele Gebäude sind wie eh und je in Nutzung durch die Fischer. Campingplatz und Restaurant an den Stromschnellen.
15 km nördlich von Haparanda an der Str. 99; Museum geöffnet 22. Juni–10. Aug., Gelände frei zugänglich

Essen und Trinken

Kattilakoski Gastronomi
Fährt man von Övertorneå weiter nach Norden, wird bei Niskanpää der Polarkreis überschritten. Genau auf dem Polarkreis befindet sich am Ufer des Torneälven das neu gebaute Restaurant und das Informationszentrum. Nach dem ausgezeichneten Essen erfährt man, dass sich der Polarkreis jedes Jahr um 14,5 m nach Norden verschiebt. Vor dem Haus symbolisieren Jahresstangen die Verschiebung. Toller Ausblick auf den Torneälven.
Niskanpää, Str. 99; Tel. 09 27/5 10 13; www.kattila.info; Mo–Fr 11–20, Sa–So 12–21 Uhr

Jokkmokk

⇢ Umschlagkarte hinten, D 2

2976 Einwohner

Jokkmokk entstand als samischer Handelsplatz. Davon zeugt bis heute der Wintermarkt, der seit 1606 abgehalten wird. Einen Umweg wert ist das samische Museum Ájitte, wo die Traditionen und Lebensweise der Ureinwohner Lapplands erklärt und gezeigt werden. Von Jokkmokk aus kann per Bus der Kungsleden bei Kvikkjokk im Fjäll erreicht werden.

Hotels/andere Unterkünfte

Jokkmokk Hotell
Großes Hotel in ruhiger Lage am See mitten im Ort. Das samische Museum ist zu Fuß erreichbar.
Solgatan45; Tel. 09 71/7 77 00, Fax 7 77 90; www.hoteljokkmokk.se; 75 Zimmer ●●● CREDIT

Sehenswertes

Lappmarknad
Der Wintermarkt wurde 1606 zum ersten Mal abgehalten, damals auf Geheiß von König Karl IX. Das Königshaus nutzte die Markttage, um Steuern von den Samen einzutreiben. Außerdem hatten die Steuervögte ein Vorkaufsrecht für bestimmte Waren. Ständig bewohnt war Jokkmokk jedoch erst ab etwa 1670. Die wichtigsten Waren waren Rentierprodukte und Pelze, im Gegenzug kauften die Samen Salz, Mehl, Flachs und Butter.
Erstes Wochenende im Feb., Do–Sa

Polarkreis
Der Polarkreis ist bei Jokkmokk weniger spektakulär hergerichtet als im Tornedal bei Övertorneå. Ein simples Schild an der Straße 45 weist in mehreren Sprachen darauf hin, dass nun das Land der Mitternachtssonne erreicht ist.

Museum

Ájitte – Samisches Museum
Das Museum Ájitte berichtet über die Ureinwohner der Nordkalotte, die Samen. Ein zweites Thema sind Natur und Kultur von Fjälls und Waldland, womit der gesamte samische Siedlungsraum abgedeckt wird. Unter anderem sind Trachten, Silberschmuck und Hornarbeiten zu sehen. Sehr gut sortierter Museums-Shop mit samischem Kunsthandwerk.

www.ajtte.com;Mitte Juni–Mitte Aug. Mo–So 9–18, Ende Aug.–Mitte Juni Mo–Fr 10–15 Uhr; Erw. 50 SEK, Schüler 20 SEK

Kiruna

→ Umschlagkarte hinten, D 1

18 154 Einwohner

Die Gemeinde Kiruna ist in der Fläche die größte Kommune Schwedens: Von **Riksgränsen** (→ S. 137) im Westen sind es 370 km bis zur östlichen Gemeindegrenze! Auch sonst sind Superlative zu vermelden. Der höchste Berg Schwedens, der Kebnekaise mit 2114 m, liegt innerhalb der Gemeindegrenzen. Die Kleinstadt Kiruna entstand durch die Erzgewinnung. Eine vier Kilometer lange Eisenerzader durchzieht den Granit, es entstand die größte unterirdische Erzgrube der Welt, die bis in eine Tiefe von 1000 m führt. Das Stadtbild von Kiruna ist nüchtern, doch es gibt zahlreiche Attraktionen innerhalb der Gemeindegrenzen. Am bekanntesten dürfte das Eishotel in Jukkasjärvi sein.

Hotels/andere Unterkünfte

Eishotel Jukkasjärvi

Das Eishotel wird jedes Jahr im November neu gebaut und im Dezember eröffnet. Ende April schmilzt es, das Wasser fließt zurück in den Torneälven. Man hat die Wahl zwischen einfachen Doppelzimmern und Suiten mit originellen Eis-Skulpturen. Türen gibt es nicht, Vorhänge schützen vor Blicken. Geschlafen wird bei minus acht Grad in dicken Schlafsäcken, das Gepäck steht in einem warmen Aufbewahrungsraum. Am Morgen wird man mit heißem Fliederbeersaft geweckt, um anschließend in die Sauna zu gehen. Wem das Vergnügen zu kalt oder zu teuer ist, der kann die Zimmer auch nur besichtigen.

Marknadsvägen 63, Jukkasjärvi; Tel. 09 80/6 68 00; www.icehotel.com; 60 Zimmer ●●●● CREDIT

Ferrum

Stadthotel mit Zimmern, die in skandinavischem Design eingerichtet sind. Relax-Abteilung mit drei Saunen und Fitnessraum im 7. Stock.

Lars Janssonsgata 15; Tel. 09 80/39 86 00, Fax 39 86 11; 171 Zimmer ●●● CREDIT

Sehenswertes

Nikkaluokta und Kebnekaise

Rund 50 km sind es mit dem Bus bis Nikkaluokta. Von dort muss man 19 km wandern, um die Berghütte am Fuß des Kebnekaise zu erreichen. Übernachtungsmöglichkeit, geführte Tagestouren zum Kebnekaise.

www.stfkebnekaise.com; geöffnet März–April, Ende Juni–Sept.

Esrange

Von Kiruna aus wird Weltraumforschung betrieben. Die Anlage Esrange kann im Rahmen von Führungen besucht werden. Anmeldung einen Tag im Voraus ist erforderlich.

Turistbyrå Kiruna; Tel. 09 80/1 88 80; Sommer Mo–Fr 9–13 Uhr, Winter Di, Do

Museum

Tornedals Museet

Kleines Museum in Jukkasjärvi direkt am Ufer der Flusses mit Informationen zu samischer Kultur.

Marknadsvägen 11, Jukkasvärvi

Service

Auskunft

Kiruna Lappland Turistbyrå

Lars Janssonsgatan 17, 98122 Kiruna; Tel. 09 80/1 88 80, Fax 1 82 86; www.lappland.se

Luleå

→ Umschlagkarte hinten, E 3

45 467 Einwohner

Das alte Luleå heißt heute Gammelstaden, die alte Stadt. Nachdem der Hafen aufgrund der Landhebung verlandet war, zog die Stadt 1649 näher

Eine faszinierende, aber eisige Angelegenheit: ein Aufenthalt im Eishotel Jukkasjärvi.

ans Meer, in das heutige Luleå. Die Residenzstadt entwickelt sich dank der Erzgruben bei Gällivare und Kiruna zur zweitgrößten Stadt Nordschwedens nach Umeå.

Hotels/andere Unterkünfte

Elite Stadshotellet

Klassischer Bau im Zentrum mit allen Annehmlichkeiten. Der Flughafenbus hält vor der Tür.

Storgatan 15; Tel. 09 20/27 40 00, Fax 6 70 92; www.elite.se; 135 Zimmer ●●● CREDIT

Sehenswertes

Gammelstads Kyrkstad

Kirchdörfer dienten den Samen dazu, sich zu bestimmten Anlässen im Jahr bei einer Kirche zu versammeln. Jede Familie hatte ihre kleine Hütte, in der sie während der Kirchgangstage lebte, den Rest des Jahres standen die Hütten leer. In Gammelstads Kyrkstad außerhalb von Luleå sind 400 solcher Hütten erhalten. das gesamte Ensemble steht auf der UNESCO-Liste des Weltkulturgutes. Die Touristeninformation liegt mittendrin und organisiert Führungen.

Gammelstaden; Tel. 09 20/29 35 81

Essen und Trinken

Margaretas Värdshus

Mitten in Gammelstad liegt das 200 Jahre alte Wirtshaus mit seinen knarrenden Treppen, den Kachelöfen und den handgewebten Teppichen. Das Värdshus hat schon zahlreiche Gourmet-Auszeichnungen bekommen. Trotzdem sind die Preise nicht übertrieben, die typisch schwedische »Husmanskost« beispielsweise gibt es mittags für 85 Kronen. Abends isst man aber teurer.

Lulevägen 2, Gammelstad; Tel. 09 20/25 42 90, Fax 25 19 52; www.margaretasvardshus.se ●● CREDIT

Piteå

→ Umschlagkarte hinten, E 3

22 650 Einwohner

Piteå verdankt seine Entwicklung der Holz- und Papierindustrie, ist im We-

Vilhelmina, einst gegründet als samische Kirchstadt, ist ein idealer Ausgangsort für Touren ins 120 Kilometer entfernte Klimpfjäll.

sentlichen eine Industriestadt. Durch das besondere Mikroklima kann es im Sommer bis 30 Grad heiß werden, so dass die Sandstrände voll sind.

HOTELS/ANDERE UNTERKÜNFTE

Storforsens Hotell

Direkt am Wasserfall Storforsen liegt das Hotel. Viele Zimmer haben Panoramablick auf den tosenden Fluss.
Bredsel, an der Str. 374 westl. Älvsbyn; Tel. 09 29/7 21 00, Fax 7 21 99; www.hotell-storforsen.se; 70 Zimmer ●●● CREDIT

Pite Havsbad

Am Strand von Piteå liegt dieses Hotel, dass nach schwedischen Maßstäben schon eine Bettenburg ist. Freizeitbad und Strand vor der Tür.
Pite Havsbad; Tel. 09 11/3 27 00, Fax 3 27 99; www.pitehavsbad.se; 394 Zimmer ●● CREDIT

SEHENSWERTES

Strände von Piteå

Wer nicht dort war, glaubt es kaum: An den Stränden 6 km außerhalb von Piteå wird im Sommer gebadet wie an der Costa del Sol. Möglich macht es das Inlandsklima, das im Umkreis von rund 50 km um Piteå für heiße Sommer mit Temperaturen bis zu 30 Grad sorgt. Badeurlaub in Nordschweden ist keine Utopie!

Umeå

→ Umschlagkarte hinten, D 4

75 645 Einwohner

Die Universitätsstadt Umeå ist geprägt von weiten Esplanaden und den zahlreichen Birken. Als nach einem Stadtbrand 1888 nahezu die ganze Stadt in Schutt und Asche lag, wurden die breiten Straßen als Feuerschneisen angelegt und 3200 Birken gepflanzt. Sie sollten einen Funkenflug verhindern.

HOTELS/ANDERE UNTERKÜNFTE

Rica Royal Hotel

Zentrale Lage, schöne Zimmer, Kino im Haus, Relax-Abteilung, so viel Komfort hat auch in Schweden seinen

Preis, aber nur wochentags. Wochenendpreis hingegen günstig.
Skolgatan 62; Tel. 0 90/10 07 30, Fax 10 07 39; www.royalhotelumea.com; 68 Zimmer ●●● CREDIT

SEHENSWERTES
Vindelälven
Der Fluss Vindelälven mündet bei Umeå. Er zählt zu den wenigen nicht regulierten Flüssen Nordschwedens. In seinem mittleren Lauf oberhalb der Ortschaft Vindeln ist der Fluss besonders wild. Am Mårdseleforsen 64 km nordwestlich von Vindeln fällt der Fluss spektakulär um 17 Meter.

SERVICE
Forsknäckarna
Der Vindelälven ist das Revier für spannende Raftingtouren. Von soft bis hart reicht das Programm des Aktivanbieters Forsknäckarna.
Forsknäckarna, Vikheden Ekorrsele; Tel. 0 70/6 81 47 56; www.forsknackarna.com

Vilhelmina
⟶ Umschlagkarte hinten, C 4

3633 Einwohner

Vilhelmina entstand als samische Kirchstadt. Heute liegt es an der Inlandsstraße 45 und ist neben der E 4 an der Küste die einzige Nord-Süd-Verbindung des Landes.

HOTELS/ANDERE UNTERKÜNFTE
Klimpfjälls Högfjällshotel
Von Vilhelmina sind es rund 120 km bis ins Klimpfjäll, aber es liegt nur ein Dorf auf dem Weg. Oben am Stekenjokk wurde einst Erz abgebaut, doch die Grubenanlagen wurden vorbildlich wieder entfernt und renaturiert. Das Hotel liegt knapp unterhalb der Baumgrenze und ist ein guter Ausgangspunkt für Wanderungen.
Klimpfjäll; Tel. 09 40/7 11 80, Fax 7 12 77; www.fjallfjallet.se; 12 Zimmer, 26 Hütten ●● CREDIT

Wilhelmina
Moderne Räumlichkeiten mit Blick auf den See Volgsjön. Kürzlich renoviert. Sauna, Whirlpool, Fitnessraum.
Volgsjövägen 16; Tel. 09 40/5 54 20, Fax 1 01 56; www.hotell.vilhelmina.com; 64 Zimmer ●● CREDIT

SEHENSWERTES
Fatmomakke
Das samische Kirchdorf Fatmomakke ist eines der wenigen, die noch bis heute ihrem alten Zweck dienen. Es liegt abgelegen im Fjäll. Vom Klimpfjäll Högfjällshotel sind es etwa 15 km. Die Kirchhütten sind zum Teil erhöht gebaut, damit Tiere nicht an die Vorräte kommen.

Trappstegsforsen
Zwischen Vilhelmina und dem Klimpfjäll liegt bei Saxnäs einer der schönsten Wasserfälle Schwedens. Der breite »Treppenstufenfall« wird seinem Namen gerecht. Die Fallhöhe beträgt nur wenige Meter, doch die vielen Stufen machen den Reiz aus.
Saxnäs, ca. 90 km nordwestl. von Vilhelmina

See beim Kirchdorf Fatmomakke, das in völliger Abgeschiedenheit im Fjäll liegt.

Routen und Touren

Store Mosse Nationalpark (→ S. 148) in Småland: Das »große Moor« ist Südschwedens weitläufigstes Hochmoor- und Sumpfgebiet.

Schweden ist ein ideales Terrain für Rundreisen: Auf gut ausgebauten Straßen mit geringem Verkehrsaufkommen fährt man entspannt durch eine abwechslungsreiche Landschaft.

Durch die Wälder Smålands – Entdeckungsreise für Groß und Klein

Charakteristik: Die 600 km lange Rundreise mit dem Auto führt durch die Heimat der Kinderbuchautorin Astrid Lindgren. Verbunden mit einem Besuch des Freizeitparks Astrid Lindgrens Värld und der Glashütten in Kosta und Boda wird sie für Kinder und Erwachsene zum unvergesslichen Erlebnis; **Dauer:** 3–7 Tage, je nach Aufenthalt; **Einkehrmöglichkeiten:** Cafeteria der Glashütte in Kosta, 36052 Kosta; Tel. 04 78/5 02 60; Lennarts Konditori am Markt in Eksjö, St. Torget, 57532 Eksjö; Tel. 03 81/61 13 90; im Gartencafé am Wohnhaus von Carl von Linné im Dorf Råshult gibt es übrigens die besten Waffeln Südschwedens; **Auskunft:** Vimmerby Turistbyrå, V. Tullportgatan 3, 59821 Vimmerby; Tel. 04 92/3 10 10; www.turism.vimmerby.se; **Karte:** → S. 185

Als Einstieg in das Thema Glas lohnt ein Besuch des Glasmuseums in **Växjö**. Von Växjö aus fährt man auf der Straße 25 über Hovmantorp nach **Eriksmåla.** Dort zweigt eine kleine Straße von der Reichsstraße 25 nach **Åfors** ab, wo die kreativste Glasbläserei Smålands liegt. An der Kreuzung der Hauptstraßen bei Eriksmåla kann man wahlweise über die Straße 28 nach **Kosta** oder über die Straße 25 nach **Boda** fahren. Beide Glashütten gehören zu einem Konzern. Auf kleinen Nebenstraßen erreicht man **Orrefors,** wo sich die gleichnamige Glashütte befindet, die 1998 ihr 100-jähriges Bestehen feiern konnte. Einen Besuch lohnt auch das hütteneigene Museum, in dem einige der berühmten Exponate zu sehen sind.

Vimmerby → Hult

Das nächste Ziel heißt **Vimmerby,** das man von Orrefors aus über Fröseke, Grönskåra und die Straße 23 erreicht. Wer von Kalmar kommt, nimmt die Europastraße 22 bis Ålem und biegt dort auf die Straße 34 ab. Bei Högsby treffen sich die Wege. Über Målilla und Hultsfred, wo jedes Jahr im Sommer Schwedens größtes Rockfestival stattfindet, geht es auf der Straße 34 nach Vimmerby, der Stadt Astrid Lindgrens.

Der nächste Tag gehört dem småländischen Hochland. Ein Abstecher zum Freizeitpark Astrid Lindgrens Värld (→ S. 29) vor den Toren Vimmerbys wird besonders dem Nachwuchs in bester Erinnerung bleiben. 2 Schließlich trifft er dort nicht nur auf Pippi Langstrumpf, sondern auch auf den Michel aus Lönneberga und andere kleine Helden der populären Kinderbuchautorin. Danach geht es auf der Straße 33 zunächst nach **Hult.** Hier wuchs der schwedische Schriftsteller, Karikaturist und Satiriker Albert Engström (1869–1940) auf. Eine seiner Karikaturen zeigt drei klapperige Bauern aus Hult: »Hier in Hult sind wir Bauern so verdammt mager, dass nicht einmal Gras auf dem Friedhof wächst.«

Nässjö → Liatorp

Die darauf folgende Etappe verläuft über **Nässjö,** das wenig aufregend ist, nach **Jönköping** an den See Vättern. Von Jönköping führt die Rundreise auf der Europastraße 4 zurück in Richtung Helsingborg bis **Skillingaryd,** wo auf die Straße 152 Richtung **Hillerstorp** abgebogen wird. Hier liegt der Nationalpark **Store Mosse,** der ornithologisch Interessierten Aussichtsplätze auf das reiche Vogelleben bietet. Der Nationalpark Store Mosse ist das Kerngebiet einer Landschaft, die so gar nicht in die tiefen småländischen Wälder zu gehören scheint. Niedrige Büsche und Krüppelbirken erinnern eher an Lappland und polare Tundren. Und richtig: Ge-

Im »Glasreich« Småland kann man den Glasbläsern über die Schulter schauen.

nau deswegen genießt ein großer Teil dieser Hochmoorlandschaft Nationalparkstatus. Die Sümpfe und Feuchtgebiete mit ihren Wollgrasteppichen erstrecken sich wie ein »Moormeer« bis zum Horizont. Darin »Inseln« aus Sanddünen und waldbedeckten Hügeln. Durch den Nationalpark führen kilometerlange Holzbohlen-Wanderwege. Sehr zu empfehlen ist ein Besuch im Nationalpark-Zentrum, das die Entstehungsgeschichte multimedial veranschaulicht. Wenn schon keine längere Wanderung möglich ist, sollte mindestens ein Spaziergang zum Aussichtsturm in der Nähe des Infozentrums eingeplant werden. Von erhöhter Position aus beeindruckt Store Mosse – das Große Moor – mit seiner lappländisch anmutenden Weite. Je nach Jahres- und Tageszeit bieten sich spannende Einblicke in die besonders reiche Vogelwelt (Fernglas nicht vergessen!). Von Hillerstorp der Straße 151 nach **Gnosjö** folgen, dort stößt man auf zwei ausgesprochen interessante Industriemuseen (→ S. 66).

Von **Hestra,** wo man übernachten kann, führen die Straßen 26 und 27 über Gislaved nach **Bredaryd**. Auf Nebenstraßen schlägt man sich über Ås zum See Bolmen durch, wo eine kleine Fähre auf die Insel Bolmsö übersetzt. Dort liegen in absolut ruhiger Lage ein Gasthaus und ein Campingplatz. Zum anderen Seeufer hin ist Bolmsö mit einer Brücke verbunden, so dass man über Tannåker wieder die Europastraße bei **Ljungby** erreicht; von dort führt die Straße 124 nach **Liatorp**. Wenn man in Liatorp die Nebenstraße nach Stenbrohult statt der Straße 23 nimmt, erreicht man nach wenigen Kilometern das Dorf **Råshult,** wo der schwedische Botaniker **Carl von Linné** (1762–1778) lebte. Über die Straße 23 dann nach **Växjö** zurückkehren. Unterwegs lohnt noch ein Abstecher nach **Huseby bruk,** einem großen Herrenhof mit Manufaktur und Mühle.

Zu den Stränden Südschwedens – Sand, Dünen und frühzeitliche Funde

Charakteristik: Diese Route verspricht Badefreuden und kulturelle Erlebnisse zugleich. Sie führt den Urlauber zu weiten Sandstränden hinter hohen Dünen, steilen Klippen und Küstenabschnitten mit historischen Funden;
Dauer: 4–7 Tage, je nach Aufenthalt; **Einkehrmöglichkeiten:** Flickorna Lundgren in Skäret (nahe Arild, ca. 8 km nördlich von Höganäs). Das Sommercafé mit großem Garten und Blick aufs Meer ist in einem Fachwerkhaus von 1732 untergebracht. Flickorna Lundgren, Skäretvägen 19, Post: 26041 Nyhamnsläge; Tel. 0 42/34 60 44; www.fl-lundgren.se; Feinschmecker kommen im Branteviks Bykrog im Fischerdorf Brantevik bei Simrisham an der Ostküste auf ihre Kosten. Mittags moderate Preise bei exquisiter Qualität, abends gehobene Preise. Branteviks Bykrog, Mästergränd 2, 27238 Brantevik; Tel. 04 14/2 20 69; www.branteviksbykrog.se; **Karte:** → S. 184, B 11

Der Ausgangspunkt der Rundtour ist **Helsingborg.** Über die Straße 111 ist die Töpferstadt **Höganäs** schnell erreicht. Wer mag, kann sich in der Keramikfabrik nach einem Mitbringsel für die Daheimgebliebenen umschauen. Typisches Produkt ist dunkelbraunes Steingut mit Salzglasur. Folgt man der Straße weiter, kommt man nach **Mölle**, einer kleinen Hafenstadt mit einem lebhaften Gästehafen. Der auf der **Kullenhalbinsel** gelegene Bade-

Bunte Badehäuschen wie dieses zieren viele Strände Südschwedens.

ort hatte sich zur Zeit der vorletzten Jahrhundertwende einen Namen gemacht. Die Landschaft ändert plötzlich ihren Charakter. Vom Kullaberg (187 m) hat man einen schönen Blick auf das Meer und die Steilküste. Am nördlichen Ufer der Landzunge liegt das idyllische Fischerdorf **Arild** versteckt, das mit Mölle auf der gegenüberliegenden Seite der Berge durch einen Wanderweg verbunden ist.

Mölle ···> Falkenberg

Der zweite Tag führt zu den Stränden bei Ängelholm und Halmstad. Über **Ängelholm** und Förslöv gelangt man zunächst nach **Båstad.** Die erste Bademöglichkeit mit einem langen Sandstrand hinter hohen Dünen ist dabei **Ängelholms Havsbad.** Vor Båstad wird es hügelig, die Straße schlängelt sich durch das Tal. Dies sind die Ausläufer des Bergzuges Hallandsåsen. In Båstad folgt dann Erikstorps Strand.

Die Benutzung der autobahnähnlich ausgebauten Europastraße 6 lässt sich kaum vermeiden, um nach **Halmstad** zu kommen. Von Halmstad sind es noch rund 10 km bis nach **Tylösand.** Hier liegt einer der bekanntesten und schönsten Sandstrände Schwedens, der sich durch seine Weite und eine leichte Brandung auszeichnet. Die Küste hinauf nach Falkenberg folgt nun Strand an Strand (→ S. 27). Für Urlauber mit Kindern bietet sich das flache Wasser am Skrea Strand bei Falkenberg an.

Kristianstad ···> Kåseberga

Wer an der östlichen Küste Skånes baden möchte, fährt von **Kristianstad** über die Straße 118 zur Küste. Von Åhus an folgt die Straße der Küste bis **Simrishamn.** Immer wieder hat man Ausblicke auf die Ostsee. Teils finden sich feine Sandstrände, teils steinige Kieselstrände, und manchmal blickt man von einer hohen Steilküste auf das Wasser. Dieser Küstenabschnitt ist reich an frühzeitlichen Funden. Zwischen Kivik und Simrishamn liegt **Stenshuvud,** Schwedens südlichster Nationalpark. Bis zu 100 m fällt hier die Steilküste zum Wasser hin ab. Südlich davon liegen einige wunderschöne Strände.

Von der Straße 9 von **Simrishamn** nach Ystad muss man nach ca. 5 km links abbiegen, um zur Festung **Glimmingehus** zu gelangen. Skillinge ist der größte Fischereihafen Skånes, obwohl auch hier die Fänge in den letzten Jahren deutlich zurückgegangen sind. Auf kleinen Nebenstraßen geht es die Küste entlang nach **Kåseberga** zu der größten skandinavischen Schiffssetzung von Ales Stenar, die markant an der Küste liegt. Von hier ist es nicht mehr weit nach **Ystad** mit seinen zahlreichen Fachwerkhäusern.

Ystad ···> Skanör

International bekannt ist Ystad bei der Zunft der Turmbläser. Noch ist die Tradition lebendig, dass der Wächter im Turm der Marienkirche von 21 bis 3 Uhr jede Stunde viermal in sein Horn bläst.

Für »Leseratten« und Freunde von spannenden Kriminalromanen wird Ystad auch deshalb ein Anziehungspunkt sein, weil die schonische Kleinstadt mit den zahlreichen Fachwerkhäusern schließlich die Heimat der populären Romanfigur »Kurt Wallander« aus der Feder des Bestsellerautors Henning Mankell ist. Wer auf den Spuren des mitunter ein wenig sonderbaren Kriminalkommissars wandeln möchte, für den werden geführte Touren (zu Fuß oder im Sommer auch im historischen Spritzenwagen der Feuerwehr) in die Mariagatan, zum Polizeirevier und zu den jeweiligen Originalschauplätzen der Bücher und Filme angeboten.

Von Ystad aus folgt man nun weiterhin der Küste zum südlichsten Punkt Schwedens bei Smygehuk. Anstatt schließlich von der Hafenstadt **Trelleborg** gleich nach **Malmö** weiterzufahren, empfiehlt sich noch ein Abstecher nach **Skanör** und **Falsterbo,** auf der Landzunge direkt am Öresund gelegen.

Durch Bohusläns Schärenwelt – Fischerdörfer laden zum Verweilen ein

Charakteristik: Eine Genuss-Tour für alle, die es maritim mögen und eine gute Fischmahlzeit zu schätzen wissen; **Dauer:** 4–7 Tage, je nach Aufenthalt; **Einkehrmöglichkeiten:** Fischspezialitäten servieren das Salt och Sill auf der Insel Tjörn und das Bryggcafét in Bovallstrand. Salt och Sill, Klädesholmen; Tel. 03 04/67 34 80; www.saltosill.com; Bovallstrand Bar & Restaurang, Bovallstrand; Tel. 05 23/5 10 65; www.bryggcafet.com; **Karte:** ⇢ S. 153

Ausgangspunkt ist **Göteborg**, hier statt der Europastraße die kleine Straße in Richtung Säve nehmen. Eine Fähre bringt Sie über den Nordre älv, so dass die Fahrt in Richtung Kärna und Marstrand fortgesetzt werden kann. Im autofreien Marstrand warten die Festung Carlsten und pittoreske Holzhäuser. Von der Festung kann man hinüber nach Rönnäng auf die Insel Tjörn schauen, doch mit dem Wagen muss man zunächst zum Festland zurück, der E 6 bis Stenungsund folgen, um dann über die Tjörnbrücke die Insel zu erreichen.

Tjörn ⇢ Fjällbacka

Im Hafen von **Skärhamn** liegen oft alte Segler; Boots- und Angeltouren sorgen für einen schönen Blick vom Wasser auf die Küste. In **Rönnäng** kann man hinter der Kirche einem kleinen Pfad hinauf auf den Hügel folgen, von wo aus man bis nach Marstrand sehen kann. Bis zur kleinen Ortschaft **Klädesholmen**, die geradezu auf einer Insel »klebt«, sind es gerademal 3 km. Ein Spaziergang durch die von weißen Holzhäusern gesäumten Gassen bis zum Hafen ist lohnend, doch der Wagen sollte besser auf dem Parkplatz am Ortsanfang stehen bleiben. In **Kyrkesund** kann man sich die wenigen Meter übersetzen lassen auf die andere Seite des Sundes.

In diesem Dorf läuft ohne Boot nichts, denn die Hauptstraße ist der Sund. Am gegenüberliegenden Ufer auf der Insel **Härön** ist eine schöne Rundwanderung möglich.

Von **Orust** gelangt man am einfachsten über die Brücke der Straße 160 auf die benachbarte Halbinsel **Bokenäs** für einen Abstecher nach **Fiskebäckskil** und **Grundsund**. Mit der Fähre geht es bei Bokenäs auf der Straße 161 in Richtung **Lysekil**, einer Kleinstadt mit Hafen, Kurhaus und Kaltbadeanstalt. Eigentlich wäre es nicht weit nach Smögen, doch die in der Eiszeit ausgewaschenen Fjordarme schieben sich weit ins Land.

In **Smögen** findet täglich eine Fischauktion statt. Orte wie **Hunnebostrand** und **Bovallstrand** lebten Anfang des Jahrhunderts von Stein. Granit wurde zu Kopfsteinpflaster behauen, das in den europäischen Großstädten die Straßen zierte. Auch der Nord-Ostsee-Kanal, damals noch Kaiser-Wilhelm-Kanal, wurde mit Steinen aus Bohuslän gebaut. Viele der Steinbrüche sind heute Gästehäfen für Segler. Über Hamburgsund wird **Fjällbacka** erreicht. Die Schauspielerin Ingrid Bergman verbrachte hier genügend Sommer, um mit einer Büste am Hafen geehrt zu werden.

Grebbestad ⇢ Trollhättan

Vor **Grebbestad** biegt man in Richtung **Tanumshede** ab. Der Ort ist für seine vermutlich aus der Bronzezeit stammenden Felsmalereien berühmt. 8 Nun geht es entweder die Küste weiter in Richtung **Strömstad**, wo eine Fährverbindung zu den Koster-Inseln besteht, oder man fährt durch **Uddevalla** nach **Trollhättan**, um die Tour durch die Wälder von Dalsland bis Dalarna anzuschließen.

Strömstad
N.-Koster
Sör-Koster
Blomsholms-skeppet
152
Ejgde Bratte 189
N. Bullaresjön
165
Billingsfors
Laxsjön
Ed
Steneby
Dals Långed
Råvarp
Näsbön
Resö
Amundshatt 178
Bullarby
211
Bäckefors
8
Tanum
Vitlycke
Grebbestad
165
Södra Bullaresjön
E6
Örekilsälven
Hedekas
Kroppefjäll
231
172
Fjällbacka
Hamburgsund
Hällevadsholm
Kärnsjön
Tegelstrand
177
Färgelanda
Bodaneälven
Mellerud
Bovallstrand
Hunnebostrand
Munkedal
Frändefors
Sotenäs
45
St. Hästesjön
Smögen
Brastad
E6
Uddevalla
Vänersborg
Vassända-Naglum
44
Stångenäs
Gustavsberg
Lysekil
Gullmarn
Trollhättan
Bokenäs
Öresjön
Fiskebäckskil
Koljöfjord
Göta älv
42
Grundsund
Myckleby
Valeklin 186
Morlanda
Ljungskile
Härmanö
Ellös
Orust
Fors
45
Hälleviksstrand
160
116
St. Hällu
Upphärad
Mollösund
Stenungsund
Ucklum
Göta
Vanderyd-vattnet
Kyrkesund
Härön
St. Höga
Skärhamn
Tjörn
Skepplanda
Klädesholmen
Hakefjord
Rönnäng
Romelanda
Göta älv
Hålta
E6
Nödinge
Mjörn
Marstrand
Kungälv
94
Vättlefjäll
St. Lundby
Oslo
Lerum
Skallsjö
Aspen
Öckerö
Göteborg
8
0
21 km
Frederikshavn
Landvetter
© MERIAN-Kartographie

Durch die Wälder von Dalsland bis Dalarna – Und ewig rauschen die Wälder

Charakteristik: Natur entdecken und sich daran erfreuen lautet die Devise dieser Rundreise. Die Strecke zwischen Trollhättan und Leksand wartet mit Stromschnellen, endlosen Wäldern, Bergen und einer reizvollen Seenlandschaft auf; **Dauer:** 5–10 Tage, je nach Aufenthalt; **Einkehrmöglichkeiten:** Falkholts Gestgifveri an der Straße 164 zwischen Dals-Ed und Bengtsfors. Das in einer ehemaligen Schule mitten auf dem Lande gelegene Gourmetrestaurant bietet Spezialitäten aus Dalsland (z.B. Biber) zu moderaten Preisen an. Falkholts Gestgifveri, Steneby, 66010 Dals Långed; Tel. 05 31/3 50 70; www.falkholt.com; im romantischen Ambiente eines alten Herrenhofs speist man hingegen im Länsmansgården in Sunne, unweit des Frykensees; Länsmansgården, Ulvsby Herrgård, 68693 Sunne; Tel. 05 65/1 40 10; www.lansman.com; **Karte:** → S. 180, C 4

Ausgangspunkt ist **Trollhättan**, das von Göteborg aus schnell erreichbar ist. Über die Reichsstraße 45 gelangt man schneller nach **Mellerud**, doch die Strecke über die kleinen Dörfer am südwestlichen Zipfel des Vänersees ist wesentlich schöner. Von Mellerud bis Bengtsfors verkehrt im Sommer eine Museumsbahn, die über eine der Sehenswürdigkeiten Dalslands hinwegführt: den Dalsland-Kanal. Bei **Håverud** kreuzen sich (von unten nach oben) die Stromschnellen zweier Seen mit dem Aquädukt des Dalsland-Kanals, der Eisenbahnbrücke und einer Autobrücke.

Ab Bengtsfors ist die Bahnlinie, die bis **Årjäng** führt, stillgelegt. Hier 9 fahren nun Touristen auf Draisinen auf den Gleisen durch die Wälder. Das von Seen durchzogene Gebiet um Bengtsfors erfreut sich auch bei Paddlern und Kanuten größter Beliebtheit. Von Bengtsfors aus lohnt ein Abstecher zum **Gutshof Baldersnäs**, der auf einer Landzunge am **Laxsjön** liegt.

Årjang → Rättvik

Von Årjäng fährt man über die Straße 172 nach **Arvika**. Wer Zeit und Interesse für Naturbeobachtung mitbringt, kann die Hauptstraße in der Ortschaft **Ström** verlassen und gelangt durch **Glaskogens Naturreservat** nach Arvika. Von Arvika zum **See Fryken** fährt man am besten über Brunskog, wo die Straße nach Västra Ämtervik abzweigt. Am Fryken entlang sind es nur noch wenige Kilometer in Richtung Sunne, bis man in **Rottneros** auf den Skulpturenpark stößt.

Nicht weit von Sunne liegt in **Mårbacka** das Haus der Schriftstellerin Selma Lagerlöf. Ihr Grab befindet sich auf dem Friedhof von Östra Ämtervik am Fryken.

Fährt man das westliche Ufer des Oberen Fryken entlang, kommt man zu **Tossebergsklätten**, einem Berg mit schönem Aussichtsturm. Wer Zeit und Lust mitbringt, kann zu dem 343 m hohen Aussichtspunkt aufsteigen und wird für seine Mühe mit einem herrlichen Rundblick belohnt. Eine Verschnaufpause in dem gemütlichen Café am Hang bietet sich an. Ab **Torsby** beginnt die große Einsamkeit der ewig rauschenden Wälder. Rund 170 km auf Straßen durch dichten Wald liegen vor einem, bis man über die Lederstadt Malung den **Siljansee** erreicht. Vielleicht liegt es an der vorherigen Einsamkeit, dass die Zivilisation im Touristenzentrum **Mora** so geballt wirkt. Drei Dinge machten Mora in Schweden bekannt: Am ersten Sonntag im März endet in Mora alljährlich der berühmte Vasalauf, ein Volkslauf auf Skiern mit mehreren tausend Teilnehmern. Aus Mora stammte der weltberühmte Maler Anders Zorn (1860–1920), dem gleich mehrere Museen gewidmet sind. Und die Moramesser, die es sowohl als Fahrtenmesser als auch als Tischbesteck gibt, genießen noch immer einen ausgezeichneten Ruf.

Die Runde um den 290 qkm großen Siljansee führt zunächst nach **Nusnäs**, wo die bunten Dala-Pferdchen aus Holz gefertigt werden. In **Rättvik** findet von Mittsommer bis August jeden Sonntag morgens um 10 Uhr der Kirchgang auf traditionelle Weise statt: Man rudert in Tracht zur Kirche.

Siljanleden ···> Falun

Wer dem Rummel entfliehen möchte, sollte eine Tageswanderung auf den **Siljanleden** von Rättvik in Richtung Slättberg machen. Auch von **Leksand** aus, dem letzten Ort dieser Tour, sind schöne Wanderungen auf dem Siljanleden oberhalb des westlichen Ufers des Siljansees möglich. In östlicher Richtung befindet sich der Aussichtspunkt **Åsledsberget,** 438 m hoch. Von Leksand kann man über Borlänge zum Mälartal in Richtung Örebro oder über Uppsala in Richtung **Stockholm** fahren, wobei sich in Borlänge noch ein Abstecher zu den Kupfergruben in **Falun** anbietet. Die als Abfallprodukt der Kupferproduktion gewonnene rote Farbe, das Falunrot (»Faluröd«), ist immer noch als Hausanstrich in ganz Skandinavien verbreitet.

Eine Draisinenfahrt auf einer stillgelegten Bahnstrecke zwischen Årjäng (Värmland) und Bengtsfors (Dalsland) ist sportlich und spannend zugleich.

10 Eine Zeitreise durch den Göta-Kanal – Schleusen und Schlösser

Charakteristik: Ruhig, beschaulich und dennoch erlebnisreich verläuft eine Schiffsreise auf dem Göta-Kanal. Zahlreiche Schleusen und Rollbrücken gilt es geschickt zu passieren, während in den Häfen Schlösser und andere Sehenswürdigkeiten auf die Besucher warten; **Dauer:** 4 oder 6 Tage, www.gotacanal.se (Reederei); www.gotakanal.se (Kanalgesellschaft); **Einkehrmöglichkeiten:** Vollpension an Bord der historischen Fahrgastschiffe, Freizeitskipper müssen sich selbst mit Proviant versorgen; **Karte:** → S. 180–181

Wenn die Rollbrücke quietscht und das Schiffshorn tutet, dann wird es eng. Manchmal haben die Schiffe auf dem Göta-Kanal nur 20 cm Platz auf jeder Seite, wenn sie durch die engen Passagen hindurchmanövriert werden. Die Kapitäne der drei Passagierschiffe »Juno«, »Wilhelm Tham« und »Diana« haben wenig Schwierigkeiten mit den schmalen Durchfahrten, die Freizeitskipper, die mit ihren eigenen Booten den zwischen 1810 und 1832 erbauten Kanal durchfahren, dagegen umso mehr. 58 Schleusen und unzählige Dreh-, Kipp- und Rollbrücken aus den letzten 150 Jahren gilt es gekonnt zu passieren. Die Rollenverteilung ist immer dieselbe: Er steht am Ruder und gibt die Kommandos, sie muss die Leinen fest- und im richtigen Augenblick wieder losmachen. Im schwedischen Volksmund heißt der Göta-Kanal deshalb »Scheidungskanal«. In der Schleuse entscheidet sich die Haltbarkeit von Boot und Ehe.

Vänern → Vättern

An Bord der historischen Fahrgastschiffe geht es geruhsamer zu. Ein Speisesaal und ein Salon dienen dem Aufenthalt. Bei den ersten Schleusen laufen die Passagiere noch aufgeregt von Backbord nach Steuerbord, um zu schauen, ob man nun aneckt oder nicht. Nach vier Tagen, wenn sich die Reise dem Ende zuneigt, sind die Schleusen längst Routine.

Genau genommen besteht der Göta-Kanal vor allem aus dem Abschnitt zwischen Vänern und der Ostsee. Der Rest der Strecke verläuft über miteinander verbundene Seen, darunter die beiden größten Seen Schwedens, **Vänern** und **Vättern**. Die Verbindung nach Göteborg heißt **Trollhätte Kanal**, und das letzte Stück zwischen Ostsee und dem See Mälaren ist der **Södertälje Kanal**. Baumeister Baltzar von Platen hatte seinerzeit den großen Wurf geplant: Das Binnenland sollte erschlossen und industrialisiert, der Göta-Kanal zu der wichtigsten Verkehrsader werden. Sein Wunsch wurde nur für wenige Jahre Realität. Zwar prosperierten einige Kleinstädte wie **Söderköping** und **Motala**, doch mit dem Aufbau eines Eisenbahnnetzes in Schweden hatte der Göta-Kanal ausgedient.

Söderköping → See Viken

Je nachdem, ob Stockholm oder Göteborg der Ausgangspunkt der Reise ist, werden andere Orte angelaufen. Sehenswert ist die Kleinstadt **Söderköping**, die auch ein guter Ausgangspunkt für Radtouren am Göta-Kanal ist. Am Ausgang des Sees Roxen liegen die beeindruckenden acht Schleusenstufen von **Berg**. Hier überwindet das Schiff einen Höhenunterschied von rund 35 m. Während der Schleusung wandern die Passagiere am Ufer entlang zum nahe gelegenen Kloster Vreta aus dem Jahre 1100. Bei **Borensberg** muss die Schleuse noch von Hand geöffnet werden. In **Motala** wartet das Kanalmuseum mit Exponaten zur Geschichte des Kanalbaus. In **Vadstena**, wo nur auf den Fahrten

Insgesamt 58 Schleusen hat der Göta-Kanal, der Göteborg mit Stockholm verbindet.

von Göteborg nach Stockholm Halt gemacht wird, ist das Kloster der Heiligen Birgitta interessant. Direkt am kleinen Hafen Vadstenas liegt zudem eines der vielen Schlösser der Wasa-Zeit. Nach der Überquerung des Vättersees erreicht man **Forsvik,** wo seit mehreren Generationen jedes Schiff von der Familie Kindbom mit Gesang begrüßt wird. Die Einfahrt zum **See Viken** ist urwaldartig verschlungen. Der Kanal ist so gewunden, dass das Schiff in den Kurven mit Tauen von Hand verholt werden muss. Zum See Vänern hinab müssen bei **Sjötorp** wieder 30 m Höhenunterschied überwunden werden. **Schloss Läckö** 7 am Vänern ist auch ohne Schiffsreise einen Besuch wert.

614 km lang ist die Strecke Stockholm–Göteborg, davon werden 190 km auf dem Kanal zurückgelegt.

Mit dem Zug zum Wandern – mit der Inlandsbahn durch Lappland

Charakteristik: Die kombinierte Bus- und Bahnreise kann auch als Zubringer zu den Wandergebieten Lapplands genutzt werden. Die Bahntickets lassen Reiseunterbrechungen zu, so dass in den Orten entlang der Strecke Pausen für Sightseeing oder Aktivitäten möglich sind. Es können auch nur Teilabschnitte befahren werden; **Länge:** gesamte Bahnstrecke 1 300 km; www.inlandsbanan.se
Dauer: mindestens 3 Tage, gern etwas mehr Zeit einplanen; **Schwierigkeitsgrad:** einfach bei der reinen Bahnreise, sportlich bei den Bergwanderungen; **Übernachtungsmöglichkeiten:** Kristinehamn (S. 117), Mora (S. 125), Östersund (S. 133), Vilhelmina (S. 145), Arvidsjaur (S. 138), Jokkmokk (S. 141), Gällivare (S. 139); Berghütten: www.svenskaturistforeningen.se; **Karte:** ⇢ Umschlagkarte vorne/Umschlagkarte hinten

Die Inlandsbahn ist ein Klassiker in Schweden, immer wieder tot gesagt und doch noch am Leben. Sie führte einst von Kristinehamn am Vänern bis hinauf ins lappländische Gällivare zu den **Erzbergwerken**. Nachdem die Bahnstrecke lange vom Aus bedroht war, und schon auf einzelnen Streckenabschnitten die Gleise entfernt wurden, entschlossen sich die Anlieger-Gemeinden, die Bahn in eigener Regie weiterzuführen. So konnte die Inlandsbahn erhalten werden. Nur auf dem Stück zwischen Persberg und Mora war der Gleisrückbau nicht mehr aufzuhalten, hier verkehren heute Busse.

Reisende erwartet ein Bummelzug durch die Weite Lapplands mit ewigen Wäldern, Brücken über reissende, breite Ströme und – wenn man einen Fensterplatz mit Blick nach Westen hat – ständiger Aussicht auf das **Fjäll** im norwegisch-schwedischen Grenzgebiet. Ohne dem südlichen Teil der Strecke Unrecht zu tun, aber der interessanteste Part ist sicher die Etappe von Mora über Östersund nach Gällivare.

Kristinehamn ⇢ Mora

Die Reise beginnt in einem Schienenbus am Ufer des Vänern. Bis **Mora** dauert es gut fünf Stunden, wobei in Persberg nach eineinhalb Stunden in den Bus umgestiegen wird. Wer sich nun die Region **Bergslagen** näher anschauen möchte, kann von Persberg aus Sikfors oder Grythyttan als Zwischenstation wählen, beide sind etwa 25 km entfernt (→ S. 123). Der Bus fährt weiter auf Überlandstraßen nach Mora. Auch wenn am Nachmittag noch Zeit bleibt, sollte man einen Tag mehr in Mora bleiben, um sich die Museen des Malers Anders Zorn anzuschauen oder einen Ausflug nach Nusnäs zu den Dala-Pferdchen zu machen. Als Alternative zu Mora bietet sich **Orsa** an, das per Bahn aber erst am nächsten Vormittag angefahren wird. Es sind Linienbusse im Einsatz. Das herrlich gelegene Hotel Fryksås ist nur per Taxi erreichbar.

Mora ⇢ Östersund

Sechs Stunden dauert die Fahrt mit dem Zug von Mora bis Östersund. Gleich zu Beginn ergibt sich auf der linken Seite ein schöner Blick über den See Orsasjön, anschließend führt die Fahrt durch endlos scheinende Wälder nach Sveg. Wer einen Stopp im Waldhotel Lassekrog machen möchte (→ S. 133), muss von hier den Bus Richtung Ljusdal nehmen.

Ein besonders schöner Streckenabschnitt der Inlandsbahn folgt kurz vor Östersund, wenn bei Svenstavik die südliche Spitze des Storsjön erreicht wird. Bis Hackås geht es durch Felder und Wiesen leicht oberhalb des

Sees. Dann verläuft die Bahnstrecke quer über eine Landzunge, bevor sie bei Brunflo wieder auf eine Bucht trifft. Bis Östersund geht es am Ufer entlang.

Die Garnisonsstadt **Östersund**, die gegen 14 Uhr erreicht wird, ist wie Mora mindestens einen Tag Aufenthalt zusätzlich wert. Interessant ist auch ein Abstecher nach Åre, das mit Zügen der schwedischen Staatsbahn SJ zu erreichen ist. Die Anbieter der winterlichen Hundeschlittentouren führen im Sommer Wanderungen durch. Man kann aber auch auf eigene Faust mit der Kabinenbahn auf den Hausberg Åreskutan hinauf fahren und von dort aus wandern (→ S. 134).

Östersund ···> Gällivare

Die Etappe von Östersund nach **Gällivare** ist die längste der Inlandsbahn. Morgens um sieben Uhr verlässt der Zug die Hauptstadt Jämtlands, um erst abends gegen 21 Uhr Gällivare zu erreichen. Auf dieser Etappe machen ein oder zwei Zwischenstopps Sinn. Die Gleise verlaufen am Fuße der Berge, die Entfernung bis zu den Wandergebieten variiert zwischen 90 und 120 km. Die Verbindung stellen Linienbusse her.

Von **Vilhelmina** ins Klimpfjäll wäre solch ein Abstecher zum Wandern, von Storuman nach Hemavan zum Kungsleden eine zweite Möglichkeit. Die beliebte Wanderroute erreicht man auch per Bus von Sorsele nach Ammarnäs. Jokkmokk–Kvikkjokk und Porjus–Vietas sind weitere Querverbindungen von der Inlandsbahn ins Fjäll hinein. Wer nach drei Tagen bereits Gällivare erreicht, verpasst das vielleicht schönste Erlebnis: die Bergwanderung im Fjäll.

Viele Veranstalter von Wanderungen haben im Winter auch Touren mit Hundeschlitten in ihrem Programm: ein unvergessliches Erlebnis.

Die große Weite des Nordens – Mit dem Auto Richtung Nordkap

Charakteristik: Rundreise mit dem Auto oder Wohnmobil durch Schwedisch-Lappland; **Länge:** ca. 2000 km; **Dauer:** etwa ein bis zwei Wochen; **Schwierigkeitsgrad:** durch geringe Verkehrsdichte sehr einfach zu fahren; **Unterkünfte:** Wer nicht in den Hotels der genannten Orte übernachten möchte, findet auf den Campingplätzen fast immer einfache, preiswerte Hütten vor. Sie können nicht vorgebucht werden. Ideal für Familien. Wohnmobilfahrer sollten wegen der sonst spärlichen Ver- und Entsorgungsmöglichkeiten ebenfalls Campingplätze aufsuchen; **Karte:** ⇢ Umschlagkarte hinten

Wer Richtung Nordkap fahren möchte, hat im Wesentlichen vier Routen zur Auswahl, zwei davon in Schweden. Die beiden anderen sind die E 6 durch Norwegen und die E 8 durch Finnland. In Schweden kommt die Küstenstraße E 4 oder der Inlandsvägen, die Straße 45 in Frage. Von allen vier Möglichkeiten ist die Straße 45 die Route, die durch vergleichsweise geringes Verkehrsaufkommen am angenehmsten zu fahren ist.

Wer glaubt, in zwei Wochen von München zum Nordkap und zurück fahren zu können, wird nicht viel erleben, sondern den Norden überwiegend nur durch die Windschutzscheibe sehen. So soll diese Tour auch ein Plädoyer sein für langsames, intensives Reisen mit Luft für Abstecher und Pausen. Zwei Tipps sind wichtig: Erstens sollte der Zeitrahmen mit Anreise gern bei drei Wochen liegen, um auch vor Ort die Schönheiten des Landes genießen zu können. Und zweitens sollte die Anreise so zügig wie möglich erfolgen, um mehr Zeit für Lappland zu haben. Die Nachtfähren von Kiel nach Oslo (Norwegen, Color Line) oder von Travemünde nach Helsinki (Finnland, Finnlines) führen am weitesten nach Norden. Eine Alternative sind Fluganreise plus Mietwagen.

Östersund ⇢ Lycksele

Östersund ist von den Fährhäfen Oslo und Göteborg in jeweils zwei Tagen bequem zu erreichen. Auf der Straße 45 geht es bis Strömsund, wo sich der erste Abstecher anbietet. Hier zweigt der sogenannte Vildmarksvägen nach Gäddede ab. Über Stekenjokk und Klimpfjäll erreicht man den Wasserfall Trappstegsforsen (→ S. 145), bis bei Vilhelmina die Straße 45 erneut erreicht wird. Statt mit erlaubten 110 km/h über den Elch-Highway zu brausen, sei die kleine Querverbindung nach Lycksele empfohlen. Dort liegt ein Campingplatz wunderbar auf einer Insel im Fluss Umeälven.

Lycksele ⇢ Piteå

Die nächste Station heißt Ruskele am Vindelälven. Hier locken Raftingtouren auf dem ungezähmten Fluss (→ S. 145). Unweit von Norsjö verläuft eine Seilbahn, die einst zum Erztransport von Kristineberg nach Bolliden benutzt wurde. Auf einem Teilstück verkehren Gondeln, so dass man sich die lappländischen Wälder von oben anschauen kann. Bei Glommersträsk trifft die Landstraße auf die Straße 95, eine kleine Nebenstraße führt zur Straße 373 nach Piteå, wo ein sommerliches Bad lockt (→ S. 144).

Piteå ⇢ Jokkmokk

Der nächste Tag führt zum Wasserfall Storforsen, der bei Vidsel an der Straße 374 liegt (→ S. 144). Zuvor bietet sich ein Schlenker nach Gammelstads Kyrkby, das alte Luleå an (→ S. 142). Über Älvsbyn und Vidsel geht es nun nach Jokkmokk, wo das samische Museum Ájitte lockt (→ S. 141). Mitten in die Bergwelt führen zwei mögliche Abstecher von Jokkmokk nach Kvikkjokk und von Porjus nach Ritsem an den Fuß des Kebnekaise, Schwedens höchster Berg.

Jokkmokk ···› Karesuando

Die nächsten Kilometer verlaufen auf der Straße 45 nach Norden, von einem Abstecher bei Svappavara nach Kiruna und Jukkasjärvi einmal abgesehen (→ S. 142). Die Besiedlung war schon in den vergangene Tagen dünn, doch zwischen Vittangi, Soppero und Karsesuando liegen jeweils fünfzig Kilometer Moorlandschaft und sonst nichts. Hundert Kilometer sind hier eine Stunde Fahrt. In Karesuando ist die finnische Grenze erreicht. Wer sich auf die Schweden-Rundtour beschränkt, biegt rechts ab auf die Straße 99 oder auf der finnischen Seite des Flusses auf die E 8.

Karesuando ···› Nordkap

Es gibt zwei Wege, die von Karesuando zum Nordkap führen und die sich zu einer Runde verbinden lassen. In Karesuando links Richtung Norwegen, bis die E 6 erreicht ist und über Alta zum Nordkap. Auf dem Rückweg wird die E 6 über Lakselv bis Karasjok benutzt. Die Straße 92 verbindet Karasjok mit Kautokeino, dem samischen Zentralort Norwegens. In Enontekiö ist bereits wieder finnischer Boden erreicht. Bei Muonio kann auf die schwedische Seite der Grenze gewechselt werden.

Karesuando ···› Haparanda

Ohne den Abstecher zum Nordkap bleibt man in Karesuando auf der Straße 99 nach Haparanda. Der alte Thingplatz Pajala liegt ebenso an der Strecke wie die hübsche Ortschaft Övertorneå. Zuvor wird bei Niskanpää der Polarkreis überquert (→ S. 141). Die Stromschnellen des Kukkolaforsen sind unbedingt einen Stopp wert, bevor in Haparanda die Entscheidung für die E 8 durch Finnland oder die E 4 durch Schweden fallen muss.

Rund 290 000 Elche soll es in ganz Schweden geben. Die Chance, einem der imposanten Tiere zu begegnen, ist besonders im Norden des Landes groß.

Wissenswertes über Schweden

Im Zentrum von Kalmar (→ S. 67): Dieses eindrucksvolle Monument entstand anlässlich der 600-Jahr-Feier der Kalmarer Union. In diesem Zusammenschluss vereinte die dänische Königin Margarete 1397 die Länder Schweden, Dänemark und Norwegen unter ihrer Herrschaft.

Praktische Informationen wie aktuelle Wechselkurse, Reisewetter, kulinarische Begriffe oder Verkehrsvorschriften – alles, was Sie für Ihren Urlaub in Schweden wissen sollten.

Jahreszahlen und Fakten im Überblick

10000–1800 v. Chr.
Frühzeitliche Grab- und Siedlungsfunde zeugen von einer Besiedlung Schwedens und Gotlands bereits in der Steinzeit. Ackerbau und Viehzucht ist dort bereits um 2500 v. Chr. nachweisbar.

600 v. Chr–500 n. Chr.
Die Eisenzeit war geprägt von lebhaften Handelsbeziehungen zwischen den Menschen im Norden Europas und denen im Osten und Süden. In Tacitus' »Germania« von 98 n. Chr. ist zum ersten Mal von den Völkern am Mälarsee die Rede.

800–1050
Wikingerzeit. Die Bewohner Skandinaviens greifen zum ersten Mal mit aller Macht in die Geschichte Europas ein. West- und Mitteleuropa wird kriegerisch traktiert: Wikinger aus Dänemark und Norwegen gehen auf Raubzüge nach Frankreich und auf die Britischen Inseln. Schwedische Waräger errichten ein Handelsimperium, das über Russland bis Byzanz reicht.

1397
In der Kalmarer Union vereinigt die dänische Königin Margarete die nordischen Länder Schweden, Dänemark und Norwegen unter ihrer Herrschaft.

1523
Nach jahrzehntelangen Separationskämpfen erhebt sich Gustaf Wasa erfolgreich gegen die dänischen Herrscher. Er wird zum König Schwedens ausgerufen und stellt damit Schwedens Unabhängigkeit und Einheit her. Der 6. Juni, Schwedens Nationalfeiertag, erinnert daran.

1628
Das königliche Flaggschiff »Wasa« sinkt auf seiner Jungfernfahrt.

1630–1648
Gustaf II. Adolf greift in den Dreißigjährigen Krieg ein und verhindert eine Niederlage der Protestanten. Auch wenn der Schwedenkönig 1632 bei der Schlacht von Lützen (südwestlich von Leipzig) fällt, expandiert Schweden weiter: Im Westfälischen Frieden von 1648 fallen große Ländereien südlich und östlich der Ostsee an Schweden.

1700–1718
Karl XII. greift Russland an, muss aber große Verluste hinnehmen. Nach dem Tod des Monarchen 1718 verliert Schweden fast alle Gebiete an der Ostsee und damit seine Großmachtstellung.

1718–1772
Diese Periode wird Schwedens »Freiheitszeit« genannt: Der Einfluss des Königs schwindet, die Politik wird vom Reichstag bestimmt. Große Blütezeit in Kultur, Wissenschaft und Wirtschaft.

1772
Gustaf III. stärkt wieder die Rolle des Königs, fördert aber auch Musik, Literatur und Kunst, indem er die Schwedische Akademie, die Königliche Oper und andere Kultureinrichtungen gründet.

1810–1832
Bau des Göta-Kanals vom See Vänern an die Ostsee mit zeitweise über 7000 Bauarbeitern. Beginn der Erschließung des Binnenlandes, die in der zweiten Hälfte des 19. Jh. durch den Bau der Eisenbahn fortgesetzt wurde. Diese öffentlichen Arbeiten prägen Schweden im 19. Jh. in besonderem Maße und bilden die Grundlage für die relativ rasche Industrialisierung des Landes.

1813
Beendigung der Teilnahme Schwedens an den Napoleonischen Kriegen. Zuvor hatte Schweden Finnland verloren, dagegen Norwegen vom Kriegsverlierer Dänemark als Ausgleich erhalten.

ab 1850
Große Auswanderungswelle nach Amerika. Schweden verliert ein Viertel seiner Bevölkerung.

1901
Zum ersten Mal werden die Nobelpreise verliehen, die auf das Testament des Chemikers und Erfinders des Dynamits, Alfred Nobel (1833 bis 1896), zurückgehen.

1905
Durch Verhandlungen friedliche Auflösung der schwedisch-norwegischen Union.

1915–1945
Erster und Zweiter Weltkrieg; in beiden Kriegen bleibt Schweden neutral, aber sehr deutschfreundlich, was den Politikern Kritik der besetzten nordischen Nachbarländer einbringt.

1969
Der Sozialdemokrat Olof Palme wird zum Ministerpräsidenten gewählt.

1973
König Carl XVI. Gustaf tritt die Nachfolge seines verstorbenen Großvaters Gustaf VI. Adolf an.

1976–1982
Nach 44 Jahren sozialdemokratischer Regierungszeit tritt nach den Reichstagswahlen erstmals wieder eine bürgerliche Regierung ihr Amt an.

1979
Die weibliche Thronfolge wird in einer Verfassungsreform gesichert. Damit avancierte Prinzessin Victoria (geboren 1977) zur neuen Thronfolgerin.

1986
Nach einem Kinobesuch in Stockholm wird der sozialdemokratische Ministerpräsident Olof Palme auf offener Straße erschossen. Das Verbrechen konnte nie aufgeklärt werden.

1991
Inmitten einer schweren Wirtschaftskrise tritt der konservative Carl Bildt das Amt des Ministerpräsidenten an. Die zweite konservative Koalitionsregierung besteht aus Konservativen, Zentrumspartei, Liberalen und Christdemokraten.

1994
Bei den Parlamentswahlen siegen die Sozialdemokraten knapp unter Ingvar Carlsson und bilden eine Minderheitsregierung. Per Volksabstimmung entscheidet sich die Mehrheit der schwedischen Bevölkerung für den Beitritt zur EU.

1. Januar 1995
Schweden tritt zusammen mit Finnland und Österreich der Europäischen Union bei. Die nordische Zollunion bleibt bestehen.

März 1996
Der sozialdemokratische Ministerpräsident Ingvar Carlsson tritt aus persönlichen Gründen zurück, sein Nachfolger heißt Göran Persson.

1. Juli 2000
Schweden erhält mit der Öresundbrücke zwischen Malmö und Kopenhagen eine feste Landverbindung zum Kontinent.

2003
Die schwedische Außenministerin Anna Lindh wird in einem Stockholmer Einkaufszentrum ermordet.

2006
Im Oktober löst ein konservatives Bündnis die sozialdemokratische Regierung Persson ab.

Nie wieder sprachlos

Das Schwedische ist eine nordgermanische Sprache und wird außer in Schweden auch noch in Teilen Finnlands gesprochen. Auffällig ist die Ähnlichkeit zu niederdeutschen Dialekten. Am deutlichsten unterscheidet sich das Schwedische vom Deutschen durch den bestimmten Endartikel, d. h., ein Haus heißt ett hus, aber das Haus huset. Die Entwicklung der schwedischen Sprache wird sorgsam von der Schwedischen Akademie, die auch den Nobelpreis für Literatur vergibt, mitverfolgt und in einem Wörterverzeichnis (»ordlista«) festgehalten.

Das Schwedische hat einen Buchstaben, der im deutschen Alphabet nicht vorkommt: das **å** (**Å**), das etwa wie ein o ausgesprochen wird. Es steht im Alphabet an drittletzter Stelle, vor dem Ä und dem Ö. Den Stadtteil Östermalm müssen Sie also auf dem Stadtplan im Straßenregister ganz hinten suchen.

Ja	*Ja*
Nein	*Nej*
Bitte	*Var så god*
Danke	*Tack*
Und	*Och*
Wie bitte?	*Vad sa du?*
Ich verstehe nicht	*Jag förstär inte*
Entschuldigung	*Ursäkta*
Guten Morgen	*God morgon*
Guten Tag	*Hallo*
Guten Abend	*Hej*
Ich heiße ...	*Jag heter...*
Ich komme aus ...	*Jag kommer från...*
Wie geht's?	*Hur står det till?*
Danke, gut	*Tack, det är bra*
Wer, was, welcher	*Vem, vad, vilken*
Wie viel	*Hur mycket*
Wo ist ...	*Var ligger, var finns*
Wann	*När*
Wie lange	*Hur länge/Hur lång tid*
Sprechen Sie Deutsch?	*Talar du tyska?*
Auf Wiedersehen	*Hej då*
Gestern	*I går*
Heute	*I dag*
Morgen	*I morgon*

Zahlen

eins	*ett*
zwei	*två*
drei	*tre*
vier	*fyra*
fünf	*fem*
sechs	*sex*
sieben	*sju*
acht	*åtta*
neun	*nio*
zehn	*tio*
einhundert	*hundra*
eintausend	*tusen*

Wochentage

Montag	*måndag*
Dienstag	*tisdag*
Mittwoch	*onsdag*
Donnerstag	*torsdag*
Freitag	*fredag*
Samstag	*lördag*
Sonntag	*söndag*

Mit und ohne Auto

Wie weit ist es nach ...?	*Hur långt är det till ...?*
Wie kommt man nach ...?	*Hur tar jag mig till ...?*
Wo ist der/die nächste ...?	*Var finns närmaste ...*
– Werkstatt	*– bilverkstad*
– Bahnhof/Busbahnhof	*– station/busstation*
– U-Bahn-/Bus-Station	*– tunnelbanestation/bushallplats*
– Flughafen	*– flygplats*

– die Touristeninformation	– *turistinformation*
– die nächste Bank	– *närmaste banken*
– der nächste Geldautomat	– *närmste bankomaten*
Wo finde ich eine(n) Arzt/Apotheke?	*Var finns vårdcentralen/apoteket?*
Tankstelle	*Bensinstation*
Super	*98 Oktan*
Diesel	*diesel*
rechts	*höger*
links	*vänster*
geradeaus	*rakt fram*
Ich möchte ein Auto/ein Fahrrad mieten	*Jag skulle vilja hyra en bil/en cykel*
Wir hatten einen Unfall	*Vi rakade ut för en olycka*
Eine Fahrkarte nach ... bitte	*En bijett till ..., tack!*
Ich möchte ... Euro in Kronen wechseln	*Jag skulle vilja växla ... Euro till kronor!*

Hotel

Ich suche ein Hotel	*Jag söker ett hotell*
Ich suche ein Zimmer für ... Personen	*Jag söker ett rum för ... personer*
Haben Sie noch Zimmer frei	*Har Ni lediga rum*
– für eine Nacht?	– *för en natt*
– für zwei Tage?	– *för två dagar*
– für eine Woche?	– *för en vecka*
Ich habe ein Zimmer reserviert	*Jag reserverade ett rum*
Wie viel kostet das Zimmer	*Hur mycket kostar rummet*
– mit Frühstück?	– *med frukost*
– mit Halbpension?	– *med halvpension*
Kann ich das Zimmer sehen?	*Får jag titta på rummet?*
Ich nehme das Zimmer	*Jag tar rummet*
Kann ich mit Kreditkarte zahlen?	*Tar Ni kreditkort?*

Restaurant

Die Speisekarte bitte!	*Kan jag få menyn?*
Die Rechnung bitte!	*Kan jag betala, tack!*
Ich hätte gern einen Kaffee!	*Kan jag få kaffe, tack?*
Können Sie mir bitte ein Messer/eine Gabel/einen Löffel bringen?	*Kan jag få en kniv/en gaffel/en sked?*
Wo finde ich die Toiletten (Damen/Herren)?	*Var finns damtoaletten/herrtoaletten?*
Kellner	*kypare*
Frühstück	*frukost*
Mittagessen	*lunch*
Abendessen	*kvällsmat*

Einkaufen

Wo gibt es ...?	*Var finns det ...?*
Haben Sie ...?	*Har Ni ...?*
Wie viel kostet das?	*Hur mycket kostar detta?*
Das ist zu teuer	Det är för dyrt.
Geben Sie mir bitte ... Gramm/ein Pfund/ein Kilo	*Kan jag få ... gram/ett halvt kilo/ett kilo*
Danke, das ist alles	*Tack, det var allt*
geöffnet/geschlossen	*öppet, stängt*
Bäckerei	*hembagari/konditori*
Kaufhaus	*varuhus*
Markt	*marknad*
Lebensmittelgeschäft	*livsmedelsaffär*
Briefmarken für einen Brief/eine Postkarte nach Deutschland/Österreich/in die Schweiz	*frimärken för ett brev till Tyskland/Österrike/Schweiz*

Wichtige kulinarische Begriffe

A
abborre: Barsch

B
biffsteak: Beefsteak
bröd: Brot
bär: Beere

D
dagens rätt: Empfehlung des Tages (Mittagstisch)
djupfryst: tiefgefroren
dryck: Getränk

E
efterrätt: Nachspeise
enris: Wacholder

F
falukorv: Fleischwurst
filmjölk: Dickmilch
fisk: Fisch
fläskkotlett: Schweinekotelett
folköl: »Volksbier« (2,8 % Alkoholgehalt)
frallar: Brötchen
frukost: Frühstück
färs: Hackfleisch
förrätt: Vorspeise

G
gåsamiddag: Gänseessen (Spezialität Skåne)
glass: Eis
glögg: skandinavischer Glühwein
grädde: Sahne
gräddfil: Schmand
gräslök: Schnittlauch
griskött: Schweinefleisch
grönsaker: Gemüse
gås: Gans
gädda: Hecht
gös: Zander

H
hallon: Himbeere
hare: Hase
havskräftor: Meereskrebse
hjort: Hirsch
hjortron: Multebeere
honung: Honig

I
isterband: Griebenwurst (småländische Spezialität)
isvatten: Eiswasser (kostenlos zum Essen)

J
jordgubbar: Erdbeeren
julbord: klassisches Weihnachtsbuffet
julskinka: Weihnachtsschinken

K
kaka: Kuchen
kalkon: Puter
kanelbullar: Zimtschnecken (Kaffeegebäck)
kantareller: Pfifferlinge
karljohanssvamp: Steinpilz
kokt skinka: Kochschinken
korv: Wurst
kronärtskocka: Artischocken
kräftor: Krebse
kryddat med (...): gewürzt mit (...)
kyckling: Hühnchen
kål: Kohl
kåldolmar: Kohlroulade
körsbär: Kirschen
kött: Fleisch
köttbullar: Hackbällchen
köttfärs: Hackfleisch

L
lammkött: Lammfleisch
lax: Lachs
laxöring: Meeresforelle
legymer: Gemüse
lingon: Preiselbeere
läsk, läskedryck: Erfrischungsgetränk, Limonade
lättmjölk: Magermilch
lättöl: »Leichtbier« (1,8 % Alkoholgehalt)
löjrom: roter Kaviar von kleiner Maräne
lök: Zwiebel

lussekatter: vorweihnachtliches Gebäck

M
maräne: Felchen
matlagningsgrädde: Sahne zum Kochen
matsedel: Speisekarte
mazariner: Kleingebäck mit Zuckerguss
meny: Speisekarte
middag: Abendessen
mineralvatten: Mineralwasser
mjölk: Milch
morrötter: Mohrrüben
musslor: Muscheln

N
nudlar: Nudeln
nota: Rechnung
nöt: Nuss
nötkött: Rindfleisch

O
ost: Käse
ostkaka: warmer Quarkauflauf
oxfärs: Rinderhack

P
paj: Pastete
pannkaka: Pfannkuchen
pepparkaka: Pfefferkuchen
pepparrott: Meerrettich
piggvar: Heilbutt
plankstek: Steak mit gratiniertem Kartoffelmus, auf einem Holzbrett serviert
potatis: Kartoffel
purjolök: Porree
pålägg: Aufschnitt
påtår ingår: zweite Tasse Kaffee im Preis enthalten
päron: Birne

R
rapphöns: Rebhuhn
renkött: Rentierfleisch
ris: Reis
rådjur: Reh
räkor: Garnelen
rödbeta: Rote Beete
rödspätta: Scholle
rödvin: Rotwein
rökt: geräuchert

S
saltkött: »Salzfleisch« (Aufschnitt)
semlor: gefülltes Hefegebäck
senap: Senf
sik: Felchen
sill: Hering
sjötunga: Seezunge
skinka: Schinken
smör: Butter
smörgås: belegtes Brot
sparris: Spargel
spätta: Scholle
spettekaka: Baiserkuchen (Skåne)
sprit: Spirituosen
starköl: Bier mit ca. 4,5 % Alkoholgehalt
stekt: gebraten
strömming: Ostseehering
sur: sauer
surkål: Sauerkraut
sylt: Eingemachtes

V
vatten: Wasser
vetemjöl: Weizenmehl
vilt: Wild
vinäger: Essig
vin: Wein
vinbär: Johannisbeeren
vispgrädde: Schlagsahne
vitkål: Weißkohl
vitlök: Knoblauch
vittvin: Weißwein

Å
ål: Aal
ålagille: Aalessen (Spezialität Skåne)

Ä
ägg: Ei
älgkött: Elchfleisch
äpple: Apfel
ärtor: Erbsen
ättika: Essig
ättikagurka: Essiggurke

Ö
öl: Bier
ört: Kräuter

Nützliche Adressen und Reiseservice

Auf einen Blick

Bevölkerung: Die gut neun Millionen Schweden verteilen sich recht ungleichmäßig über das Land. Nördlich der Linie Uppsala–Karlstad ist das Land extrem dünn besiedelt: Auf zwei Drittel der Fläche des Landes leben nur eine Million Menschen, der allergrößte Teil ist also in Südschweden wohnhaft, davon allein im Großraum Stockholm rund 1,2 Millionen.
Einwohnerzahl: 9,1 Mio.
Fläche: 450 000 qkm
Religion: 82 % der Bevölkerung gehören der evangelisch-lutherischen Kirche an.
Sprache: Schwedisch
Verwaltungseinheit: Schweden ist eine konstitutionelle Monarchie mit einer parlamentarischen Regierungsform. Das Land ist in 21 Provinzen, sog. »län«, eingeteilt. 289 Gemeinden vertreten wiederum die lokalen Interessen der Schweden.
Wirtschaft: Im Laufe von nur 100 Jahren ist aus dem Agrarland Schweden ein Industrieland geworden, in dem nur noch 3 % der Bevölkerung in der Landwirtschaft beschäftigt sind. Gleichwohl deckt Schweden fast 80 % der Versorgung mit landwirtschaftlichen Produkten selbst. Im 19. Jh. war Schweden im Zeitalter der Industrialisierung hauptsächlich Exporteur von Rohstoffen. Schwedisches Erz und Holz wurde zunächst in England und Mitteleuropa verarbeitet, ehe in Schweden erste Industriebetriebe entstanden, die die eigenen Schätze unter Ausnutzung der reichlich vorhandenen Wasserkraft verwerten konnten. Schwedische Eisen- und Stahlerzeuger sowie die Zellstoffindustrie waren viele Jahre die Zugpferde der schwedischen Wirtschaft. Inzwischen ist der Maschinenbau führend. An zweiter Stelle steht die holzverarbeitende Papier- und Zellstoffindustrie, gefolgt von der chemischen und der Nahrungsmittelindustrie. Der Anteil des Bergbaus macht immerhin noch 10 % vom Exportvolumen aus. Die Boombranche schlechthin ist in Schweden die Informationstechnologie. Schweden gilt inzwischen weltweit als führende IT-Nation.

Die großen Konjunktureinbrüche der Achtzigerjahre hatten für schwedische Verhältnisse hohe Arbeitslosenquoten zur Folge. In der Industrie sind nur noch rund 30 % aller Erwerbstätigen beschäftigt. Der Dienstleistungssektor nimmt dagegen weiter zu. Die konjunkturelle Talfahrt hatte heftige Diskussionen über das »Schwedische Modell« des Wohlfahrtsstaats ausgelöst. Rigorose Einsparungen im öffentlichen Sektor und Umstrukturierungen im Sozialstaat waren die Folgen. International mündete die Wirtschaftskrise in eine kräftige Abwertung der Schwedischen Krone.

Anreise

Mit dem Auto und der Fähre

Mit dem Auto gibt es eine ganze Reihe von Möglichkeiten, um Schweden zu erreichen. Die längste Seereise ist mit 13,5 Std. die von Kiel nach Göteborg. Täglich verbinden die Fährschiffe der Stena Line über Nacht Deutschland mit Westschweden (Abfahrt täglich um 19.30 Uhr ab Kiel). Eine weitere Stena-Line-Route führt vom dänischen Grenaa nach Varberg an die schwedische Westküste. Von Travemünde und Rostock verkehrt die **TT-Line** (www.ttline.de) vier- bis fünfmal täglich nach Trelleborg. **Scandlines** (www.scandlines.de) läuft von Sassnitz und Rostock nach

Trelleborg, dem wichtigsten Fährhafen Südschwedens, aus. Ungebrochen ist auch die Popularität der **Vogelfluglinie** von Puttgarden nach Rødby, bei der man dann in Dänemark die Wahl hat, bis Helsingør zu fahren, um dort die Fähre nach Helsingborg zu benutzen oder die Öresundbrücke zwischen Kopenhagen und Malmö auszuprobieren. Die Maut für die Brücke beträgt rund 30 € für die einfache Fahrt. Für die Fähren und auch für die Brücke gibt es bei Scandlines Kombitickets. Die Fähren verkehren im 20-Minuten-Takt, die Überfahrt dauert nur 15 Minuten.

Schnell ist auch die Verbindung von Frederikshavn nach Göteborg mit **Stena Line** (www.stenaline.de). Mit der Schnellfähre wird die Strecke von Frederikshavn nach Göteborg in weniger als zwei Stunden zurückgelegt. Je nachdem, welches Ziel man in Schweden ansteuert, kann auch die Langstrecke der **Color Line** (www.colorline.com) von Kiel nach Oslo eine interessante Alternative darstellen. Wer nach Värmland oder Dalarna reisen möchte, hat von Norwegens Hauptstadt Oslo aus die kürzeste Anreise mit dem Auto, im Winter oft ein wichtiger Gesichtspunkt. Gotland-Urlauber müssen ihre Fährtickets in Gotland bei der Reederei bestellen.

Mit der Bahn

Wer mit der Bahn nach Schweden reisen will, fährt fast automatisch über Kopenhagen und die neue Brücke nach Malmö, wo Anschluss nach Göteborg und Stockholm besteht. Züge von Dresden und Berlin nutzen die alte Königslinie von Sassnitz nach Trelleborg mit Anschlüssen nach Stockholm und Malmö.

Bahnreisende haben verschiedene Tarife zur Auswahl. Der **Inter Rail One Country Pass** der Deutschen Bahn gilt einen Monat, in dem man an drei Tagen (ab 125 €) oder maximal 8 Tagen (ab 194 €) die Züge nutzen kann.

Den skandinavischen **ScanRail-Pass** gibt es in zwei Variationen: 21 Tage unbeschränkte Fahrt im Norden (Consecutive Pass, Erwachsene 2. Klasse 370 €) und 5 Tage innerhalb von zwei Monaten (Flexi Pass, Erwachsene 2. Klasse 238 €) stehen zur Wahl.

Für den Hochgeschwindigkeitszug X2000 müssen Zuschläge entrichtet werden. Vertrieben wird der ScanRail-Pass über alle Reisebüros mit DB-Fahrkartenverkauf. Auf Nummer sicher geht man beim Bahnspezialisten www.swedenbooking.com.

Mit dem Bus

Von Deutschland aus verkehrt **Continentbus** regelmäßig u. a. zwischen Berlin und Hamburg und Stockholm (Ankunft auf dem zentralen Busbahnhof Cityterminalen). Eine Busreise ist nur wenig billiger als die Bahnreise und dauert bedeutend länger. Linien innerhalb von Schweden unterhält das Unternehmen **Swebus** (Tel. 02 00/21 82 18 (aus Schweden), 00 46/3 62 90 80 00 (aus dem Ausland); www.swebusexpress.se, ab Cityterminalen.

Mit dem Flugzeug

Die meisten Direktflüge bieten **Lufthansa** und **SAS** (www.lufthansa.com, www.sas.se), die eng zusammenarbeiten. Einige Zielflughäfen sind günstiger über Kopenhagen als über Stockholm erreichbar. Mehrere Billig-Airlines fliegen inzwischen Stockholm und Göteborg von Deutschland aus an. Köln, Düsseldorf, Niederrhein, Hahn, München, Hannover und Lübeck sind die neuen Startflughäfen für günstige Flüge nach Schweden. Es lohnt sich, die Angebote folgender Airlines zu prüfen: Ryanair, Germanwings und Hapag Lloyd Express.
www.ryanair.com,
www.germanwings.com,
www.tuifly.com

Wer zu innerschwedischen Flughäfen umsteigen muss, kommt mit dem **Visit-Scandinavia-Pass** (VISCA) der SAS günstig weg. Bedingung ist, dass der Flug nach Skandinavien mit SAS erfolgt oder als Lufthansa-Flug auch eine SAS-Flugnummer trägt. Jeder Anschlussflug innerhalb des Nordens kostet dann nur 85 US-$. Mit einem **Super-Flieg & Spar-Ticket** von Hamburg nach Kopenhagen plus **Visca-Tickets** kommt man sehr günstig bis in den hohen Norden. So gibt es von Kopenhagen Direktflüge nach Göteborg, Jönköping, Kalmar, Kristianstad, Linköping, Norrköping, Örebro, Stockholm, Västerås und Växjö.

Auskunft

Schweden-Werbung für Reisen und Touristik GmbH
Deutschland
Stortorget 3, 83130 Östersund;
Tel. 0 69/2 22 23 49,
Fax +46/63/12 81 37

Behinderte

Öffentliche Gebäude müssen in Schweden barrierefrei sein, so dass auch Rollstuhlfahrern der Zugang ohne fremde Hilfe möglich ist. Das gilt auch für alle Hotels; selbst kleine Hotels in historischen Gebäuden werden diesen Anforderungen durch bauliche Veränderungen gerecht. Auch Campinganlagen müssen ihre allgemeinen Service-Einrichtungen entsprechend gestalten. Nur für Ferienhäuser, die sich in der Mehrzahl in Privatbesitz befinden, gibt es keine derartigen Vorschriften. In den Katalogen der Ferienhausvermittler sind barrierefreie Objekte entsprechend gekennzeichnet.

Buchtipps

»Coq Rouge« heißt eigentlich Carl Gustaf Gilbert Graf Hamilton, ist schwedischer Top-Agent, liebt guten Wein und die Elchjagd und löst weltweit brisante Fälle, ob es nun um feindliche U-Boote in schwedischen Gewässern, Morde an Alt-Nazis oder deutsche Terroristen geht. Die von **Jan Guillou** verfassten Thriller sind mitunter etwas überzeichnet, aber extrem spannend und somit eine ideale Urlaubslektüre (13 Romane sind beim Piper Verlag lieferbar).

»Vor dem Frost« Protagonist in diesem Krimi von Henning Mankell ist nicht wie gewohnt der eigenwillige Kommissar Kurt Wallander, sondern dessen Tochter Linda. Nur wenige Tage bevor sie in die Fußstapfen ihres Vaters tritt und ihren Dienst bei der Polizei in Ystad beginnt, gerät die junge Frau selbst in die Gefahrenzone. Auf eigene Faust stellt sie Nachforschungen über ihre spurlos verschwundene Freundin Anna an. Wie bei allen Mankell-Krimis richtet sich der Blickwinkel des Autors nicht ausschließlich auf das Verbrechen, sondern beleuchtet explizit auch persönliche und gesellschaftskritische Hintergründe. Religiöser Fanatismus und die Ereignisse des 11. September 2001 spielen in diesem Roman eine zentrale Rolle und machen ihn zur spannenden Urlaubslektüre (Paul Zsolnay Verlag, 2003).

»Wo ist Bullerbü? Auf den Spuren von Astrid Lindgren« (Oetinger, 2006) ist ein Buch, über das sich die kleinen und großen Anhänger der Autorin besonders freuen werden. Denn dieser Reiseführer der anderen Art wandelt auf den Spuren ihrer kleinen Helden und deren Schauplätze. Für viele dieser literarischen Orte gibt es reale Vorbilder in Astrid Lindgrens Heimat Småland oder in Stockholm. Zum 100. Geburtstag von Astrid Lindgren am 14. November 2007 hat der Oetinger Verlag nun eine deutsche Übersetzung der **»Ur-Pippi«** (Oetinger, 2007) aus dem Jahr 1944 herausgebracht. Gedacht war sie ehemals als Einschlafgeschichte für Lindgrens zehnjährige Tochter Karin und trat schließlich den Weg in alle Kinderzimmer rund um den Globus an.

Camping

Schwedische Campingplätze bieten durchweg einen guten bis sehr guten

Standard. Alle gehören dem **SCR** an, dem nationalen Zusammenschluss der Campingplätze. Die Plätze sind in drei Kategorien eingeteilt. Die unterste Kategorie muss mindestens verfügen über Dusche, Waschsalon, Warmwasser zum Geschirrspülen, WC oder Trockentoilette (eine saubere Angelegenheit, die nichts mit einem »Plumpsklo« zu tun hat), Mülleimer, Schlagbaum und Aufsicht tagsüber.

Einige Campingplätze vermieten auch **Ferienhäuser** unterschiedlicher Ausstattung und Größe. Einfachere **Hütten** werden gerne für Übernachtungen auf der Durchreise oder für spontane Zwischenstopps gemietet. Komfortabel ausgestattete Ferienhäuser werden häufig vorgebucht (→ S. 173).

Die weitläufigen und meist sehr schön gelegenen Campingplätze sind als Feriengelände mit bewachten Badestränden, Spielplätzen, Fahrrad- und Kanuverleih, Geschäft und Restauration besonders attraktiv für Familien mit Kindern. Das Ein- und Auschecken erleichtert die obligatorische **Campingkarte**, die entweder beim ersten Campingplatz gekauft werden muss oder schon vorab beim SCR bestellt werden kann. Den Campingkatalog mit Karten-Bestellschein gibt es bei der Schweden-Werbung (→ S. 172).

Diplomatische Vertretungen

Botschaft der Bundesrepublik Deutschland ⇢ 36/37, f 2
Artillerigatan 64, 11445 Stockholm; Tel. 08/6 70 15 00, Fax 6 70 15 72; www.stockholm.diplo.de

Österreichische Botschaft ⇢ 36/37, d 1
Kommendörsgatan 35, 11458 Stockholm; Tel. 08/6 65 17 70, Fax 6 62 69 28

Schweizer Botschaft ⇢ 36/37, nördl. b 1
Vallhallavägen 64, 10041 Stockholm; Tel. 08/6 76 79 00, Fax 21 15 04

Feiertage

1. Jan.	Neujahr
6. Jan.	Dreikönigstag
Karfreitag	
Ostermontag	
1. Mai	Tag der Arbeit
Christi Himmelfahrt	
6. Juni	Flaggans Dag
Mittsommer	Samstag, der dem 21. Juni am nächsten liegt
1. Nov.	Allerheiligen
24. Dez.	Heiligabend
25. Dez.	1. Weihnachtstag
26. Dez.	2. Weihnachtstag
31. Dez.	Silvester

Ferienhäuser

Die überwiegende Zahl der Feriengäste macht Urlaub in einem Sommerhaus. Die meisten sind in Privatbesitz und werden über das örtliche oder regionale Verkehrsamt vermietet. Oftmals wurden alte Bauernhäuser in Ferienhäuser umfunktioniert, nachdem die Alten gestorben und die Jungen in die Stadt gezogen waren. Deswegen klingt »Ferienhaus« für viele Sommerdomizile viel zu bescheiden. Mit Haupthaus, Gästehäuschen, ehemaligem Stall, Scheune und großem Gartengrundstück – vielleicht sogar an einem See – erlebt man einen wahren Luxus an Platz.

Aber auch eine echte »stuga«, ein Sommerhaus am See, am Meer oder im Wald, sorgt für Freiraum. Diese Ferienhäuser werden meist wochenweise vermietet. Langfristige Vorausbuchung ist sinnvoll. In der Nebensaison kann man es darauf ankommen lassen, sich erst vor Ort umzusehen.

Bezugsadressen für Ferienhauskataloge bei der Schweden-Werbung (→ S. 172).

Geld

Die schwedische Währung ist die **Schwedische Krone** (SEK). 100 Öre sind eine Krone, 100 SEK sind ca. 10,98 € (Okt. 2007).

Als Zahlungsmittel weit verbreitet sind **Kreditkarten** und die **Maestrocard.** Mit Kreditkarte oder Maestrocard und internationalem PIN-Code kann man in jeder Kleinstadt an Geldautomaten Bares abheben. **Euroschecks** werden nicht mehr akzeptiert.

Banken und Sparkassen haben werktags von 9.30–15 Uhr geöffnet, donnerstags meist länger.

Internet

Umfangreiche deutschsprachige Informationen zum Reiseziel Schweden präsentiert die Schweden-Werbung auf ihrer Website **www.visit-sweden.com**. Hier stehen Reisenden auch Datenbanken mit Buchungsadressen zur Verfügung.

Unter der Internet-Adresse **www.visit-smaland.com** stellt das Regionale Verkehrsamt eine breite Palette von Informationen für Freizeitaktivitäten in der viel besuchten Region Småland bereit (darunter Sportangeln, Kanufahrten, Radiomuseum und Fahrten zu den Glashütten Kosta, Boda und Orrefors).

Wer sich für Sportereignisse wie die Swedish Rally oder Eishockey in der Region Värmland interessiert, wird auf der Website **www.varmland.org** (Regionales Verkehrsamt) fündig.

Besucher, die Südschweden per Schiff ansteuern wollen, können sich vorab unter **www.stenaline.de** (die Reederei betreibt u. a. die Route Kiel-Göteborg) und **www.TTLine.de** (Routen zwischen Travemünde/Rostock und Trelleborg) über Fahrpläne und Tarife informieren.

Kleidung

In Südschweden herrscht ein ähnliches Klima wie in Norddeutschland. Die Sommer können heiß oder verregnet sein. Die Wintermonate Januar bis März sind in der Regel nach Norden hin etwas kälter. An der Küste kann es dabei recht nasskalt werden. Lange Unterhosen und rutschfeste Stiefel gehören ins Gepäck. In Restaurants ist es durchaus üblich, dass Frauen die eleganten Schuhe in der Plastiktüte mitbringen und die dicken Wintertreter mit dem Mantel

Wechselkurse

S Kronen	EU Euro	CH Franken
1	0,11	0,18
5	0,55	0,92
10	1,09	1,85
20	2,20	3,69
30	3,30	5,53
50	5,49	9,22
100	10,98	18,45
250	27,46	46,13
500	54,93	92,26
750	82,39	138,40
1.000	109,86	184,53
1.500	164,79	276,79
10.000	1 098,59	1 845,27

Stand: Dezember 2007

Nebenkosten
(umgerechnet in €)

1 Tasse Kaffee	1,70
1 Bier	3,90
1 Cola	1,65
1 Brot (ca. 500 g)	2,50
1 Schachtel Zigaretten	5,15
1 Liter Benzin	1,29
Mietwagen/Tag	ab 80,00 (km inkl.)

an der Garderobe abgeben. Warme Frühlingstage sind auf der Höhe von Stockholm nicht vor Mai zu erwarten.

Die Kleidung richtet sich ganz danach, was man unternehmen möchte. Für Aktivferien ist entsprechend wetterfeste Kleidung vorzuziehen.

Für Besichtigungstouren orientiere man sich an mitteleuropäischen Erfahrungswerten plus einer Jacke zum Überziehen. Insgesamt ist in den Ferien Freizeitkleidung angesagt. Schwedische Urlauber nehmen es zum Teil betont locker. Im Juli, zur Zeit der »Industrieferien«, den Einheitsferien für Schulen und alle großen Betriebe, steigt die Quote der Jogginganzugträger tagsüber sprunghaft an. Gleichzeitig wird in Restaurants der mittleren und oberen Preisklasse großer Wert auf korrekte Kleidung gelegt. Der Abend gehört im Norden der gehobenen Garderobe.

Medizinische Versorgung

Die medizinische Versorgung geht von den städtischen Polikliniken aus. In kleineren Orten wendet man sich an die **Vårdcentral**, den ärztlichen Dienst, oder an Akuten, die Aufnahme des Krankenhauses. Zahnmedizinisch werden die Patienten dort ebenfalls betreut bzw. gegebenenfalls an frei praktizierende Zahnärzte überwiesen. Ausländische Patienten müssen wie Schweden eine Bearbeitungsgebühr von 180 bis 250 SEK bezahlen. Die Kosten für die eigentliche Behandlung werden gemäß bilateraler Sozialversicherungsabkommen verrechnet, wenn ein **Auslands-Krankenschein** (E111) der Krankenkasse vorgelegt wird. Sonst muss der Patient die Behandlungskosten selbst zahlen.

Apotheken sind montags bis samstags von 10–18 Uhr geöffnet, in größeren Städten haben Apotheken einen 24-Stunden-Dienst.

Politik

Schweden ist eines der ältesten Königreiche der Welt. König Carl XVI. Gustaf und Königin Silvia sind die höchsten Repräsentanten des Reiches. Thronfolgerin ist Prinzessin Victoria, für die 1979 per Gesetz die weibliche Thronfolge ermöglicht wurde. Seit der Verfassungsänderung von 1974 hat der Throninhaber nur noch repräsentative Funktion.

Schweden ist eine parlamentarische Demokratie, in der Bürger über 18 Jahre alle vier Jahre direkt den Reichstag wählen. Einwanderer, die seit mindestens drei Jahren in Schweden leben, haben das Wahlrecht bei Gemeinde- und Provinzwahlen.

Post

Postämter haben werktags von 9–18, samstags von 10–13 Uhr geöffnet. Briefe und Ansichtskarten innerhalb Schwedens müssen mit 5,50 SEK frankiert werden, innerhalb Europas mit 11 SEK.

Reisedokumente

Bei Aufenthalten bis zu drei Monaten benötigen Sie einen gültigen Reisepass oder Personalausweis. Kinder unter 16 Jahren brauchen einen Kinderausweis oder einen Eintrag im Pass der Eltern. Bei längerem Aufenthalt muss eine Meldung bei der lokalen Polizeiwache erfolgen, wo ein Antrag auf Aufenthaltserlaubnis gestellt wird. Dafür muss Auskunft über die persönlichen wirtschaftlichen Verhältnisse gegeben werden, um nachzuweisen, dass der Lebensunterhalt gesichert ist.

Reiseknigge

Schweden unterscheidet sich in seinen Gepflogenheiten nicht sehr von anderen nordeuropäischen Ländern, einige Unterschiede gibt es dennoch. Höflichkeit ist generell angesagt, daher gilt: Lieber ein freundliches »tack« (danke) zu viel als zu wenig. Für eine private Einladung bedankt man sich beim Gastgeber beim nächsten Treffen (auch nach Wochen noch) mit »tack för senast« (danke für letztes

Mal). Straßenschuhe werden meist im Eingangsbereich ausgezogen. Ein Alkohol-Mitbringsel (beispielsweise ein guter Tropfen Wein) bei einer Einladung ist in der Regel ein willkommenes Geschenk. Wenn die gefüllten Gläser bereits auf dem Tisch stehen, sollte abgewartet werden, bis der Gastgeber das Zeichen zum Trinken gibt (Blickkontakt nicht vergessen!). Gerade bei einer Ersteinladung ist ein wenig Zurückhaltung mehr angebracht als »plumpe Vertraulichkeit«. Junge Leute bringen übrigens zu Feten gerne ihr eigenes alkoholisches Getränk mit. Alkohol im Straßenverkehr ist in Schweden nicht nur verpönt, sondern wird auch oft kontrolliert und streng geahndet. Die 0,2-Promille-Grenze gilt auch für Restalkohol am Morgen nach der Feier.

Während im Geschäftsleben in sehr vielen Branchen legere Kleidung getragen wird, holt man zu Abendterminen wie einer (geschäftlichen) Einladung in ein Restaurant eher formelle Kleidung aus dem Schrank. Im Zweifelsfall sollte man den Gastgeber vorher fragen.

Unterwegs, in der Natur, gilt das »allemansrätt« (Jedermannsrecht). Reisende dürfen sich in der freien Natur frei bewegen, zelten oder Beeren pflücken. Ein umweltfreundliches Verhalten wird natürlich auch von Besuchern erwartet. Auf Privatgrund sollte man sich aber die Erlaubnis des Besitzers einholen.

An Bushaltestellen wird sich – wie in Großbritannien – diszipliniert angestellt. Vordrängeln ist verpönt!

Reiseveranstalter

Schweden ist nur in wenigen Katalogen der großen deutschen Reiseveranstalter vertreten. Zwei Anbieter mit einem umfangreichen Reiseangebot für die Sommer- und Wintermonate sind:

Nordic Holidays
Rundreisen, Aktivreisen und Ferienhäuser zu jeder Jahreszeit.
Marie-Curie-Str. 5, 25337 Elmshorn; Tel. 0 41 21/79 11-0, Fax 79 11-41; www.nordic-holidays.de

Wolters Reisen
Spezialist für Rundreisepakete und Pauschalreisen. Fertig ausgearbeitete Routen werden auch für PKW-Reisen angeboten.

Entfernungen (in km) zwischen wichtigen Orten in Schweden

	Göteborg	Helsingborg	Jönköping	Kalmar	Kiruna	Malmö	Örebro	Östersund	Stockholm	Umeå	Växjö
Göteborg	–	221	151	225	1583	280	279	802	502	993	150
Helsingborg	221	–	240	300	1736	67	450	964	566	1146	172
Jönköping	151	240	–	234	1499	303	210	747	337	909	115
Kalmar	225	300	234	–	1599	289	371	923	415	1009	119
Kiruna	1583	1736	1499	1599	–	1791	1299	814	1239	602	1618
Malmö	280	67	303	289	1791	–	506	1020	653	1201	177
Örebro	279	450	210	371	1299	506	–	554	192	709	325
Östersund	802	964	747	923	814	1020	554	–	563	365	866
Stockholm	502	566	337	415	1239	653	192	563	–	649	452
Umeå	993	1146	909	1009	602	1201	709	365	649	–	1028
Växjö	150	172	115	119	1618	177	325	866	452	1028	–

Bremer Str. 61, 28816 Stuhr/Bremen; Tel. 04 21/8 99 90, Fax 80 14 47; www.tui-ferienhaus.de

Reisewetter

Das Wetter in Schweden ist viel besser als sein Ruf. In den Sommermonaten gibt es sehr stabile Schönwetterperioden, in denen die Tageshöchsttemperaturen um 24 °C liegen. Sommer in Schweden bedeutet vor allem aber mehr Licht!

Je weiter man nach Norden vordringt, desto länger scheint die Sonne. Um Mittsommer wird es gar nicht richtig dunkel, und jenseits des Polarkreises geht die Sonne wochenlang überhaupt nicht mehr unter.

Sprache

Da nicht erwartet wird, dass ausländische Gäste Schwedisch sprechen, begegnet man ihnen fast selbstverständlich auf Englisch oder Deutsch. Da in Schweden englischsprachige Fernsehsendungen nur selten synchronisiert werden, sprechen die Schweden sehr gut Englisch. Speisekarten oder Broschüren sind allerdings weitaus seltener in der Sprache der Gäste abgefasst.

Telefon

Telefonkarten für öffentliche Fernsprecher gibt es in den Läden der Telefongesellschaft **Telia** und an Kiosken. Münzapparate sind selten.

Ländervorwahlen:
S → D 00 49
S → A 00 43
S → CH 00 41
D, A, CH → S 00 46

Tiere

Nach geltendem EU-Recht benötigt man für die Mitnahme von Katzen, Frettchen und Hunden nach Schweden lediglich einen Heimtierausweis (Pass). Die Beantragung einer Einfuhrgenehmigung ist nicht mehr erforderlich. Der Tier-Pass ist englischsprachig und wird vom Amtstierarzt ausgestellt. Weitere Informationen auf der Homepage des Landwirtschaftsamts Jordbruksverket (www.sjv.se).

Trinkgeld

Bedienung ist im Preis aller Serviceleistungen enthalten. Üblich ist es jedoch, bei Taxifahrten sowie in Restaurants und Kneipen beim Bezahlen aufzurunden.

Verkehrsverbindungen

Verhalten im Straßenverkehr

Breite Straßen und sanfte Hügel verleiten geradezu zum gemächlichen Fahren. Auf vielen Straßen kommt geradezu Highway-Feeling auf. Doch es gibt auch die kleinen einspurigen Nebenstraßen, die selbst im Süden Schwedens teilweise noch als Schotterpisten daherkommen. Die großen Durchgangsstraßen sind allerdings allesamt sehr gut ausgebaut und verfügen meist über einen Seitenstreifen, der durch eine gestrichelte Linie abgeteilt ist. Kommt ein schnelleres Fahrzeug von hinten, fährt man nach rechts auf die Nebenspur und lässt den Hintermann vorbei. Doch Vorsicht, vor Kreuzungen sollte man rechtzeitig wieder auf die Fahrspur zurückkehren. Auf der rechten Spur fahren auch Traktoren und Radfahrer. Jeder darf selbst entscheiden, ob er nach rechts ausweichen will. Wer trotz freier Strecke keinen Platz macht, erntet allerdings Kopfschütteln.

Verkehrsvorschriften

Die Geschwindigkeitsbegrenzungen von 90 km/h, in Ausnahmefällen von 110 km/h auf Überlandstrecken, werden auch von Schweden mal übertreten. Peinlich genau werden von den meisten Autofahrern hingegen Tempo 70 und Tempo 50 in Ortschaften eingehalten. Mit Wohnwagen sind maximal 80 km/h erlaubt. Wie dem auch sei, wer bei einer Geschwindigkeitsübertretung erwischt wird, zahlt ein hohes Bußgeld. Die in Deutschland üblichen Messtoleranzen werden in Schweden nicht abgezogen. Und bei Alkohol am Steuer ist auch mit der schwedischen Polizei nicht zu spaßen. Wer mit mehr als 0,2 Promille angehalten wird, muss nicht nur zahlen, sondern auch um seinen Führerschein fürchten. Milder gestimmt sind die Polizisten, wenn Urlauber vergessen, dass auch tagsüber mit Abblendlicht gefahren werden muss. Bei schwedischen Autos geht das Licht an, wenn die Zündung eingeschaltet wird. Wichtiger noch: Es schaltet sich auch mit der Zündung aus. Ausländische Urlauber, die weder von der Polizei ermahnt noch mit einer leeren Batterie stehen bleiben möchten, kleben sich am besten einen Notizzettel mit der Frage »Licht?« aufs Armaturenbrett.

Mietwagen

Mietwagenpreise liegen in Nordeuropa meistens ganz erheblich über dem Niveau der touristischen Destinationen rund ums Mittelmeer. Dennoch lohnt es sich, die Angebote der großen Anbieter genauer zu studieren.

Öffentliche Verkehrsmittel

Der öffentliche Nahverkehr oder die Bahn sind die besten Alternativen zum eigenen Auto. Allerdings bewegen sich die Züge in einem eher gemächlichen Tempo, ausgenommen der X2000-Hochgeschwindigkeitszug.

Für Bahnreisende empfiehlt sich der **ScanRail-Pass** (→ S. 171). Auch das Busnetz ist in den Ballungsgebieten engmaschig. Auf dem Lande wird es schon schwieriger, mit öffentlichen Verkehrsmitteln voranzukommen. Die Internetplattform www.resplus.se kombiniert alle öffentlichen Verkehrsmittel zu einem wunderbar einfachen Reiseplaner. Das Tolle daran: Die Reiseverbindung kann dann sogar sofort gebucht werden. Statt Ticket gibt es zunächst eine Buchungsnummer. Das Ticket erhält man dann aus einem Resplus-Ticketdrucker an einem Bahnhof gegen Eingabe der Buchungsnummer.

Taxis

sind teuer, wobei sich die Preise von Stadt zu Stadt unterscheiden. Vorsicht bei den Taxis an Flughäfen. Sie sind viel teurer als der Flughafenbus, der ins Zentrum fährt. Außerdem bestellen die Busfahrer zu jeder beliebigen Haltestelle ein Taxi, wenn man beim Einsteigen Bescheid gibt.

Zeit

MEZ bzw. MESZ.

Zeitungen und Zeitschriften

Die schwedische Printmedienlandschaft ist vielfältig, nicht zuletzt wegen der staatlichen finanziellen Unterstützung von Tageszeitungen. Zeitungen mit Auflagen unter 10 000, die in anderen Ländern längst der Pressekonzentration zum Opfer gefallen wären, genießen in Schweden – noch – eine gesicherte Existenz.

Charakteristisch für die schwedische Tagespresse ist auch die offen gelegte Zugehörigkeit einzelner Blätter zu politischen Parteien. Die politischen Kräfte wollen selbstverständlich alle gleichermaßen verhindern, dass die jeweils oppositionellen Blätter eine Monopolstellung erlangen. Insofern hat die Politik trotz aller Einspardiskussionen ein Interesse am Erhalt des »presstöd«, der »Pressestütze«. Deutsche und internationale Presse gibt es in allen größeren Orten an Kiosken.

Zoll

Es gelten die EU-Bestimmungen für den privaten Warentransport. Das Mindestalter für die nichtkommerzielle Einfuhr von Alkohol zu privaten Zwecken beträgt 20 Jahre.

Informationen (auch zu den Übergangsregeln für die Wareneinfuhr aus den osteuropäischen EU-Ländern) bietet auch auf Deutsch die Website www.tullverket.se

Weitere Auskünfte unter www.zoll.de, www.bmf.gv.at/zoll und www.zoll.ch.

Kartenatlas

Orientierung leicht gemacht: mit Planquadraten und allen Orten und Sehenswürdigkeiten.

Legende

Routen und Touren

- Durch die Wälder Smålands (S. 148)
- Zu den Stränden Südschwedens (S. 150)
- Durch Bohusläns Schärenwelt (S. 152)
- Durch die Wälder von Dalsland bis Dalarna (S. 154)
- Eine Zeitreise durch den Göta-Kanal (S. 156)
- Mit der Inlandsbahn durch Lappland (S. 158)

Sehenswürdigkeiten

- 10 MERIAN-TopTen
- 10 MERIAN-Tipp
- Sehenswürdigkeit, öffentl. Gebäude
- Sehenswürdigkeit Kultur
- Sehenswürdigkeit Natur
- Kirche; Kloster

Sehenswürdigkeiten ff.

- Schloss, Burg; Ruine
- Museum
- Synagoge
- Denkmal
- Leuchtturm
- Windmühle
- Archäologische Stätte
- Höhle

Verkehr

- Autobahn
- Autobahnähnliche Straße
- Fernverkehrsstraße
- Hauptstraße
- Nebenstraße
- Unbefestigte Straße, Weg
- Fußgängerzone

Verkehr ff.

- P Parkmöglichkeit
- B H Busbahnhof; Bushaltestelle
- T Tunnelbana
- SJ Bahnhof
- Flughafen; Flugplatz

Sonstiges

- i Information
- Theater
- Markt
- Zoo
- Botschaft, Konsulat
- Aussichtspunkt
- Friedhof
- National-, Naturpark

A
B
C
1
2
3
4
Raufoss
Kapp
Tangen
Reinsvoll
Mjøsa
75
E6
Hurdal
Minnesund
Brandbu
E16
Sand
Eidsvoll
Jevnaker
Skarnes
•702
Harestua
Hønefoss
Jessheim
Kongsvinger
Tyri-
fjorden
Nittedal
Årnes
61
44
OSLO
Lillestrøm
Sandvika
Fetsund
Asker
Bjørkelangen
42
19
NORWEGEN
Drammen
Ski
Svelvik
Drøbak
Sande
Askim
87
107
E18
Holme-
strand
94
Mysen
Ørje
Horten
Moss
Rakkestad
Larkollen
Tønsberg
Sarpsborg
Sandefjord
Fredrikstad
Halden
Tjøme
Svinesund
Oslofjord
Hvaler-
øyene
Strömstad
Kornsjø
E6
Larvik
Tanumshede
8
Tanum
Vitlycke
Skagerrak
Fjällbacka
118
Munkedal
Nordens Ark
Smögen
Uddevalla
Lysekil
31
Grenå
Skagen
Hirtshals
Frederikshavn
Helsingborg
Orust
Stenung-
sund
Tjörn
Marstrand
70
184
Finnskog
Syss
Flisa
Klarälven
Kirkenær
Lundersæter
Torsby
Fryken
9
Skotterud
V
ä
r
•409
Charlottenberg
Sunne
Åmotfors
Rottneros
Arvika
S
Töcksfors
Glava
Värmeln
Glaskogens
Årjäng
Grums
Nysäter
9
59
Gustavsfors
Stora
Le
•301
Säffle
Bengtsfors
Åmål
Stenby
Ed
Dals Långed
Dalsland
Håverud
Bäckefors
Mellerud
Läckö
124
Lidköping
Vänersborg
E20
Vara
Trollhättan
•116
142
Göta älv
Sollebrunn
Lilla
Edet
74
Anten
Vårgårda
Mjörn
Kungälv
Alingsås

D E F

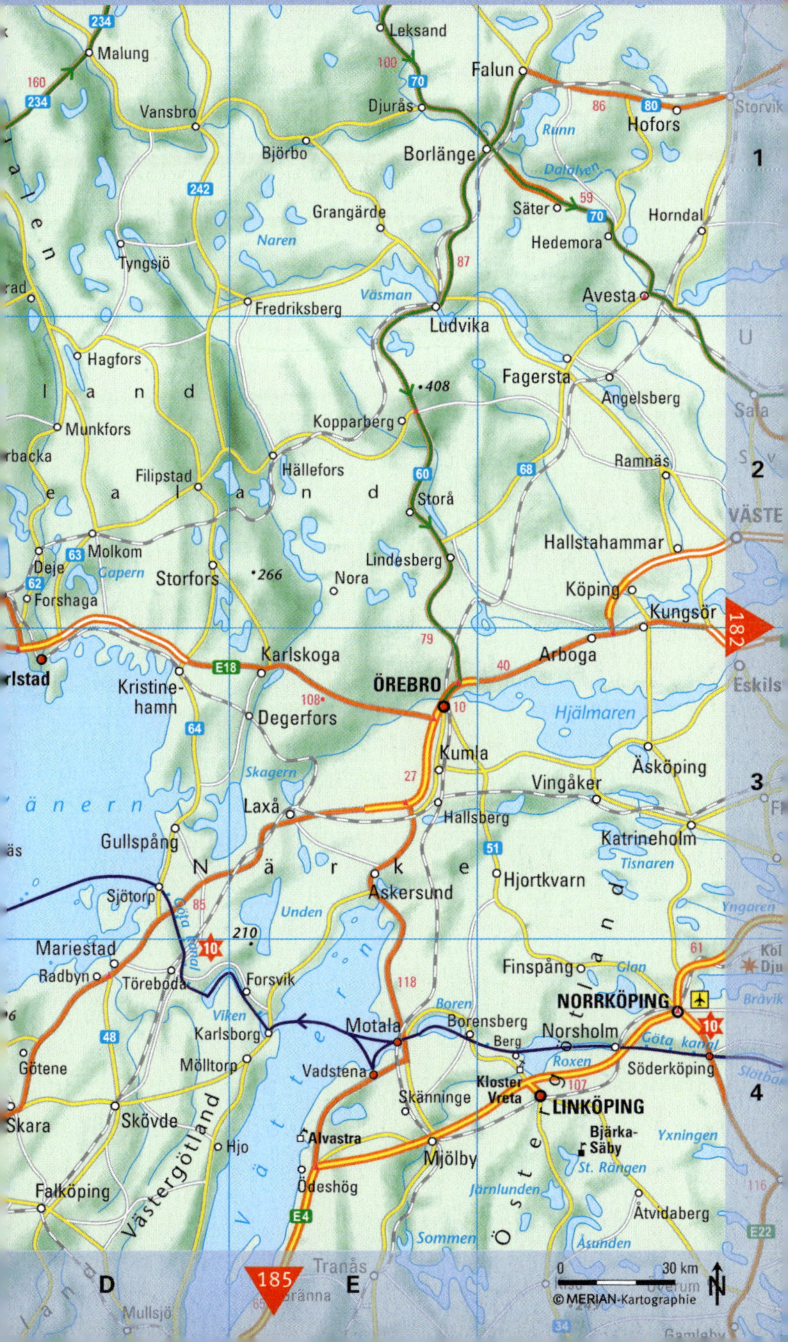
Mora, Siljan
Malung
Vansbro
Björbo
Leksand
Falun
Djurås
Borlänge
Runn
Hofors
Storvik
Dalälven
Säter
Hedemora
Horndal
Grangärde
Naren
Tyngsjö
Fredriksberg
Väsman
Ludvika
Avesta
Fagersta
Angelsberg
Sala
Hagfors
Munkfors
Kopparberg
Hällefors
Filipstad
Storå
Ramnäs
Hallstahammar
Lindesberg
Nora
Molkom
Deje
Forshaga
Storfors
Köping
Kungsör
Karlskoga
Arboga
Eskils
Kristinehamn
ÖREBRO
Degerfors
Hjälmaren
Kumla
Skagern
Vingåker
Åsköping
Laxå
Hallsberg
Katrineholm
Gullspång
Tisnaren
Askersund
Hjortkvarn
Sjötorp
Göta kanal
Unden
Yngaren
Mariestad
Radbyn
Töreboda
Forsvik
Finspång
Glan
NORRKÖPING
Bråvik
Viken
Karlsborg
Motala
Borensberg
Boren
Berg
Norsholm
Götene
Mölltorp
Vadstena
Roxen
Söderköping
Kloster
Vreta
LINKÖPING
Skänninge
Skara
Skövde
Hjo
Alvastra
Bjärka-Säby
Yxningen
St. Rängen
Mjölby
Ödeshög
Järnlunden
Åtvidaberg
Falköping
Västergötland
Sommen
Åsunden
Östergötland
Närke
Vättern
Vänern
Värmland
Tranås
Mullsjö
Gamleby
185
182
0 30 km
© MERIAN-Kartographie

A B C

181

185

A B C

D
E
F
Meerbusen
Åland
(Ahvenanmaa)
Saltvik
Vårdo
Kastelholm
Lumparland
Taivassalo
Kustavi
Naantali
Raisio
TURKU/ÅBO
Paimio
Helsinki
FINNLAND
Pargas/
Parainen
Korpo/
Korppoo
Kimito/
Kemiö
Dalsbruk/
Taalintehdas
18
51
5
6
Helsinki
Tallinn
Ostsee
Kalana
Hiiumaa
7
Kihelkonna
•58
ESTLAND
Kuressaare
Saaremaa
Salme
8
Sandön
Sääre
Kiel
0
30 km
N
© MERIAN-Kartographie

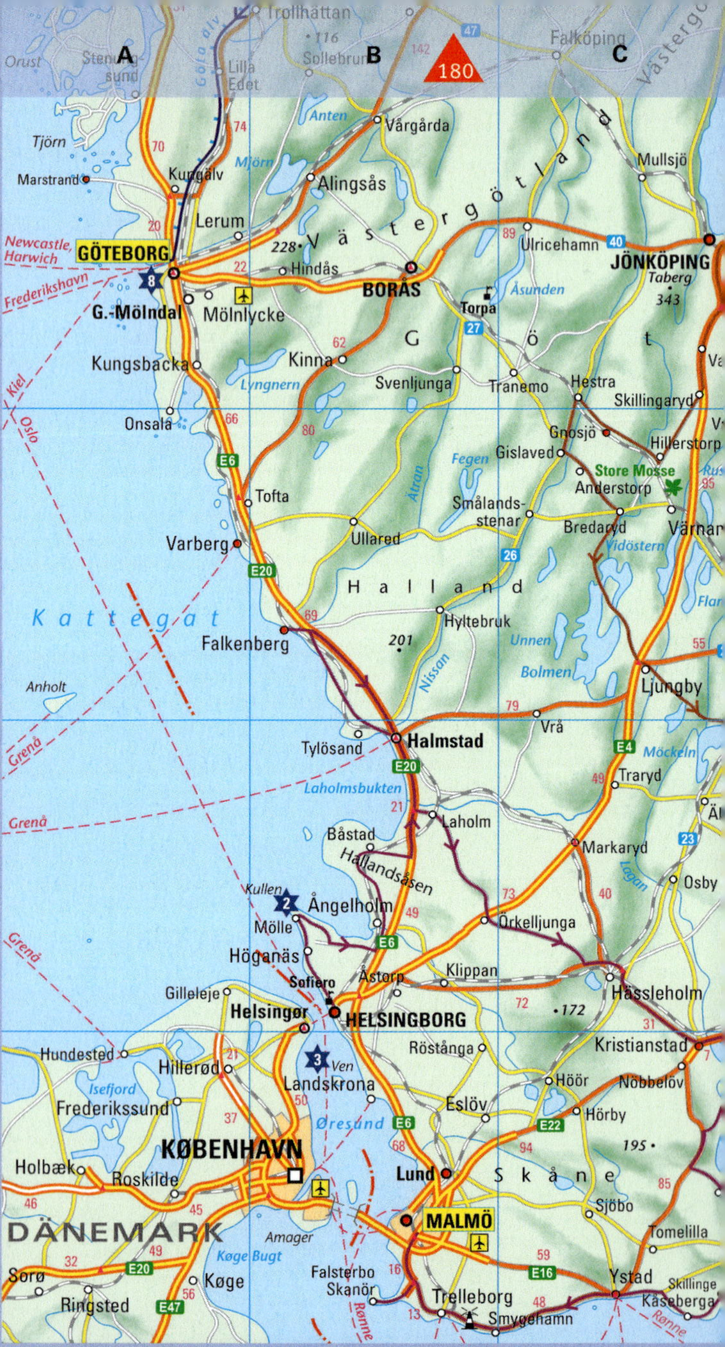
A
B
C
180
9
10
11
12
Trollhättan
Falköping
Orust
Stenungsund
Lilla Edet
Sollebrunn
Vårgårda
Tjörn
Marstrand
Kungälv
Mjörn
Alingsås
Mullsjö
Lerum
Västergötland
Newcastle, Harwich
GÖTEBORG
Hindås
BORÅS
Ulricehamn
JÖNKÖPING
Taberg
343
Frederikshavn
G.-Mölndal
Mölnlycke
Torpa
Åsunden
Kungsbacka
Kinna
Lyngnern
Svenljunga
Tranemo
Hestra
Skillingaryd
Kiel
Oslo
Onsala
Gnosjö
Hillerstorp
Gislaved
Fegen
Store Mosse
Anderstorp
Tofta
Smålandsstenar
Bredaryd
Värnamo
Varberg
Ullared
Vidöstern
Halland
Kattegat
Falkenberg
Hyltebruk
201
Unnen
Bolmen
Nissan
Ätran
Anholt
Ljungby
Vrå
Tylösand
Halmstad
Grenå
Laholmsbukten
Möckeln
Traryd
Laholm
Båstad
Markaryd
Hallandsåsen
Lagan
Osby
Kullen
Ängelholm
Mölle
Örkelljunga
Höganäs
Klippan
Sofiero
Åstorp
Hässleholm
Gilleleje
Helsingør
HELSINGBORG
172
Kristianstad
Hundested
Röstånga
Hillerød
Ven
Isefjord
Landskrona
Höör
Nöbbelöv
Frederikssund
Eslöv
Hörby
Øresund
KØBENHAVN
195
Holbæk
Roskilde
Lund
Skåne
DÄNEMARK
MALMÖ
Sjöbo
Amager
Tomelilla
Køge Bugt
Falsterbo
Skanör
Sorø
Køge
Ystad
Skillinge
Trelleborg
Kåseberga
Ringsted
Smygehamn
Rønne
E6
E20
E4
E22
E16
E47

D
E
F
181
182
9
10
11
12
Ödeshög
Valdemarsvik
St. Rången
Sommen
Åsunden
Tranås
Gränna
Kisa
249
Överum
Loftahammar
Gamleby
Lägern
Österbymo
Västervik
Nässjö
Eksjö
Vimmerby
Mariannelund
Hultsfred
Målilla
Vetlanda
Sävsjö
Virserum
Emån
Oskarshamn
Byxelkrok
Böda
Visby
Orken
Lammhult
283
Åseda
Högsby
Grönskåra
Mönsterås
Ålem
Lenhovda
Helgasjön
Alsterbro
Växjö
Kosta
Hovmantorp
Orrefors
Borgholm
Solliden
Huseby bruk
Åfors
Öland
Eriksmåla
Boda
Nybro
Kalmar
Färjestaden
Kalmarsund
Åsnen
Emmaboda
Vissefjärda
Mörbylånga
Ryd
Tingsryd
Bergkvara
Blekinge
Olofström
76
Eketorps Fornborg
Grönhögen
Långe Jan
Kristianopel
Karlshamn
Ronneby
Karlskrona
Jämjö
Helsinki
Sölvesborg
Nogersund
Ostsee
Danzig
Stenshuvud
Kiel
0
30 km
N
© MERIAN-Kartographie

Zeichenerklärung

❍ Orte
∧ Kap, Insel
▲ Gebirge
∞ Landschaft
~ Gewässer, Strand
★ Sehenswürdigkeit
☆ Nationalpark

Hier finden Sie alphabetisch aufgeführt alle in diesem Band beschriebenen Orte und Ziele, Routen und Touren. Bei einzelnen Sehenswürdigkeiten steht jeweils der dazugehörige Ort in Klammern, bei Hotels steht zusätzlich die Abkürzung H für Hotel. Außerdem enthält das Register wichtige Stichworte sowie alle MERIAN-TopTen und MERIAN-Tipps und Extras dieses Reiseführers. Wird ein Begriff mehrfach aufgeführt, verweist die **fett** gedruckte Zahl auf die Hauptnennung im Band, die *kursive* Zahl auf ein Bild.

Liebe Leserinnen und Leser,
wir freuen uns, Ihre Meinung zu diesem Reiseführer zu erfahren. Bitte schreiben Sie uns, wenn Sie Berichtigungen und Ergänzungsvorschläge haben oder wenn Ihnen etwas besonders gut gefällt:

TRAVEL HOUSE MEDIA GmbH, Postfach 86 03 66, 81630 München
E-Mail: merian-live@travel-house-media.de, Internet: www.merian.de

Der Autor
Diesen Reiseführer schrieb **Ralf Schröder.** Er hat skandinavische Literatur und Sprache studiert. Seit 1990 ist er als freier Journalist und Reisebuchautor tätig. Er hat seinen zweiten Wohnsitz in Schweden.

Bei Interesse an Karten aus MERIAN-Reiseführern schreiben Sie bitte an:
iPUBLISH GmbH, geomatics
Berg-am-Laim-Straße 47
81673 München
E-Mail: geomatics@ipublish.de

Fotos
Titelbild: Typisch schwedisches Holzhaus bei Karlsborg (Riehle/laif)
Alle Fotos von R. Schröder außer die Fotos von www.imagebank.sweden.se/:
G. Assner/Swedish Travel & Tourisme Council 63, 104; A. Brandell/Malmö Turims 57; T. Buckman/ Stockholm Visitors Board 50/51; S. Demerwall/Swedish Travel & Tourisme Council 116; E. Fleisher/LOOK-foto 18; O. Holdar/ Stockholm Visitors Board 72; B. Lind/Swedish Travel & Tourisme Council 84/85, 105; Modrow/ laif 23, 140; Riehle/laif 20; R. Ryan/Stockholm Visitors Board 46; H. Sandbring/Position Skane sydpol.com 59; H. Vargas/Swedish Travel & Tourisme Council 117, 132; H. Dressler 8, 10/11, 12, 25, 26, 32/33, 39, 41, 52, 64, 86, 102, 112, 155, 162/163; H. Dressler/LOOK-foto 24; Gräfenhain/Bildagentur Huber 34; John Bauer Museum 110/111; U. Haafke 22, 27, 60, 81, 94, 99, 100, 124, 131, 136, 144, 145, 146, 161; R. Karlsson/Verlag Friedrich Oetinger 30/31; Kosta Boda/Hydman Vallien 70; Kosta Boda/Vallien 71; R. Kreuels 40; J. Meier 4/5, 7, 9, 14, 28, 42, 56, 70/71, 75, 93, 107, 149, 150, 157; Schapowalow/Atlantide 6

Programmleitung
Dr. Stefan Rieß
Redaktion
Simone Schmidt
Lektorat
Rosemarie Elsner
Gestaltung
wieschendorf.design, Berlin
MERIAN-Quiz
Verónica Reisenegger
(Konzept und Idee)
Karten
MERIAN-Kartographie
Satz
Filmsatz Schröter, München
Druck
Appl, Wemding
Bindung
Auer, Donauwörth
Gedruckt auf
Eurobulk Papier von der Papier Union

1. Auflage

TRAVEL HOUSE MEDIA

Ein Unternehmen der
GANSKE VERLAGSGRUPPE

Schweden

MERIAN-Tipps

Tipps und Empfehlungen für Kenner und Individualisten

1. **Kreuzfahrt der tausend Inseln**
Unterwegs mit dem über 100 Jahre alten Dampfer »Waxholm III« (→ S. 48).

2. **Halbinsel Kullen**
Malerische Fischerdörfer im Süden Schwedens: Mölle und Arild (→ S. 58).

3. **Insel Ven**
Im 16. Jahrhundert Wirkungsstätte des Astronomen Tycho Brahe (→ S. 61).

4. **Eksjö**
Charmante Altstadt mit geschlossener Holzbebauung und vielen Innenhöfen (→ S. 65).

5. **Herbsturlaub**
Die Kalksteininseln Öland und Gotland sind ideale Reiseziele im Herbst (→ S. 74).

6. **Schloss Gripsholm**
Berühmt wurde es durch Kurt Tucholskys gleichnamigen Roman (→ S. 79).

7. **Katthammarsviks Rökeri**
Diese Fischräucherei im äußersten östlichen Zipfel Gotlands lohnt einen Besuch (→ S. 88).

8. **Göteborgs Schären**
Unbedingt einen Ausflug wert: tagsüber zum Baden – abends zur Jazz-Kreuzfahrt (→ S. 97).

9. **Tossebergsklätten**
Der Gipfel hoch über dem Frykensee verspricht eine betörende Aussicht (→ S. 118).

10. **Höga Kusten**
Wild und zerklüftet zeigt sich die hohe Küste (→ S. 130).

← MERIAN-TopTen finden Sie auf Seite 1